Beim Sterben geht es um mehr als den Tod

Lama Shenpen Hookham

Beim Sterben geht es um mehr als den Tod

Inspirationen aus der Weisheit des Buddhismus

Aus dem Englischen von
Renate Seifarth

Theseus Verlag

Die englische Originalausgabe erschien unter dem Titel
There's More to Dying than Death
2006 bei Windhorse Publications, 169 Mill Road, Cambridge CB1 3AB, UK

This translation of *There's More to Dying than Death*
is published by arrangement with Windhorse Publications.

Neuauflage 2018

2. Auflage 2024

Übersetzung ins Deutsche: Renate Seifarth
Lektorat: Agnes Pollner, Lali Coll, Claudia Seele-Nyima
Gestaltung und Satz: Ingeburg Zoschke, Berlin
Umschlaggestaltung: Morian & Bayer-Eynck, Coesfeld, www.mbedesign.de
unter Verwendung eines Fotos von © Hildegard Morian
Druck & Verarbeitung: Grafoprint, Gornji Milanovac

www.kamphausen.media

Bibliografische Information der Deutschen Nationalbibliothek:
Die Deutsche Nationalbibliothek verzeichnet diese Publikation
in der Deutschen Nationalbibliografie;
detaillierte bibliografische Daten sind im Internet über
http://dnb.d-nb.de abrufbar.

ISBN Printbuch 978-3-95883-294-7
ISBN E-Book 978-3-95883- 295-4

Inhalt

Für Michael

Möge die weite Offenheit des Unbekannten,
die vor dir aufzieht,
dich als die Freundin begrüßen, die sie immer war:
die unzerstörbare Essenz deines Seins.

Möge der wahrheitsgetreue Spiegel des Todes,
der vor dir glänzt,
durch seine Klarheit die eitlen Täuschungen des Lebens
vertreiben
und die natürliche Weisheit deines Herzens erwecken.

Möge der dunkle Schatten des Todes,
der auf dich fällt,
dich im Schrecken mit allen Lebewesen vereinen,
die offene Wunde berührend, die im Herzen deines
Wesens klafft.

Mögest du den Mut finden, willkommen zu heißen
den mächtigen Sturm der Wirklichkeit,
die dein Wesen ist,
und mit der Zuversicht eines uralten Kriegers
im geheimnisvollen Licht zeitloser Freude verweilen,
die weder Geburt noch Tod kennt.

Dieses Gebet schrieb Lama Shenpen Hookham für ihren Bruder, nachdem er gestorben war.

Zum Geleit

Das Leben ist kostbar.

Es bietet unzählige Möglichkeiten und Herausforderungen, um Frieden, Freude und Wahrheit in uns zu entdecken. Es hält auch zahlreiche Gelegenheiten bereit, anderen Wesen zu helfen und etwas Sinnvolles und Nützliches für die Welt um uns herum zu tun.

Vom buddhistischen Standpunkt aus bietet der Tod ähnliche Herausforderungen und Möglichkeiten. Er ist weder ein Ende noch ein letztendliches Gericht. Er ist ein weiterer Schritt auf der Reise mit vielen besonderen Gelegenheiten, unsere wahre Natur zu entdecken und dadurch dauerhaften Frieden und Glück zu finden.

Shenpen Hookham erklärt die Tradition und zeigt im Licht ihrer eigenen Erfahrungen in der modernen westlichen Welt, wie deren Lehren angewendet werden können. Ich hege keinen Zweifel daran, dass alle, die dieses Buch lesen, etwas Wertvolles darin finden werden, das sie mitnehmen können.

Ringu Tulku Rinpoche

Vorwort

Dieses Buch ist der Versuch, eine buddhistische Sicht des Todes aufzuzeigen, die für uns – Buddhisten wie Nichtbuddhisten – realistisch und tröstlich ist, wenn wir mit einem schmerzlichen Verlust oder dem eigenen Tod konfrontiert werden, und ebenso, wenn wir anderen helfen wollen, dem Tod ins Auge zu sehen.

Ich habe mich auf eine Sichtweise konzentriert, die ein westlich geprägter Mensch mit wenigen oder vielleicht keinerlei Kenntnissen der buddhistischen Lehren hilfreich und trostreich finden wird, und bin nicht davon ausgegangen, dass die Leserinnen und Leser dieses Buches erfahrene Praktizierende des Buddhismus sind oder sogar die gesamte buddhistische Kosmologie und Weltsicht übernommen haben.

In traditionellen buddhistischen Quellen können die Darstellungen des Todesprozesses sehr technisch klingen, und ihre detaillierten Anweisungen in Bezug auf die Art, wie man sterben soll, richten sich im Wesentlichen an sehr geübte Meditierende. Das kann leicht zu unrealistischen Erwartungen von Seiten praktizierender Buddhisten führen. Sie trauen sich vielleicht nicht zu, das erforderliche Übungsniveau zu erreichen, und werden mutlos. Andere ängstigen sich vielleicht angesichts der Warnungen und Beschreibungen, was alles während des Sterbens »schiefgehen« kann. Der Gedanke an den Tod versetzt sie in Furcht, und sie lernen daher nicht, wie man dem Tod mit Zuversicht begegnen kann.

Mir liegt deshalb daran, die buddhistische Sichtweise des Todes so darzustellen, dass sie die Zuversicht der Menschen stärkt, und ich möchte ihnen praktische Richtlinien an die Hand geben, was sie für sich und andere tun können, wenn die Zeit gekommen ist.

Will man in der Darstellung nicht allzu technisch werden, läuft man Gefahr, dass die buddhistische Sichtweise des Todes simpel klingt. Ich habe sogenannte buddhistische Abhandlungen über den Tod gelesen, die nahelegen, wir müssten einfach nur mit allem Frieden schließen und still und leise in das große, blaue Jenseits gleiten – als wäre alles, was wir brauchen, ein friedlicher Tod, und danach sei alles gut.

Das jedoch lässt offensichtlich die wesentliche Botschaft des Buddha außer Acht, nämlich, wie schwierig es ist, dem Leiden des endlosen Kreislaufs von Geburt und Tod zu entrinnen und wie furchterregend die Erfahrung dessen sein kann, was jenseits des Todes liegt.

Darstellungen wie die oben genannten vermitteln den Eindruck, der Tod selbst sei schon der Weg zur Befreiung vom Leiden. Doch in Wahrheit geht die buddhistische Sicht davon aus, dass wir immer wieder geboren werden und dass unser Zustand nach dem Tod sehr ungewiss ist, es sei denn, wir sind zur wahren Natur der Wirklichkeit erwacht. So wie ein Traum auf den anderen folgt – manchmal wunderbar, manchmal als Albtraum –, können wir nicht wissen, in welchen Zustand wir in unserem nächsten Leben hineingeboren werden. Ratschläge darüber, wie in diesem Leben das Leid im Moment des Todes verringert werden kann, können wichtig und hilfreich sein. Mir liegt aber noch mehr am Herzen, die buddhistische Sicht und ihre Hilfestellungen darzulegen, die sich auf das beziehen, was *nach* dem Ende dieses Leben hilfreich sein kann.

Meine Darstellung des Buddhismus

Die Art, wie ich die buddhistische Sichtweise darstelle, beruht auf der direkten Übertragung der Lehre, die ich innerhalb der tibetisch-buddhistischen Tradition des Mahāmudrā und Dzogchen von meinen Lehrern erhalten und aus meiner Meditationspraxis gewonnen habe. Diese beiden Traditionen kamen in Indien erst vor ungefähr tausend Jahren auf und verbreiteten sich in Tibet. Sie basieren aber auf den klassischen Schriften des Mahāyāna-Buddhismus, die sich bis in die ersten Jahrhunderte u. Z. zurückdatieren lassen und deren Lehren mehr oder weniger mit denen des Mahāmudrā und Dzogchen identisch sind. Im Prinzip finden sich die gleichen Lehren in den ältesten buddhistischen Schriften, die vor mehr als zweitausend Jahren entstanden sind. Auf diese Weise sind sie in allen Traditionen des asiatischen Buddhismus – wenn auch mehr oder weniger betont – gegenwärtig.

Im Allgemeinen habe ich wenig Quellenhinweise gegeben, und mancher Leser mag vielleicht meinen, ich würde nur meine eigenen Ansichten vertreten. Ich stütze mich aber auf die Lehren des Prajñāpāramitā-Sūtra über die Leerheit, die Lehre des Tathāgatagarbha-Sūtra über die Buddha-Natur, die jedem Wesen innewohnt, und die Lehren des Avataṃsaka-Sūtra über die unermessliche Weite und das gegenseitige Durchdrungensein aller Welten. All diese Lehren bilden die Grundlage der Dzogchen- und Mahāmudrā-Tradition des tibetischen Buddhismus. Meine Lehrer folgen diesen Lehren und haben sie mir über die Jahre hinweg übermittelt.

Dank

Viele meiner Schüler haben im Verlauf der letzten zehn Jahre zum Entstehen dieses Buches beigetragen. Ihnen möchte ich für all ihre Hilfe danken. Das Buch entstand aus den Antworten auf die Fragen der Schüler und Schülerinnen über den Tod und war zunächst ein Versuch, die verschiedenen einzelnen Ratschläge zusammenzufassen.

Der ursprüngliche schmale Band lautete *Gateway of Death* und erschien innerhalb der Awakened Heart Sangha im Jahre 2004. Ein Jahr darauf deutete Siddhisambhava, eine Schülerin, an, dass Windhorse Publications es vielleicht in einer erweiterten Fassung verlegen würde, da sie das Buch so hilfreich fand. Die Redaktion griff diesen Vorschlag sofort auf und schlug verschiedene Veränderungen vor, um es einem breiteren Publikum zugänglich zu machen. Die ursprüngliche Version war für Personen geschrieben worden, die bereits mit meinem Lehrstil vertraut waren – obwohl letztendlich sogar einige meiner Familienmitglieder das Buch hilfreich fanden, die nichts vom Buddhismus verstehen.

Da ich zunächst dachte, es würde nur wenig Mühe bereiten, den redaktionellen Wünschen von Windhorse Publications nachzukommen, begann ich mit der Arbeit an der Version für den Verlag, obwohl ich mich in Klausur befand. Mein Schüler Jonathan Shaw, ebenfalls gerade in Klausur – er nahm an einem einjährigen Gruppen-Retreat mit mir in der Hermitage of the Awakened Heart teil –, bot mir seine Hilfe bei dem Projekt an. Es ergab sich, dass wir immer mehr am Manuskript zu tun fanden, je genauer wir uns die Sache ansahen. So kam es, dass das Buch im Verlauf der Arbeit mehrere Male in seine Bestandteile zerfiel und neu zusammengesetzt werden musste. Ich hoffe, das

Ergebnis ist nun all der Mühe wert. Wir haben auf jeden Fall viel gelernt, während wir uns durch die verschiedenen Aspekte des Materials arbeiteten.

Zu Dank verpflichtet bin ich insbesondere meinen Lehrern, vor allem Khenpo Tsultrim Gyamtso Rinpoche und Lama Rigdzin Shikpo. Besonders verzwickte Punkte diskutierte ich mit meinem Ehemann Lama Rigdzin Shikpo, mit dem ich seit vielen Jahren zusammen daran arbeite, wie man Menschen aus dem Westen Buddhismus in ihrer eigenen Sprache vermitteln kann. Kenpo Tsultrim Gyamtso hat uns dabei beraten und bestärkte uns darin zu versuchen, unser erworbenes Wissen um die Tiefgründigkeit der Lehren auch weiterzuvermitteln und dafür eine Sprache und Begrifflichkeit zu wählen, die anderen Menschen Zugang zu dieser Tiefe eröffnen kann. Ein Teil des Materials ist mehr oder weniger direkt seinen eigenen Belehrungen über den Tod und darüber, wie das Gewahrsein im Leben dem Tod gleicht, entliehen.

Zum Schluss las Ringu Tulku Rinpoche den Text. Er half mir bei einigen schwierigen Punkten, die den eigentlichen Todesprozess betreffen und thematisieren, inwiefern es wichtig ist, was mit dem Körper nach dem Tod geschieht.

So möchte ich nochmals allen danken, die an dieser Version beteiligt waren: Siddhisambhava, Erin Ferguson, Dayden Palmo, Alice Lear, Agnes Pollner und Cindy Cooper von der Awakened Heart Sangha sowie Jnanasiddhi, Shubhra, Shantavira und dem ganzen Team von Windhorse Publication.

Ganz besonders danke ich Jonathan Shaw, dass er einen Teil der wertvollen Zeit in Klausur aufgewendet hat, um mir zu helfen. Ich habe insbesondere seine unendliche Geduld schätzen gelernt, seine erkenntnisreiche Klarheit und seine unermüdliche Gründlichkeit. Obwohl ich ihm das Leben nicht immer leicht gemacht habe, hat er den Text immer und immer wieder durchgearbeitet und Schwierigkeiten und unnötige Komplikationen ausgebügelt.

Lama Shenpen Hookham

Hermitage of the Awakened Heart *Mai 2006*

Einleitung

Die beste Zeit, sich mit dem Tod zu beschäftigen, darüber zu lesen und zu reflektieren, liegt vor dem Zeitpunkt, zu dem wir mit ihm konfrontiert werden – und zwar möglichst lange vorher. Dennoch tun das nur wenige. Unsere Situation als Mensch zeichnet sich dadurch aus, dass uns das, was uns im Leben in Anspruch nimmt, unbarmherzig antreibt und uns keine Zeit lässt, über den Tod nachzudenken. Auch ist das Nachdenken über den Tod im Allgemeinen nicht unbedingt etwas, was wir gerne tun. Dies ist einer der Gründe, warum wir den Tod dann, wenn er naht, meistens als einen Schock empfinden. Im unpassendsten Moment werden wir plötzlich mit der grundsätzlichen Frage, worum es im Leben geht bzw. ging, konfrontiert. Wir werden dann wahrscheinlich von Angst erfüllt sein und außerstande zu begreifen, was geschieht. Wir werden uns Sorgen machen, ob wir das Richtige tun, wie wir Schmerzen vermeiden und worauf wir hoffen können. Selbst wenn wir schon lange vorher versucht haben, uns auf den Tod vorzubereiten: Es liegt in seiner Natur, uns trotz alledem zu erschüttern, und er kann Emotionen auslösen, von denen wir kaum ahnten, dass sie möglich sind. Dies vor Augen, habe ich dieses Buch geschrieben. Ich hoffe, ich kann dadurch jenen, die im Sterben liegen, und den Menschen ihrer Umgebung raten und ihnen Mut machen, damit ihr Zutrauen zu sich selbst wachsen kann.

Mit diesem Ziel vor Augen habe ich versucht aufzuzeigen, wie aus buddhistischer Sicht den Problemen begegnet werden kann, die auf uns einstürmen, wenn wir mit unserem eigenen Tod oder dem einer uns nahestehenden Person konfrontiert werden. Ich befasse mich mit den Fragen, was wir tun können, um zu helfen; wie wir denken und uns verhalten könnten, um uns selbst und anderen beizustehen.

Obwohl sich der Buddhismus viel mit dem Tod beschäftigt, kann es dennoch sein, dass Buddhisten sich nicht sicher sind, was zu tun ist, wenn sie ihm begegnen. In diesem Buch möchte ich solche Empfehlungen weitergeben, die sich während der letzten Jahre, wenn ich um Rat gefragt wurde, als die wichtigsten und einfachsten erwiesen haben. Ich hoffe, dass Buddhisten durch dieses Buch wirksam daran erinnert werden, dass Gedanken an den Tod schon vor der Begegnung mit ihm zu einem guten Freund auf dem Pfad des Erwachens werden können, und ich möchte ihnen dazu Werkzeuge an die Hand geben.

Dieses Buch richtet sich auch an Nichtbuddhisten, die sich für eine buddhistische Sichtweise des Todes interessieren. Manchmal werde ich von Freunden oder Familienmitgliedern eines sterbenden Buddhisten angesprochen, die die Hintergründe für die Bedürfnisse und Sorgen der Person, die sie lieben, verstehen möchten.

Die Bedeutung des Todes im Buddhismus

Der Tod nimmt im Buddhismus eine zentrale Stellung ein. Es war der Gedanke an den Tod, der den zukünftigen Buddha bewegte, Heim und Familie zu verlassen und einen Weg zu suchen, sich vom Leiden zu befreien, mit anderen Worten: Er suchte einen Ort (oder Zustand) der Sicherheit, der vom Tod nicht erschüttert werden konnte. Man könnte also sagen, dass der Buddhismus vom Tod und dem Weg, der über ihn hinausführt, handelt. Es ist wichtig zu verstehen, dass Buddhisten üblicherweise jeden Aspekt des Buddhismus von diesem Denkansatz aus interpretieren, wie zum Beispiel, wer der Buddha war, welchen Zustand er erreichte und wie man selbst diesen Zustand erreichen kann.

Der Buddha wird nicht einfach als ein Heiliger gesehen, der schon lange tot ist, sondern als ein »Erwachter«, das heißt als jemand, der zu einer tiefen und zeitlosen Wirklichkeit erwachte, während unser gegenwärtiges Verständnis des Lebens im Gegensatz dazu etwa damit vergleichbar ist, einen Traum für Wirklichkeit zu halten. Der Buddha nannte die letztendliche tiefe und zeitlose Wirklichkeit *Nirvāṇa*, was Frieden bedeutet, das Ende des Leidens, die Befreiung des Herzens. Bezeichnenderweise wird sie auch das »Ungeborene« oder »Todlose« genannt.

Historisch gesehen war der Buddha jemand, dessen Reise zum Erwachen mit der Frage begann, warum wir eigentlich geboren werden, wenn wir doch sowieso wieder sterben müssen. Er entdeckte die verblüffende Wahrheit, dass es sich bei Geburt und Tod letztendlich nur um falsche Wahrnehmung handelt. Diese Erkenntnis wird Erwachen oder Erleuchtung genannt, da es dem Erwachen aus unseren Träumen gleicht, die wir vorher für wahr hielten. Der Buddha entdeckte, dass wir immer wieder aufs Neue geboren werden und sterben, Leben um Leben, solange wir die wahre Natur der Wirklichkeit auf diese Weise missverstehen. Es ist, als wären wir in Traumwelten gefangen und könnten keinen Weg hinausfinden. Dieser Zustand wird *Saṃsāra* genannt.

So wie man einen zugewachsenen Pfad im Dschungel entdeckt, fand der Buddha einen Weg, der aus der Täuschung des Saṃsāra in das Licht und die Freiheit von Nirvāṇa führt. Dieser Weg wird der Dharma genannt. Er umfasst auch das Zähmen des Herzens und des Geistes, um durch Meditation und Reflexion zu einem tieferen Verständnis von Leben und Tod durchzudringen.

Die Lehren des Buddha geben uns Inspiration oder Hoffnung auf ein Ziel, nach dem wir streben können, und sie zeigen uns, wie wir es erreichen können. Wollen wir dem Dharma bis zu seinem letztendlichen Ziel, Nirvāṇa, folgen, das außerhalb der Reichweite des Todes liegt, bedeutet dies allerdings einen langen und anstrengenden Kampf gegen unsere angesammelten Denk- und Verhaltensgewohnheiten, die uns im Saṃsāra festhalten.

Die gute Nachricht lautet, dass wir sowohl im Leben als auch zur Zeit des Todes sofortige und tiefe Linderung erfahren können, selbst wenn wir den Pfad des Dharma nur ein Stück weit gehen. Diejenigen, die dem Pfad folgen und uns eine lebendige Verbindung zu ihm ermöglichen, werden als Sangha bezeichnet. Dieser lebendigen Verbindung, die der Sangha mit dem Dharma hat, wohnt eine eigenständige Kraft inne, die im Leben wie im Tod all jene, die mit ihr in Kontakt stehen, beschützt, führt und Weisheit auf sie überträgt.

Buddhisten sind sich dessen gewiss, dass sowohl im Leben als auch im Tod Hoffnung und Sinn zu finden sind. Sie beziehen diese Gewissheit daraus, dass es das Ziel des Erwachens zu Nirvāṇa gibt; den Weg des Dharma, durch den das Ziel erreicht werden kann, und den Sangha, der den Weg zeigt. Buddhisten sehen in diesen dreien ihre zuverlässigen und treuen Schutzquellen, auf die sie sich verlassen können, indem sie zu ihnen »Zuflucht nehmen«. Die grundlegendste und am weitesten verbreitete buddhistische Praxis, die Zufluchtnahme, hat somit Freiheit vom Tod als letztendliche Hoffnung.

Über Geburt und Tod hinausgehen

Wer nicht an eine tiefere Wirklichkeit glaubt, die über dieses Leben und den Tod, der es beendet, hinausgeht, denkt verständlicherweise nicht gern über den Tod nach. Wenn Sie aber vermuten, dass es einen Weg gibt, der zu einer tieferen zeitlosen Wirklichkeit führt, die jenseits von Geburt und Tod liegt, dann gibt es nichts Faszinierenderes als das Reflektieren über den Tod. Inspiration und Freude können daraus erwachsen. Es führt die Gedanken vom Anhaften an allem Unwirklichen fort und lenkt sie auf das, was letztendlich wirklich und von bleibendem Wert ist – von bleibendem Wert deswegen, weil die wahre Natur unseres Seins, die der Buddha entdeckte, sich durch echte, unerschöpfliche Freude auszeichnet, durch Sinn und Freiheit, weil sie das Ende des Leidens bedeutet und die unendliche Kraft hat, spontan und mühelos andere von ihrem Leiden zu befreien.

Wir leben in einer sehr weltlichen Gesellschaft. Demzufolge sehen viele Menschen den Buddhismus lediglich als eine Methode, den Geist zu beruhigen und hier und jetzt ein friedvolleres und erfüllteres Leben zu führen. Die Menschen schauen sich nach Therapien und Selbsthilfeprogrammen um und stoßen häufig nur dadurch auf den Buddhismus. Die Versuchung ist daher groß, die Lehre des Buddha als eine Art Therapie darzustellen: als einen Weg, der uns lehrt, Leiden, Leben und Tod so anzunehmen, wie sie sind, ohne zu versuchen, ihnen zu entkommen. Das passt zur herrschenden Sichtweise unserer materialistischen Gesellschaft, in der die Furcht vor dem Tod und die Suche nach einem Weg, ihn zu überwinden, gemeinhin als eine Art Weltflucht interpretiert wird. Aus dieser Perspektive erscheint es sinnlos und sogar krankhaft, ein ganzes Leben lang über den Tod nachzudenken!

Es ist wahr, dass die Lehren des Buddha uns dabei helfen, ein glücklicheres Leben zu führen. Sie helfen uns, den Kampf aufzugeben, der darin besteht, an der Vergangenheit festzuhalten oder gegenwärtige Erfahrungen abzuwehren. Das ist erwiesenermaßen der beste Weg, um Stress und Angst abzubauen und ein gewisses Maß an geistigem Frieden zu finden. Der Nachdruck, den der Buddha auf das direkte Betrachten unserer unmittelbaren Erfahrung legte, könnte daher wie eine hedonistische Lebensformel klingen: Freu dich an dem, was hier und jetzt ist, und mach dir keine Sorgen über die Vergangenheit und die Zukunft.

Aus buddhistischer Sicht ist das jedoch eine kurzsichtige und unkluge Art, die Lehre des Buddha zu interpretieren, denn Sie bereitet uns nicht auf das Leiden und den Tod vor. Wenn das Leben zu Ende geht, werden wir wie der Buddha mit der Frage konfrontiert, was eigentlich der Sinn des Ganzen ist. Es ist wichtig zu verstehen, dass die Fragen des Buddha einer tiefen Liebe zum Leben und für seine Familie und Freunde entsprangen. Er war nicht jemand, der in seinem Leben versagt hatte und davonlaufen wollte. Er sah, dass ohne ein völlig neues Verständnis vom Wesen der Wirklichkeit universelles Leiden unausweichlich ist.

Seine Suche bestand darin, dieser Wirklichkeit direkt zu begegnen. Er flüchtete vom Unwahren zum Wahren.

Was ihn bewegte, von zu Hause fortzugehen, um diese Wirklichkeit zu suchen, war der Gedanke, dass alle Menschen, die er liebte, altern und sterben würden. Das schien ihm unerträglich. Als er erkannte, dass alles, was geboren wird, sterben muss, fragte er sich, ob es denn irgendwo etwas von bleibendem Wert geben könnte. War alles nur ein bedeutungsloser Fluss flüchtiger Ereignisse, die nirgendwo anders hinführten als zu Zerfall und Tod? Wenn ja, was war dann der Schmerz in seinem Herzen, der ihm sagte, »nein, Leben ist mehr als das«?

Ist das nicht auch unsere Frage? Die Antwort des Buddha lautete, immer nach innen zu schauen; in die wahre Natur unseres Seins hineinzuschauen.

Natürlich lässt sich das Ganze mit der Antwort abtun, dass der Tod einfach Teil des Lebens ist und man nichts daran ändern kann. Die Erfahrung der buddhistischen Tradition zeigt jedoch, wie sinnvoll es ist, den Fragen, die der Tod aufwirft, nachzugehen.

Wer stirbt?

Wie im Falle des Buddha ist es meistens der Tod derer, die wir lieben, oder unser eigener bevorstehender Tod, der diese Fragen am dringlichsten aufwirft. Der Buddhismus sagt, alles ist vergänglich. Diese Aussage wird oft so interpretiert, dass dem Tod im Buddhismus keine Bedeutung beigemessen wird und wir ihn einfach annehmen sollen. In Wirklichkeit sagt die buddhistische Lehre jedoch das Gegenteil. Alles, woran wir hängen, als sei es wirklich, ist vergänglich und führt in den Tod. Also sollten wir es loslassen, um das zu finden, was von bleibenden Wert ist. Das, was letztendlichen Wert hat, kann zwar in diesem Leben gefunden werden, endet aber nicht mit dem Tod. Diese Feststellung wirft die Frage auf: Was ist es eigentlich, was stirbt, und was macht letzten Endes eine Person aus?

Der Buddhismus lehrt, dass das, was von letztendlichem Wert

ist, die unfassbare, geheimnisvolle Essenz unseres Seins ist, die in jedem Augenblick gegenwärtig und uns zugänglich ist. Es ist diese Essenz in uns und in denen, die uns nahestehen, die letztendlich wirklich ist. Die Art, wie manche Menschen reden, zeugt von einem intuitiven Wissen davon, auch wenn sie nicht wissen, wie sie es logisch erklären können. Wenn wir zum Beispiel das tote Gesicht eines Menschen betrachten, der uns nahesteht, fällt es uns schwer zu glauben, dass dieser Leichnam die Person ist, die wir kannten und liebten.

Viele Menschen haben mir auch erzählt, sie würden fühlen, dass eine verstorbene Person, die ihnen nahestand und gestorben ist, noch immer auf eine tiefe und undefinierbare Art bei ihnen sei. Sie sagen vielleicht: »Sie sind immer in meinem Herzen.« Das wird dann manchmal so erklärt: »Na, sie leben in unseren Erinnerungen weiter.« Aber meiner Meinung nach trifft diese Aussage nicht wirklich den Kern. Erinnerungen leben nicht wirklich, und sie sind nur von kurzer Dauer. Ich glaube, damit ist gemeint, dass eine verstorbene Person in unseren Herzen weiterlebt als jemand, der präsent und lebendig ist – also viel mehr als eine einfache Erinnerung.

Natürlich könnte man dieses Gefühl als bloße Einbildung abtun, aber aus buddhistischer Sicht ist es einleuchtend. Es spiegelt eine tiefe und natürliche Ahnung davon wider, was wir sind und wie wir mit anderen verbunden sind. Es ist das, was uns das Gefühl einer erfüllenden, lebendigen Verbindung gibt und wovon der tote Körper vor uns nicht mehr als ein Abklatsch zu sein scheint. Das, was wir meinen, ist nicht dieser tote Körper.

Die Frage lautet also, was *sind* wir im tiefsten Inneren wirklich? Oder mit anderen Worten: Was macht eine Person zu einer Person? Selbstverständlich ist das schon jetzt wichtig, aber es ist noch wichtiger, wenn wir sterben. Wenn wir es zu Lebzeiten verstehen können, dann besteht die Chance, dass wir es vielleicht auch im Tod verstehen.

Die buddhistische Tradition

Manchmal sagen mir Leute, wie gerne sie glauben würden, dass wir mehr sind als das, was unter einem Mikroskop zu sehen ist. Aber sie betrachten religiöse Glaubensinhalte, die ein Leben nach dem Tod postulieren, mit Vorsicht. Sie begründen ihre Haltung damit, dass der Glaube an ein Leben nach dem Tod zwar tröstlich ist, aber dadurch nicht wahrer wird.

Ich bin beeindruckt davon, wie stark diese Menschen sich der Wahrheit verpflichtet fühlen, auch wenn sie unbequem ist, und denke, dass gerade das sie zu guten Buddhisten machen könnte. Der Buddha forderte uns auf, die Dinge nicht blind zu akzeptieren, sondern sie selbst zu erforschen, indem wir unsere Erfahrung direkt ansehen.

Zunächst wissen wir nicht, was wahr ist, und können daher leicht in die Irre geführt werden. Einiges von dem, was wir für Wissen halten, ist in Wirklichkeit eine Täuschung. Das Wichtigste, was es also zu erforschen gilt, ist, wie wir überhaupt etwas wissen. Der Buddha ist berühmt dafür, entdeckt zu haben, dass es eine tiefere Weise des Wissens in uns gibt als diejenige, die wir normalerweise beim Denken einsetzen. Es ist eine genauere und allumfassendere Art des Wissens, nicht bedingt durch Gedanken. Solange wir diese andere Weise des Wissens nicht gefunden haben, können wir nicht erkennen, was wir über die wahre Natur des Lebens und des Todes wissen können.

Wer hat diese Art des Wissens entdeckt, und wie können wir zu ihr finden? Aus buddhistischer Sicht führt uns diese Frage zu der Vorstellung, dass es eine Gemeinschaft von Übenden, die dem Buddha folgen, gibt, die diese Art des Wissens durch Meditation erlernen und die uns darin unterrichten können. Wir sind eingeladen, es auszuprobieren und selbst herauszufinden, ob es wahr ist. Am Anfang können die Wahrheiten, die wir auf diese Weise in uns entdecken, alles andere als beruhigend sein. Deswegen ist es wichtig, der Wahrheit verpflichtet zu sein – sei sie nun tröstlich oder nicht –, wenn wir letztendliche Befreiung suchen.

Da der Tod jederzeit eintreten kann, kann uns unter Umständen die Zeit fehlen, Genaueres über die tiefen Wahrheiten unseres Wesens oder des Universums zu entdecken. Hält der Buddhismus Methoden für den nahenden Tod bereit, unabhängig davon, ob wir in der Meditation bereits weit fortgeschritten sind und eine tiefe und stabile Verwirklichung der Natur der Wirklichkeit erlangt haben? Die Antwort lautet ja. Die buddhistische Tradition verfügt über eine Fülle von Methoden, um jedem zu helfen, ganz gleich, ob er oder sie dem Buddha vertraut oder nicht und an welcher Stelle auf dem Pfad die Person sich gerade befinden mag. Es gibt Übungen für alle Erkenntnisstufen und viele Denkansätze, um jedem Schutz, Mut und innere Kraft im Angesicht des Todes zu verleihen.

Umfassender betrachtet gilt dieser Pfad, den der Buddha entdeckte, als der sichere Weg zum Beenden des Leidens in diesem Leben wie auch in allen zukünftigen Leben, für uns selbst wie für alle Wesen. Dieser Pfad ist im Wesentlichen ein Übungsweg, um das zu entdecken, was von endgültigem und bleibendem Wert im Innersten unseres Wesens ist. Doch obwohl er ein Übungsweg ist, ist er auch eine lebendige Kraft, zu der wir bereits jetzt in der Tiefe unseres Herzens Zugang haben. Instinktiv und intuitiv wissen wir, wie wir dieser Kraft folgen können. Es muss uns nur jemand darauf hinweisen, und wir können uns ihr vertrauensvoll zuwenden, wenn der Tod kommt. Da es eine lebendige Kraft ist, hat sie die Macht, uns zu beschützen und uns selbst in das Unbekannte hineinzuführen, das jenseits des Todes liegt.

Mit Worten lässt sich das nicht beweisen, aber wohin sonst können wir uns wenden? Am Ende müssen wir einfach in unser eigenes Herz hineinschauen, jenseits der Täuschung oberflächlicher Gedanken, und selbst erkennen, was wirklich wahr ist.

1
Wie Meditation uns hilft, den Tod zu verstehen

Meditation ist für viele eine Methode, sich zu entspannen und inneren Frieden und Ruhe zu finden. Vom buddhistischen Standpunkt aus handelt es sich aber nicht nur um eine ausgeklügelte Übung, die der Entwicklung von Ruhe dient, sondern Meditation ist ein Vorgang des genauen Sehens, so dass wir aus unserer grundlegenden Verwirrung heraustreten können. Unser ganzes Leiden, im Leben wie im Tod, geht auf diese grundlegende Verwirrung zurück, die uns davon abhält, unsere wahre Natur zu erkennen. Das Heilmittel besteht darin, uns mit unserer wahren Natur in Einklang zu bringen. Diese entdecken wir im Laufe der Meditation. Haben wir gelernt, sie vollständig und direkt zu erfahren, müssen wir lernen, ihr zu vertrauen und uns auf sie zu verlassen, So können wir mit Zuversicht und Leichtigkeit leben und sterben.

Folglich bilden Buddhismus und Meditation einen Weg, etwas zu entdecken, indem wir unsere direkte Erfahrung anschauen. Manch einer spricht gern von direkter Erfahrung, bei näherem Hinschauen stellt sich diese aber als nichts anderes als eine Art der Täuschung oder als bloßer Glaube an etwas heraus. Einige unterscheiden nicht zwischen ihren religiösen Glaubensvorstellungen und direkter Erfahrung und sehen Erstere dann als Beweis für ihren Glauben an.

Auch ich habe so gedacht, bis ich dem Buddhismus begegnete. Damals war ich nicht auf der Suche nach anderen religiösen Glaubensvorstellungen, denn ich hatte schon meinen christlichen Glauben. Ich war lediglich daran interessiert, verschiedene Aspekte zu vergleichen, und neugierig, wie sich buddhistische Glaubensvorstellungen mit meinen vergleichen ließen. Was mir aber von Anfang an auffiel, war, dass sich die buddhistische Sicht der Wirklichkeit nicht nur auf bloße Glaubensvorstellungen stützt, sondern auf die Wahrheit, die der Buddha selbst entdeckt hatte, indem er die Natur seiner direkten Erfahrung erforschte. Das, was mit »direkter Erfahrung« gemeint war, faszinierte mich. Am Anfang stand da etwas so Unmittelbares, Einfaches und Unwiderlegbares wie: »Der Geist ist unbeständig.« Das war etwas, was ich aus eigener Erfahrung tatsächlich kannte; mein Geist tat nicht immer das, was ich wollte.

Für mich war es bestechend, dass der Buddhismus solcherart mit der Wirklichkeit und der Wahrheit verbunden war, dass er von etwas so Einfachem wie meiner Erfahrung eines unsteten Geistes ausgehen konnte. In dem Moment, in dem ich davon hörte, wusste ich, dass es wahr war. Aber die wirkliche Bedeutung dieser Aussage entdeckte ich erst durch Meditation. Seitdem habe ich herausgefunden, dass jede Veränderung, jedes Flackern und jede Bewegung des Geistes uns etwas mitteilt und eine Möglichkeit in sich birgt, das Herz immer weiter zu öffnen. Die Herzensöffnung kann uns zeigen, was das Unwandelbare unseres Wesens ist: eine zeitlose Wirklichkeit, die nicht geboren wurde und die nie stirbt.

Bevor ich dem Buddhismus und der Meditation begegnete, war ich der Auffassung, dass niemand wirklich die Wahrheit über die letztendliche Natur der Wirklichkeit kannte oder kennen konnte. Doch als ich ihm begegnete, ahnte ich, dass diese Wahrheit vielleicht längst entdeckt worden war. Ich konnte jetzt zu jemandem hingehen und sie oder ihn darum bitten, mir zu zeigen, wie ich diese Wahrheit selbst für mich entdecken konnte. Als Christin war ich mir nie ganz sicher, ob ich eine Sünderin war oder ob es Gott wirklich gab. Es war immer Raum für Zweifel. Aber hier gab es dafür keinen Raum, denn ich konnte ja sehen, dass mein Geist in der Tat unbeständig war! Ich habe die Herausforderung, selbst nachzuforschen, angenommen und habe es nie bereut. Noch heute entdecke ich Neues in meiner Erfahrung. Es gibt noch viel Grundlegenderes als die Unbeständigkeit meines Geistes. Je elementarer die Entdeckung, desto tiefer und weitreichender sind meiner Erfahrung nach ihre Auswirkungen und ihre Bedeutung.

Ich finde das wunderbar. Wir wissen einfach nicht, was wir übersehen, bis wir hinschauen, und wir kommen nicht darauf hinzuschauen, bis jemand uns darauf hinweist, dass es etwas Bedeutungsvolles gibt, das sich anzuschauen lohnt.

Das Versprechen eines Weges, der auf vollkommener Ehrlichkeit beruht und darauf, meine Aufmerksamkeit auf die Genauigkeit meiner eigenen Erfahrung zu richten, hat mich sofort am Buddhismus angezogen und mich seither nicht mehr losgelassen. Es ist dieser Weg, der mich in den Buddha, den Dharma und den Sangha vertrauen lässt. Auf dieses Vertrauen möchte ich bauen, wenn ich sterbe. Ich folge damit den Fußspuren des Buddha und derjenigen, die ihm nachgefolgt sind. Sie lehrten aus Mitgefühl eine Generation von praktizierenden Buddhisten nach der anderen, wie man dem Pfad des Erwachens durch die Praxis der Meditation folgt.

Die grundlegende Natur des Gewahrseins

Meditation ist der Weg, der davon handelt, unsere direkte Erfahrung kontinuierlich und systematisch zu erforschen und darüber nachzudenken. Die Früchte dieses Forschens nehmen wir tief in unser Leben auf. Dadurch entdecken wir nach und nach unsere wahre Natur und bewegen uns auf dem Pfad des Erwachens zu ihr hin. In dem Maße, wie unsere Erkenntnis und unser Gewahrsein sich vertiefen, wächst das Vertrauen, das wir in sie, in die tiefgründige Natur unseres Seins, haben. Was immer wir erfahren, wie beunruhigend und erschreckend es auch sein mag, es wird uns durch dieses Vertaue besser gelingen, uns dem mit Gelassenheit zuzuwenden, statt zu versuchen, ihm zu entfliehen. Darin besteht das innere Vertrauen, das sich in der Furchtlosigkeit angesichts des Lebens wie des Todes ausdrückt.

In diesem Kapitel werde ich ergründen, wie Meditation uns helfen kann, das Wesen von Leben und Tod zu verstehen. Durch die

Meditation beginnen wir zu begreifen, wie wir in unserem Leben unablässig Geburt und Tod erfahren. Das geschieht sogar von Moment zu Moment, wenn wir in Gedanken und Träume eintauchen und wieder daraus auftauchen. Der Tod des Körpers ist dann eine dramatischere Variante von dem, was wir eigentlich die ganze Zeit erfahren. Aus buddhistischer Sicht besteht der Hauptunterschied darin, dass wir bei unserem körperlichen Tod nicht wieder in einen anderen Moment dieses Lebens geboren werden. Stattdessen werden wir dieses Leben verlassen und uns in einem ganz anderen Leben wiederfinden.

Alles, was wir im Leben wissen, ist unsere eigene Erfahrung. Wenn wir über Leben und Tod sprechen, dann sprechen wir nur über Erfahrung. Der Tod ist die letzte Erfahrung in diesem Leben, und aus buddhistischer Sicht gibt es keinen Grund anzunehmen, dass Erfahrungen mit dem Tod aufhören. Die grundlegende Natur des Gewahrseins, die Basis all unserer Erfahrung, ändert sich mit dem Tod ebenso wenig, wie sie sich während dieses Lebens von Moment zu Moment, von einem Gedanken zum anderen, von Traum zu Traum verändert. Der einzige Unterschied liegt darin, was im Gewahrsein auftaucht.

In der buddhistischen Tradition erwächst dieses Wissen aus der Meditationspraxis und aus der Betrachtung unserer Erfahrung. Dadurch ist es möglich, die grundlegende Natur des Gewahrseins zu verstehen. Haben wir erkannt, dass Gewahrsein etwas Grundlegendes und Unveränderliches ist, können wir auch verstehen, dass Geburt und Tod lediglich Erscheinungen im Gewahrsein sind, ähnlich Bildern in einem Spiegel. Das eröffnet die Möglichkeit, problemlos vom Leben in den Tod hinüberzugehen. Wir können schon in diesem Leben flüchtige Einblicke in diese Wahrheit erhalten, und sie könnten ausreichen, um uns Vertrauen in den Pfad des Erwachens zu schenken. Dieses Vertrauen wiederum trägt uns dann durchs Leben wie durch den Tod.

Sich in Gedanken verlieren

Was geschieht eigentlich, wenn wir uns entschließen zu meditieren? Bei den Meditationsanweisungen, die wir erhalten, geht es im Wesentlichen darum, wach und bewusst bei unserer Erfahrung zu bleiben, ob es nun der Atem oder ein anderes Objekt ist. Warum? Weil wir naturgemäß abschweifen. Zu lernen, immer wieder zurückzukommen, ist daher eine gute Übung, um die direkte Erfahrung des Geistes zu bemerken. Wir stellen dann unweigerlich fest, wie wir uns in einen Gedanken nach dem anderen verwickeln lassen. Manche Gedanken sind glücklich und handeln von scheinbar nützlichen Dingen, andere sind wahrscheinlich unglücklich, erfüllt von Ärger oder Schmerz. Auf jeden Fall aber tauchen viele Gedanken auf. Wenn wir uns an diesen Prozess gewöhnt haben, können wir beginnen, uns zu entspannen und uns zu fragen, was das alles bedeuten soll. Was sind Gedanken? Was ist das für ein Prozess, der dazu führt, dass wir uns in ihnen verlieren?

Wenn wir in dieser Weise nachforschen, dann steigt eine Ahnung davon in uns auf, was das für die Frage nach Geburt und Tod bedeuten könnte. Wir sehen, dass jeder Gedanke, der auftaucht, einem Tor gleicht, das uns einlädt, in seine Welt zu einzutreten, ähnlich dem Sterben in der einen Welt und der Geburt in einer anderen.

Normalerweise ist mit einem Gedanken, der uns interessiert, ein Gefühl verbunden. Dieses Gefühl packt uns, und wenn wir nicht wach und entschlossen genug sind, gehen wir durch dieses Tor hindurch. Wir finden uns in der Welt wieder, die uns der Gedanke eröffnet hat, eine Welt, in die wir eintreten und die wir aber gleichzeitig selbst erschaffen. Diese Gedankenwelt hat ihre eigene Handlung mit Vergangenheit und Zukunft, ihr eigenes Wertesystem, ihren eigenen Charakter und ihre eigene Stimmung. Sie erzählt uns, wer wir sind, und wir stellen fest, dass wir uns damit identifizieren. Wir haben in ihr Geburt angenommen.

In jedem Augenblick können wir uns entscheiden, diese Welt zu verlassen, für sie zu sterben und zum Atem zurückzukehren, doch das fällt erstaunlich schwer. Es ist ein ziemlicher Kampf, uns wieder aus einer Welt herauszuziehen, nachdem wir in ihr geboren worden sind. Das ist ein bisschen wie sterben. Wenn schon ein Gedanke uns derart festhalten kann, dann ist es nicht verwunderlich, dass uns das Leben so fest im Griff hat. Natürlich ist das Sterben aus den Gedankenwelten während der Meditation keine perfekte Analogie für den Tod. Der Tod des Körpers ist offensichtlich weitaus traumatischer, als von einem Gedanken zum nächsten zu wandern. Es binden uns wesentlich mehr Bedingungen an dieses Leben als an einen Gedanken.

Hat uns eine Gedankenwelt erst einmal richtig gepackt (wie ein Tagtraum), dann vertiefen wir uns so sehr in sie, dass sie ganz zu unserer Welt wird, solange wir uns in ihr befinden. Dann, auf einmal, gelangt unsere Absicht zu meditieren irgendwie wieder in den Vordergrund. Wir merken, dass wir nicht meditieren, dass wir nicht aufmerksam und bewusst sind und dass wir etwas unternehmen müssen, um uns zurückzuholen. Es ist gar nicht leicht zu sagen, was wir in diesem Moment genau tun – vielleicht könnten wir es loslassen nennen. Es ist, als würden wir es geschehen lassen, dass wir für diese Gedankenwelt sterben. Wenn wir das tun, können wir uns entscheiden, Gedanken als Gedanken wahrzunehmen und uns nicht wieder von ihnen einfangen zu lassen, wie viele Gedankenwelten auch auftauchen mögen. Genauso können wir diese Welt im Tod loslassen und auch nicht nach einer nächsten auftauchenden Welt greifen, wenn wir erkennen, dass diese Welt nur etwas ist, was im Gewahrsein erscheint.

So betrachtet, sterben wir gewissermaßen jeden Augenblick. Wir müssen aus der Welt, in der wir waren, heraussterben und in der Welt unserer Meditation geboren werden. Vergangenheit und Zukunft ändern sich plötzlich, und wir denken: »Ah, ich war irgendwo anders in Gedanken, statt zu meditieren.« Aber eigentlich waren wir nirgendwo anders. Unser grundlegendes Gewahrsein ist niemals irgendwo hingegangen.

Dementsprechend geht nach buddhistischer Ansicht unser grundlegendes Gewahrsein ebenfalls nirgendwohin, wenn wir sterben und in einer anderen Welt geboren werden. Es ist von seiner Natur her nichts, das von einem Ort zum anderen geht. Es ist wie ein Spiegel, unbewegt von den Bildern, die in ihm erscheinen.

Das Kommen und Gehen des Gewahrseins

So, wie es oben beschrieben wurde, bedeutet, von Gedanken eingefangen zu sein, dass wir uns vollständig auf eine Gedankenwelt ausrichten und in sie hineingesogen werden. Wenn wir bemerken, dass wir darin gefangen sind, und dann loslassen, ist es, als ob diese Welt verblassen und sich auflösen würde. Unablässig läuft dieser Prozess ab: Wir richten uns auf etwas aus, und dann löst sich dieser Fokus wieder auf. Dieser Rhythmus ist einer der grundlegenden Aspekte der Natur des Gewahrseins. Der ganze Prozess beginnt mit einer Phase, in der man scharf ausgerichtet ist. Man ist mehr oder weniger beständig mit dem verbunden, was auch immer da erschienen ist. Dann folgt eine Phase der Auflösung, in der sich der Fokus entspannt und das Gewahrsein sich weiträumig öffnet. Ein starkes Gefühl der Unsicherheit geht damit einher. Dann ist das, was erschienen war, vollständig verblasst.

Es gibt keinen Grund anzunehmen, dass etwas anderes geschieht, wenn wir sterben. Unser Ausgangspunkt ist eine starke Verbindung mit dieser Welt, dann folgt der Sterbeprozess. In ihm bricht diese Verbindung über mehrere Stadien hinweg zusammen. Wenn unsere Verbindung mit diesem Leben unterbrochen ist und wir dem Unbekannten gegenüberstehen, kommt schließlich die Phase der Unsicherheit. Wahrscheinlich erleben wir eine Welle von Angst oder Panik, weil dieser Vorgang so ungeheuerlich ist und ein Gefühl der Bodenlosigkeit entsteht. In diesem Zustand der Ungewissheit kann alles Mögliche geschehen, und eine Fülle von Erscheinungen kann auf uns einstürmen. Dann lässt auch diese Erfahrung nach, und aus diesem Zustand heraus beginnt sich das Gewahrsein wieder zu sammeln. Man erfährt dies so, als würde man in eine andere Welt hineingesogen. Das ist Wiedergeburt.

Den gleichen Prozess erfahren wir von Moment zu Moment, allerdings weniger dramatisch. Lässt die Ausrichtung auf einen Gedanken nach, kann in der Lücke, die dadurch entstanden ist, alles Mögliche auftauchen. Dann setzt eine Art Bewegung ein, und das Gewahrsein wird zurück in eine ausgerichtete, stabile Verbindung gezogen.

Um das besser zu verstehen, können Sie versuchen, einen Gedanken zu erhaschen, während er gerade auftaucht. Dann fragen Sie sich, woher er gekommen ist. Überrascht werden Sie feststellen, dass das eine ziemliche Herausforderung ist. Man braucht die Anleitung durch einen Lehrer oder eine Lehrerin, um dem wirklich auf den Grund zu gehen. Was man aber auf jeden Fall bemerkt, ist, wie ein Gedanke plötzlich erscheint, vermutlich aus dem Gewahrsein. Es gab aber kein Gewahrsein von irgendetwas, als er auftauchte. Wenn man es recht überlegt, können wir davon ausgehen, dass nach dem Tod eine neue Erfahrung im Gewahrsein genauso scheinbar aus dem Nichts auftauchen kann und uns in eine neue Welt, in ein neues Leben führt.

Im Leben haben wir jedes Mal, wenn eine Gedankenwelt vergeht, die Möglichkeit zu wählen. Wir können die gleiche Welt wieder erschaffen und betreten oder eine neue Welt entstehen lassen. Türen und Tore zu verschiedenen Möglichkeiten tun sich in diesem Augenblick auf. Wir können dieses Prozesses unmittelbar gewahr werden, wenn wir meditieren. Möglichkeiten der Auswahl tauchen auch im Tod auf. Vielleicht bestehen wir darauf, das Leben, das wir gerade verlassen haben, weiterzuführen. Aber die Bedingungen für eine Geburt dort sind vergangen, und wir können nicht zurück. Es ist wichtig, dass wir es nicht versuchen. Das Beste ist loszulassen, wie wir es mit den Gedanken tun, und der unwandelbaren Natur des Gewahrseins zu vertrauen, so gut wir können.

Vom Träumen lernen

Wenn es uns durch die Meditation allmählich besser gelingt, von Augenblick zu Augenblick wach und bewusst zu bleiben, dann können wir versuchen, den gleichen Prozess beim Einschlafen zu bemerken. Wenn wir einschlafen, geben wir die scharfe Ausrichtung auf die Welt der Sinne auf. Die Welt der Sinne löst sich auf, und wir werden »bewusstlos« oder sterben für sie.

In diesem Zustand der Auflösung beginnt das Gewahrsein, sich in sich selbst zu bewegen, um sich neu auszurichten, dieses Mal aber unabhängig von den Sinnen. Im Gewahrsein sind unzählige Tore, die sich in Traumwelten öffnen. Das Gewahrsein kann sich auf sie ausrichten, in sie eintauchen und sich mit ihnen verbinden. So kommt es, dass wir von einer Traumwelt zur nächsten wandern – wenn eine sich auflöst, erscheint immer eine neue. Wir verbinden uns mit einer Welt nach der anderen und treten in sie ein, ohne dass wir uns dessen bewusst sind, was wir da tun. Unser Gewahrsein erschafft diese Welten und ist gleichzeitig auch das, was in sie eintaucht und sich damit verbindet.

Selbst wenn wir es nicht bemerken, während wir träumen, können wir doch darüber nachdenken, was in den Träumen vor sich geht, an die wir uns erinnern. Wir werden feststellen, dass dieser Prozess die ganze Zeit abläuft. Jeder, der seine Erfahrung genau betrachtet, kann diesen ganzen Prozess wahrnehmen. Meditation bedeutet lediglich, diese unmittelbare Aufmerksamkeit aufrechtzuerhalten.

Wir können diesen Prozess immer in der direkten Erfahrung wahrnehmen, wenn wir bemerken, dass wir geträumt haben. Also ist es vielleicht gar kein so großer Sprung, daraus zu schließen, dass der gleiche Prozess im Tod abläuft. Das grundlegende Gewahrsein ändert sich nicht. Mit dem Tod stirbt allerdings der physische Körper, die Verbindung zwischen dem Gewahrsein und der Welt der Sinne wird vollkommen durchtrennt. Wir sind unfähig, zu unserem Leben, wie es war, zurückzukehren.

Vertrauen als Hintergrundgefühl

Mit dem Tod löst sich etwas auf, was wir für einen grundsätzlichen Bestandteil unserer selbst halten, nämlich unser Grundgefühl von Vertrauen, das uns sagt, wer wir sind und wo unser Platz im Leben ist. Es begleitet uns als Hintergrund unser ganzes Leben lang und verhindert, dass wir in Panik geraten. Aber es ist ein trügerisches Vertrauen. Auf praktischer Ebene erfüllt es jedoch seinen Zweck, vor allem, wenn uns ein grundlegenderes Vertrauen in unsere wahre Natur fehlt. Dieses Hintergrundgefühl des Vertrauens begleitet uns das ganze Leben und ist auch da, wenn wir meditieren, selbst wenn wir schlafen und träumen. Es erlaubt uns, ohne Furcht einzuschlafen. Es ist das, was uns befähigt, uns daran zu erinnern, wer wir sind, wenn wir aufwachen. Normalerweise bemerken wir dieses Hintergrundvertrauen oder die Tatsache, dass wir uns so sehr darauf verlassen, nicht. Aber wenn wir es nicht hätten, würde sich jeder Moment anfühlen wie ein Tod, wie ein Schritt ins Ungewisse.

Wenn wir sterben, wird dieses Hintergrundvertrauen zerschmettert, und wir spüren, dass wir wirklich ins Ungewisse gehen. Wenn wir nicht über ein grundlegenderes Vertrauen in die wahre Natur unseres Seins verfügen, werden wir in diesem Moment von einer Welle der Angst oder Panik erfasst. Darauf folgt etwas, was wir Bewusstlosigkeit nennen. Damit dies nicht geschieht, üben wir uns in der Meditation darin, diese trügerische Art von Hintergrundvertrauen zu bemerken und nicht darauf zu bauen. Wenn wir dies im Leben tun können, dann ist es wahrscheinlicher, dass wir es auch im Tod können. Statt eine Welle der Angst zu empfinden und bewusstlos zu werden, kann sich dann unser Herz öffnen, und wir können in diesem Augenblick unsere eigene wahre Natur erkennen. Der Tod kann Befreiung, Erwachen, Erleuchtung sein.

In der Meditation geht es darum, das falsche Hintergrundvertrauen loszulassen, ein Vertrauen, das auf der Idee basiert, eine bestimmte Person zu sein, die mit einem bestimmten Ort und einer bestimmten Zeit verbunden ist. Stattdessen lernen wir, der

Einfachheit unserer wahren Natur zu vertrauen. Sie besteht nicht aus etwas, das geboren wird oder stirbt. Sie stirbt nicht, und deshalb ist sie vertrauenswürdig. Sie ist die letztendliche Zuflucht, die der Buddha entdeckte.

Ein Ergebnis der Meditation kann sein, dass eine starke Leerheitserfahrung, ein Gefühl der absoluten Bodenlosigkeit, dieses gewöhnliche Hintergrundgefühl der Sicherheit erschüttert. Es kann sich anfühlen, als würde man sterben oder als sei man schon tot. Noch schlimmer, es kann ein Gefühl erzeugen, als würde sich alles, was es gibt, auflösen oder sei schon fort, oder sogar so, als hätte es nie irgendetwas gegeben. Solche Erfahrungen sind ein Schock, wie jeder, dem sie widerfahren sind, bestätigen wird. Aber wenn Angst entsteht, dann rührt das daher, dass die Erfahrungen der Leerheit nur bruchstückhaft sind und ziemlich schnell wieder vergehen. Manchmal dauert es nur Sekunden, manchmal Tage, bis wir wieder »hier« sind, wie wir es nennen. Solche Erfahrungen haben viel mit der Erfahrung des Todes gemeinsam. Sie erklären, warum die Meditation uns helfen kann, die Erfahrungen, die wir im Tod machen, schon im Leben zu verstehen.

Der Augenblick des Todes und was darauf folgt

Die meisten von uns identifizieren sich meistens mit den Welten, die in unserem Gewahrsein erscheinen, und haften an ihnen. Wir vertrauen auf sie als unser Zuhause oder als das, was wir sind, und deswegen leiden wir, wenn wir früher oder später von ihnen fortgerissen werden. Das geschieht auf dramatische Weise und vollständig im Augenblick des Todes. Die Verbindung mit der Welt, die wir mit den Sinnen wahrnehmen und in die wir so viel investiert haben, wird vollkommen durchtrennt. In diesem Moment sind wir dem Strahlen und der intensiven Feinfühligkeit der unermesslichen Offenheit unserer wahren Natur ausgesetzt; sie leuchtet in unserem Herzen. Aber wir erschrecken wahrscheinlich zu sehr, um sie wirklich zu erfahren, und werden einfach das Bewusstsein verlieren.

Diese intensive Erfahrung wird oft das Klare Licht im Augenblick des Todes genannt. Auch wenn diese Erfahrung als etwas ganz Besonderes dargestellt wird, unterscheidet sie sich eigentlich nicht sehr von dem, was beim Einschlafen oder wenn unser Gewahrsein von Gedanke zu Gedanke springt geschieht. Ein Gedanke endet, gefolgt von einem anderen, und dazwischen gibt es einen leeren Augenblick, eine Lücke, an die wir uns nicht erinnern können. Der leere Augenblick, den wir nicht bemerkt haben, ist eigentlich das Klare Licht. Ebenso wenig erinnern wir uns an die Erfahrung des Klaren Lichts unserer wahren Natur, wenn wir sterben, es sei denn, wir sind in der Übung weit fortgeschritten. Man könnte sagen, dass wir buchstäblich davon »erschlagen« werden. Dann, nach einer Weile, kommen wir unvermeidlich wieder aus diesem Zustand heraus, so als würden wir aus der Bewusstlosigkeit erwachen.

Sobald unser Gewahrsein wieder aktiv wird, tauchen neue Welten im instabilen Zwischenzustand auf, der unmittelbar nach dem Ende des einen Leben beginnt und sich bis zum Beginn eines neuen stabilen Lebens erstreckt. Der tibetische Buddhismus nennt ihn »Bardo des Werdens«.

Aus buddhistischer Sicht geht man davon aus, dass Leben auf Leben folgen, so wie Träume auf Träume und Gedanken auf Gedanken folgen. Ein Gedanke, ein Traum und die »reale« Welt unterscheiden sich nach dieser Auffassung zum Teil dadurch, wie stabil die Welt ist, in der wir Wiedergeburt angenommen haben. Natürlich teilen wir eine »reale« Welt auf eine andere Art mit anderen Wesen als die Welt unserer Gedanken oder Träume, aber aus buddhistischer Sicht ist die Trennungslinie nicht so deutlich, wie wir gerne glauben möchten.

Der Zwischenzustand wird also, wie bereits erwähnt, mit dem instabilen Zustand gleichgesetzt, der entsteht, wenn eine Gedankenwelt sich aufgelöst hat und wir noch nicht in der nächsten angekommen sind. Die verschiedenen Welten, die erscheinen und wieder verschwinden, wechseln im Zwischenzustand nach dem Tod mit atemberaubender Geschwindigkeit. Das kann große Angst auslösen. Genauso kann man in der Meditation oder wenn man gerade dabei ist einzuschlafen, am Rande des Gewahrseins ein Meer von Gedanken oder Gedankenfragmenten aufblitzen sehen. Sie sind mögliche Tore oder Wege zu anderen Gedankenwelten. Diese Gedankenwelten können uns umso mehr beunruhigen, je weniger gefestigt wir sind. Also werden wir wahrscheinlich im Zwischenzustand nach dem Tod das Gefühl haben, äußerst verwirrt zu sein und hin- und hergeworfen zu werden.

Meditation gibt uns ein Mittel an die Hand, uns darin zu üben, mitten in den Gedankenwelten aufzuwachen und zu merken, dass wir einfach denken. Wenn wir diese Gewohnheit im Leben entwickelt haben, können wir im Tod spontan wach werden und merken, dass wir in unserem eigenen Denken gefangen sind, und es loslassen. Welche Welt uns auch erscheint, sie ist einfach Gewahrsein, das sich ausrichtet und in sich selbst bewegt. Es besteht immer die Möglichkeit, sich zu entscheiden, nicht in sie hineinzugehen.

Alle Erfahrungen, furchterregende und andere, die uns im Zwischenzustand zwischen den Leben antreiben oder verführen, geschehen wirklich in unserem Gewahrsein. Wenn wir uns nicht in ihnen verfangen, tauchen sie auf und vergehen wieder, wie die Gedanken in der Meditation. Erkennen wir das, bleibt uns nach dem Tod offensichtlich eine Menge Leid erspart. Wie in der Meditation geht es nach dem Tod darum zu erkennen, dass das, was geschieht, eigentlich aus dem Gewahrsein selbst heraus entsteht; es ist unser eigener Geist. Also können wir diesen Erscheinungen erlauben, sich aufzulösen, ohne davon mitgerissen zu werden.

Meditation zur Zeit des Todes

Man könnte aus der eben beschriebenen Beziehung zwischen Meditation und Tod den Schluss ziehen, dass aus buddhistischer Sicht die einzige Hoffnung darin besteht, fähig zu sein, während der ganzen Dauer des Sterbeprozesses zu meditieren. Das wäre eine ziemlich frustrierende Perspektive, denn den meisten von uns fällt es schon bei einer starken Erkältung schwer zu meditieren. Die Chancen stehen also schlecht, dass es uns gelingt, zum Zeitpunkt des Todes zu meditieren. Doch selbst wenn wir realistischerweise nicht davon ausgehen können, dass wir während des Sterbens gut oder überhaupt meditieren können, ist es von großem Nutzen, wenn wir in diesem Leben meditiert haben.

Ist uns die Meditation während unseres Lebens zur Gewohnheit geworden, dann haben wir hoffentlich ein gewisses Maß an innerem Vertrauen entwickelt, das uns durch all das tragen kann, was im Leben oder Tod auf uns einstürzen mag. Selbst wenn unser Vertrauen im Tod versagen sollte, so werden die geistigen Gewohnheiten, die sich durch die regelmäßige Meditation gebildet haben, im Zustand nach dem Tod und in zukünftigen Leben spontan wieder auftreten. Diese positiven Gewohnheiten wie Offenheit für Wahrheit, Gelassenheit, Mut und Geschick werden uns immer wieder auf den Weg des Erwachens zurückführen, unser Verstehen vertiefen und unser Vertrauen stärken.

Viel wichtiger ist aber vielleicht, dass wir durch die Meditation damit beginnen, die Wurzeln unserer Verwirrung zu durchtrennen, so als würde man einen Baum am Ansatz seines Stammes fällen. Aus buddhistischer Sicht sind es die ungeschickten und unheilsamen Handlungen des Körpers, der Rede und des Geistes, die bestimmen, welche Welten sich für uns nach dem Tod öffnen und welches zukünftige Leben wir also zu erleiden haben. Aber diese Handlungen und die Gewohnheiten, die diese Handlungen unablässig weiter hervorbringen, haben ihren Ursprung in einer tief verwurzelten Verwirrung.

Wir könnten unser ganzes Leben damit verbringen, wollten wir alle schlechten Gewohnheiten aufgeben, und das wäre nicht anders, als würden wir versuchen, einen Baum zu fällen, indem wir ihm seine Zweige und Äste absägen. Ein paar Axthiebe gegen seinen Stamm dagegen schwächen den ganzen Baum und lassen seine Zweige und Äste verdorren. Der Buddhismus betont nachdrücklich, wie wichtig geschicktes und heilsames ethisches

Verhalten ist, aber die Aufgabe, alle negativen und egozentrischen Neigungen zu entfernen, wäre endlos, hätten wir keine anderen Mittel zur Verfügung als sozusagen die Zweige und Äste abzuschlagen.

Die einzig wahre Hoffnung liegt darin, Meditation zu üben. Meditation untergräbt unsere negativen Gewohnheiten, und nicht nur das: Sie hilft uns auch, weiterzugehen. In ihr vertieft sich das Verständnis der wahren Natur unserer direkten Erfahrung, so dass wir den ganzen Baum der Verwirrung an der Wurzel fällen können. Die gute Nachricht ist, dass jede kleine Bewegung des Gewahrseins, die unsere Verwirrung abschneidet, den Einfluss, den sie auf uns hat, schwächt. Das macht das Leben leichter und freudvoller. Besonders wenn es Zeit ist zu sterben, kann das für unser Vertrauen sehr viel bedeuten.

Der wichtige Punkt ist hier, dass aus buddhistischer Sicht das Gewahrsein, unsere grundlegende Natur, vom Tod nicht berührt wird. Wenn wir sterben, wenn alles andere uns im Stich lässt, können wir immer noch darauf vertrauen, dass Erfahrungen weiter da sein werden. Wir können darauf vertrauen, dass wir fähig sein werden, uns so darauf zu beziehen, wie wir es jetzt tun. Das allein allerdings ist nicht besonders tröstlich, denn wer will schon endlos eine Welt nach der anderen erfahren, wenn es darin weder Sinn noch eine Bedeutung gibt? Das folgende Kapitel erklärt, was unserer Erfahrung Sinn und ein Gefühl von Verbundenheit verleihen kann, etwas, das uns die Richtung weist zur Glückseligkeit des Erwachens, das jenseits allen Leidens ist.

2
Das Herz stirbt nie

Die traditionellen buddhistischen Lehren betonen im Zusammenhang mit dem Zeitpunkt des Todes die Vergänglichkeit und dass dieses Leben unwirklich und wie eine Täuschung ist. Das ermutigt uns, alles Anhaften an dieses Leben loszulassen, und es hilft dabei, uns für den Pfad des Erwachens zu öffnen. Aber Vergänglichkeit zu betonen kann Menschen im Augenblick des Todes nur dann Zuversicht und Vertrauen einflößen, wenn sie sich mit etwas Tiefem und Bedeutungsvollem verbunden fühlen, das nicht sterben wird. Andernfalls könnte die Betonung von Vergänglichkeit und Täuschung so klingen, als wollte man leugnen, dass eine Person für sich genommen wertvoll ist. Dies könnte herzlos und nicht im Geringsten tröstlich wirken.

Die Meditation des buddhistischen Weges handelt aber nicht nur von Vergänglichkeit und Täuschung. Es geht ebenso darum, im Herzen zu ruhen, dem Ort, wo alle Herzen sich vereinen. Das schenkt uns die Zuversicht, dass wir im Tod nicht allein sein werden und dass alle, die uns nahestehen, in Wirklichkeit in unserem Herzen weiterleben, selbst wenn wir sie nicht länger sehen können.

Das wirft die Frage auf: Was ist eigentlich eine Person? Die Tatsache des Todes wirft immer wieder diese Frage auf. Sind wir wirklich nur eine Ansammlung chemischer Elemente oder flüchtiger Bewusstseinsmomente, die sich mit dem Tod auflösen? Unser Herz sagt uns, dass wir mehr sind als das. Aber was meinen wir damit, wenn wir das sagen? Das ist keine Frage, die leicht zu beantworten ist, doch der buddhistische Weg zielt darauf ab, die Antwort in seiner ganzen Tragweite zu entdecken. Mit anderen Worten: Alles an uns, was vergänglich und unwirklich ist, ist nicht das, was wir sind. Wir sind Gewahrsein, und das Gewahrsein ist nichts anderes als unser Herz.

Das Herz ist darum der Schlüssel, um zu verstehen, was wir sind und was das Wesen unserer Verbindung mit anderen ist. Mit Hilfe der Meditation erforschen wir, was es heißt, ein Mensch zu sein, und was unter Herz zu verstehen ist. Wir entdecken, wie unser Herz mit anderen Menschen in Verbindung steht und was wirklich für uns von Bedeutung ist. Dieses Gefühl der Verbindung und der Bedeutung ist es, was wir mehr als alles andere im Angesicht des Todes brauchen, ob es nun unser eigener ist oder der eines anderen. Ein echtes Verständnis der wahren Natur der Wirklichkeit entspringt einer tiefen Verbundenheit mit unserem Herzen durch Meditation.

Wenn wir sterben, ist es das Wichtigste, tiefes Vertrauen in unser Herz zu bewahren. Es ist vielleicht eine Erleichterung, das zu hören. Das vorhergehende Kapitel hat möglicherweise den Eindruck hinterlassen, es sei das Wichtigste, den Geist hell, klar und ausgerichtet zu halten. Jeder, der einmal versucht hat zu meditieren, weiß, wie schwierig das selbst bei guter Gesundheit ist – und wie viel schwieriger ist es erst, wenn wir krank sind oder sterben. Was wir bemerken, ist, dass unser Geist dazu neigt, entweder zu beschäftigt oder zu schwerfällig zu sein, um sich gut ausrichten zu können. Höchstwahrscheinlich werden wir unseren Geist auch so erleben, wenn der Moment des Sterbens gekommen ist.

Es geht darum, einen Kreis zu durchbrechen: Bevor wir nicht eine Lücke in unserem geschäftigen Geist schaffen, können wir das Herz kaum wahrnehmen. Kommen wir in unserem Herzen zur Ruhe, stört uns die Rastlosigkeit des Geistes nicht länger. Sobald die Rastlosigkeit des Geistes nicht länger stört, fällt es leicht, im Herzen zu verweilen und einfach zu vertrauen. Eine Form der Meditation, die den rastlosen Geist zu Ruhe bringt, hilft also dabei, im Herzen zu ruhen, und wenn wir dies tun, dann trägt es dazu bei, den rastlosen Geist zur Ruhe zu bringen, so dass wir meditieren können. Es ist hilfreich, sich daran zu erinnern, wenn wir uns in Krisensituationen befinden, wie z. B.

zum Zeitpunkt des Todes. Leicht ist es nicht, aber es auch nur zu versuchen kann eine große Unterstützung sein. Dabei bleibt natürlich die Frage offen, was wir eigentlich mit »Herz« meinen.

Intuitives Wissen über das Herz

Intuitiv wissen wir alle, was es bedeutet, vom Herzen aus zu sprechen, auch wenn wir es nicht wirklich erklären können. Es ist wichtig, alle Assoziationen, die das Herz betreffen, eingehend in diesem Sinne zu untersuchen, Es liegt eine tiefgründige intuitive Weisheit in ihnen verborgen. Wir können nicht wirklich sagen, was wir darunter verstehen, außer dass es sinnvoll und bedeutungsvoll ist. Es verleiht unserem ganzen Leben einen Sinn. Wenn wir z. B. den Mut verlieren[1] – ist dies nicht so, als würden wir das Gefühl für das verlieren, was unserem Leben Sinn und Bedeutung gibt? Ist das schrecklichste Leiden nicht immer ein sinnloses Leiden? Es lohnt sich, darüber nachzudenken, was wir wirklich darunter verstehen, wenn wir so etwas sagen.

Gemäß buddhistischer Auffassung ist das Herz ein natürlicher Bestandteil der Wirklichkeit. Darum sprechen wir vom Herzen, verstehen es auf eine bestimmte Weise (nämlich so, wie wir es intuitiv verstehen), und darum gibt es unserem Leben Sinn. Das Universum ist nicht kalte Materie ohne Bedeutung. Es gleicht mehr dem Herzen, so wie wir es intuitiv in uns spüren. Was sich in unserem Herzen so bedeutungsvoll anfühlt, ist in Wirklichkeit die Lebendigkeit des Herzens des Universums, hier im Herzen unseres eigenen Wesens. In der Tat eine kühne Behauptung!

Von dieser Warte aus ist das Herz weit mehr als eine sentimentale oder romantische Vorstellung. Manchmal verfallen wir natürlich sentimentalen oder romantischen Stimmungen, aber wir wissen, dass Wahrhaftigkeit des Herzens etwas anderes ist. Wenn wir darüber reden, das wir etwas im Herzen wissen, dann sprechen wir über das, was wir wirklich wissen, im dem Sinne, dass es für uns wahrhaft bedeutungsvoll ist. Das ist nicht nur dahergesagt. Aus buddhistischer Sicht ist es darum kein bloßes Gerede, weil es einer Intuition entspringt, die direkt in das Wesen der Wirklichkeit vordringt. Im Herzen sind wir mit dem grundlegenden Wesen der Wirklichkeit verbunden, das der Buddha entdeckt hat. Wir sind damit unmittelbar in Kontakt, und wir erkennen es in unserer direkten Erfahrung, auch wenn wir es leicht vergessen oder seine wahre Bedeutung übersehen.

Ich schlage vor, jetzt ein oder zwei Minuten innezuhalten und über das Gesagte nachzudenken. Stimmt es, dass sofort Assoziationen auftauchen, wenn man vom »Herzen« spricht, und dass sich das Gewahrsein dann in den Brustraum verlagert? Ist es nicht interessant, dass ein Wort eine derartige Wirkung haben kann? Bei manchen mag das Aussprechen des Wortes »Herz« durchaus Widerstand hervorrufen und den starken Impuls, sich nicht dorthin zu wenden. Ist das nicht auch sehr interessant? Im Meditationstraining erforscht man sanft diese Fragen. Erkennen wir, worum es sich bei dem Widerstand handelt, entdeckt man nach und nach die Schichten der Verwirrung und lässt sie los. Das Herz kann freier und offener werden.

Wie wichtig es ist, das Herz zu betonen

Wir wissen intuitiv viel über das Herz, und in unserer Kultur sind viele Redewendungen verbreitet, die seine Bedeutung nahelegen, und doch ist es vielleicht überraschend, wie sehr ich es betone. Ich tue das, weil ich glaube, dass diese Ahnungen und Redewendungen überraschend genau auf unsere wahre Natur, direkt auf die Essenz unseres Wesens hinweisen. Es ist, als würden wir in uns die Ehrfurcht gebietende Wirklichkeit spüren, die im Buddhismus das »Erwachte Herz« genannt wird. Obwohl wir es nicht klar sehen, ist es in uns gegenwärtig als Grundlage unseres Wesens, unwandelbar und immer wach. Das ist der Grund, warum es das »Erwachte Herz« genannt wird. Auch wenn wir jetzt noch nicht vollkommen erwacht sind, ist das Herz bereits vollkommen und in jedem Moment unserer Erfahrung wirksam.

Es ist das, was uns lachen und weinen lässt, um ein Beispiel zu nennen; es ist das, wodurch wir uns lebendig fühlen und was uns immer weiter antreibt, Glück und den Weg zum Erwachen zu suchen. Es ist immer in uns gegenwärtig, selbst mitten in Schmerz und Verwirrung, Ärger und Gier und wenn Ängste und Zweifel sich zusammenballen.

Ich werde im Weiteren Ausdrücke wie Erwachtes Herz, Gewahrsein, Wirklichkeit und wahre Natur benutzen, aber es gibt für das, worüber ich spreche, noch viele andere Begriffe innerhalb der buddhistischen Tradition. Zum Beispiel bezieht man sich darauf auch über seine Aspekte der Offenheit, Klarheit und Feinfühligkeit. Im Tod oder in der Erleuchtung (Erwachen), wenn es am stärksten hervorstrahlt, heißt es der Geist des Klaren Lichts. Es wird die unzerstörbare Essenz des Herzens genannt, um seine unwandelbare Essenz hervorzuheben, die sich im Herzen als der Kern unseres Wesens finden lässt. Um zu betonen, dass sein eigentliches Wesen Buddha mit allen Qualitäten eines Buddha ist, wird es auch Buddha-Natur genannt. Nirvāṇa heißt es, weil es das Ende des Leidens bedeutet, wenn man es erkennt. Weil alle Dinge daraus hervorgehen, wird es der ursprüngliche Grund genannt.

Es ist wichtig, gleich zu Beginn, wenn man die Lehre des Buddha vorstellt, das Herz zu betonen. Jedem wird damit klar, dass es hier um etwas Wichtiges und Bedeutungsvolles geht. Es deutet darauf hin, dass es etwas Wertvolles zu entdecken und zu verstehen gibt. Beginnt man die Ausführungen damit, wie unausweichlich das Leiden ist, wie vergänglich und letztendlich unwirklich alles ist, könnte das nihilistisch klingen, es sei denn, diejenigen, die zuhören, vertrauen bereits darauf, dass es eine bedeutungsvolle Wirklichkeit zu entdecken gibt.

Ich erwähne das, weil der Leser oder die Leserin sich vielleicht fragt, warum die meisten traditionellen buddhistischen Lehrer jene Ansätze zuerst präsentieren, die ziemlich deprimierend klingen. Ich dagegen betone mehr das, was unveränderlich, wirklich und von höchsten Wert ist. Der traditionelle buddhistische Ansatz geht davon aus, dass die meisten Menschen in einer buddhistischen Kultur tief davon überzeugt sind, dass zum Erwachen oder zur Erleuchtung die Verwirklichung einer großen, unfassbaren Wahrheit gehört, die das Herz betrifft. Lehrer und Lehrerinnen hatten in traditionellen Kulturen nicht das Problem, dass ihre Schützlinge kein Vertrauen in diese Wirklichkeit hatten, so wie es in der westlichen Gesellschaft vielleicht der Fall ist. Es war eher das Anhaften an den Dingen dieses Lebens, das die Motivation ihrer Schüler schwächte, diese Wirklichkeit so bald wie möglich erkennen zu wollen. Deswegen betonten ihre Lehrer anfangs eher, dass die Dinge, an denen die Menschen hängen, vergänglich, nicht zufriedenstellend und unwirklich sind.

Ich hingegen finde es notwendig, den Menschen, die zu mir kommen, zunächst etwas von dem zu vermitteln, was aus buddhistischer Sicht wirklich ist. Ich möchte darlegen, wie sich dies zu dem verhält, was wir intuitiv im Herzen wertschätzen, so dass die Menschen wissen, dass es etwas gibt, auf das wir hoffen und nach dem wir streben können. Daraus kann die Motivation wachsen, darüber nachzudenken, wie vergänglich, nicht zufriedenstellend und unwirklich alles andere ist.

Vielleicht inspiriert dies dazu, regelmäßig zu meditieren, um die anfängliche Intuition und die Begeisterung in Bezug auf das Wesen der Wirklichkeit, die man im eigenen Herzen entdeckt hat, tiefer zu verstehen. Wir alle müssen ein grundlegendes Vertrauen in das, was in unserem Herzen ist und was uns durch Leben und Tod trägt, entwickeln. Das braucht natürlich Zeit und erfordert Engagement.

Offenheit, Klarheit, Feinfühligkeit

Vielleicht fragen Sie sich, wie alles, was über das Herz und das Erwachte Herz gesagt wurde, mit dem grundlegenden unwandelbaren Gewahrsein, unserer wahren Natur, der Quelle aller Erscheinungen im Leben und im Tod, über das ich im vorherigen Kapitel gesprochen habe, in Beziehung steht. Eigentlich sind

Herz und Gewahrsein nur unterschiedliche Ausdrucksweisen. Sie meinen grundsätzlich dieselbe Wirklichkeit. Diese Wirklichkeit ist unfassbar in dem Sinne, dass jede Vorstellung, die wir uns von ihr machen, nicht sie ist. Sie existiert jenseits aller Vorstellungen. Sie ist die Wirklichkeit, auf die alle Vorstellungen hinweisen und von der alle ausgehen. Auch ihre unendlichen Qualitäten sind nicht fassbar. Es gibt Parallelen in unserer eigenen Kultur, die dieser Art von Vision nahekommen. Wir finden sie an so unterschiedlichen Orten wie in uralten Mythen, in der modernen Physik oder auch in den Aussagen der Mystiker aller Weltreligionen.

Die Mahāmudrā- und Dzogchen-Tradition des tibetischen Buddhismus beschreibt diese Wirklichkeit mit drei Begriffen: Offenheit, Klarheit und Feinfühligkeit. Die Offenheit ist ein Gefühl des weiten Unbekannten. Gedanken können es nicht fassen. Offenheit ist leer in dem Sinne, dass es nichts gibt, an dem man sich festhalten kann; sie ist bodenlos. Die Klarheit ist der wissende Aspekt des Gewahrseins, tiefer als alles, was wir gewöhnlich unter Wissen verstehen. Alles, was wir erfahren, erscheint in ihr wie in einem Spiegel. Die Feinfühligkeit ist die antwortende Qualität des Gewahrseins, das ganze Spektrum von Herz und Sinn, Schmerz und Freude.

Diese drei Qualitäten sind untrennbare Aspekte einer einzigen Wirklichkeit. Wenn wir zum Beispiel vom offenen Herzen sprechen, beziehen wir uns auf alle drei Aspekte gleichzeitig; Offenheit, Klarheit und Feinfühligkeit sind darin enthalten. Wenn wir von Leben in jeglichem Sinne sprechen, meinen wir die lebendige Essenz, die gewahr und empfänglich und doch unfassbar ist. Offenheit, Klarheit und Feinfühligkeit sind stets in all unseren Erfahrungen vorhanden.

Offenheit, Klarheit und Feinfühligkeit sind uns tatsächlich viel vertrauter als alles andere, was wir uns vorstellen können. Denken ist auch nichts anderes als diese drei. Betrachten Sie die Gedanken, die in Ihrem Geist erscheinen. Sind sie etwas anderes als diese drei Qualitäten? Sogar unsere verwirrten Emotionen wie

Ärger, Anhaften, Stolz, Eifersucht und Verzweiflung sind Ausdruck von Offenheit, Klarheit und Feinfühligkeit. Ärger lässt sich nicht fassen; man kann ihn nicht als etwas Bestimmtes oder an einem bestimmten Ort festmachen, und doch nimmt er deutlich wahr und ist sehr feinfühlig. So verhält es sich mit allen verwirrten Emotionen. Ist das nicht erstaunlich? Selbst in unseren schlimmsten Momenten ist alles, was wir erfahren, eigentlich ein Ausdruck unserer wahren Natur. Es gibt niemanden, der von dieser Wirklichkeit getrennt ist.

Wenn Wissenschaftler nach dem Wesen des Gewahrseins suchen, finden sie nur die Art, wie es sich ausdrückt. Subjektiv und intuitiv ist es die Arena, in der die Dinge erscheinen, aber für den forschenden Geist, der versucht, seinen Finger darauf zu legen, was Gewahrsein ist, ist die Arena selbst unzugänglich. Daher ist das Gewahrsein für einen Geist, der auf diese Weise forscht, bodenlos und leer. Das heißt, man kann Gewahrsein nicht als ein Objekt des Gewahrseins fassen, so wie ein Auge zwar sichtbare Objekte sehen kann, nicht aber sich selbst. Gewahrsein kennt die Objekte, die in ihm auftauchen, aber es kann sich selbst nicht auf gleiche Weise zum Objekt machen. Gewahrsein erscheint uns daher geheimnisvoll, aber für das Gewahrsein selbst gibt es keinen Zweifel daran, dass es da ist, deutlich, lebendig und unmissverständlich. Gewahrsein ist elementar.

Nur auf der Grundlage von Gewahrsein können wir überhaupt etwas wissen. Das Leben selbst ist daher das Leben, so wie wir es erfahren, und das ist nichts anderes als die drei untrennbaren Qualitäten von Offenheit, Klarheit und Feinfühligkeit. Diese drei Qualitäten sind geheimnisvoll, aber sie sind nicht verborgen. In jeder unmittelbaren Erfahrung erscheinen sie als Facetten, ob wir an sie denken oder nicht, ob wir sie als wahr erkennen oder nicht, ob wir ihre Existenz anerkennen oder nicht. Niemand von uns ist etwas anderes als diese geheimnisvolle, unfassbare Wirklichkeit, die wahrnimmt und reagiert.

Da die Essenz unserer Erfahrungen Offenheit, Klarheit und Feinfühligkeit ist, ist jede unmittelbare Erfahrung diese unfassbare Wirklichkeit. Süß ist zum Beispiel eine Erfahrung, aber die Essenz des Süßen lässt sich nicht fassen. Eigentlich wissen wir nicht, wie wir süß beschreiben sollen. Alles, was wir wissen, ist, dass es ist. Darin liegt seine offene, weite, leere, unfassbare Qualität. Wir können es aber nur wissen, weil es sich klar und deutlich zeigt. Die Erfahrung manifestiert sich deutlich in unserem Gewahrsein, aber wir können sie in keiner Weise festnageln oder definieren. Letztendlich ist es immer diese nicht fassbare Essenz einer Erfahrung, die sie so tief bedeutsam macht. Das berührt unsere Empfindsamkeit, und wir antworten darauf.

Wenn im Buddhismus davon gesprochen wird, dass wir unmittelbar sehen, was wir erfahren, oder dass wir unsere wahre Natur erkennen, dann geht es hier um etwas, was wir normalerweise nicht unbedingt Wissen nennen würden. Mit Hilfe der Meditation erkennen wir, dass die Vorstellung, die wir bisher von Wissen hatten, falsch ist. Wir sprechen hier von einer Art des Wissens, die genau und klar ist, die gleichzeitig aber nach nichts greift. Das ist geheimnisvoll und doch ganz einfach – eigentlich etwas ganz Gewöhnliches. Die Komplikationen des gewöhnlichen Denkprozesses behindern dieses Wissen nicht. Es zu meistern ist jedoch ein langer Trainingsweg.

Da allen Erfahrungen Offenheit, Klarheit und Feinfühligkeit zugrunde liegen, muss darin auch das eingeschlossen sein, was wir Herz nennen. Ist das Herz nicht der potenziell offenste Aspekt unserer Erfahrung, weiträumig und unfassbar, klar und gewahr, einfühlsam und antwortend? Selbst wenn wir uns vollkommen deprimiert und unglücklich fühlen, besteht ein essenzieller Teil dieser Erfahrung aus dem Gefühl, das etwas falsch läuft, aus dem Gefühl heraus: »Es sollte nicht so sein.« Kommt dieser Protest nicht aus der Offenheit, Klarheit und Feinfühligkeit des Herzens selbst?

In der Meditation geht es darum, Vertrauen in die Offenheit, Klarheit und Feinfühligkeit unserer wahren Natur zu gewinnen. Offenheit, Klarheit und Feinfühligkeit sind unsere wahre Natur, und diese wahre Natur ist vertrauenswürdig. Sie wandelt sich nicht, weder im Leben noch im Tod. Wenn wir lernen können, ihr zu vertrauen, fühlen wir uns nicht verloren und hilflos, wenn der Tod uns alles andere wegnimmt.

Wie das Herz verwirrt wird

Man kann sich nun fragen, warum wir überhaupt so etwas wie Meditation und einen buddhistischen Weg brauchen, wenn wir diese Qualitäten doch bereits haben. Die Antwort ist: weil wir verwirrt sind. Obwohl wir das Erwachte Herz in uns haben, erkennen wir es nicht.

Die gute Nachricht ist, dass wir auf Grund unseres Gewahrseins und der Klarheit, die in uns von selbst vorhanden ist, über ein angeborenes Gefühl für die Wahrheit verfügen, eine Kraft, wahr von falsch zu unterscheiden. Je mehr wir die Gedanken loslassen, die auf falschen Überzeugungen bezüglich der Natur der Wirklichkeit beruhen, und je mehr wir uns trauen, offen und einfach zu sein, desto leichter können wir diese angeborene Kraft der Klarheit anwenden. Durch sie entdecken wir die wahre Natur unseres Wesens, die wir lange nicht mehr erkannt hatten und in die wir darum auch nicht mehr vertrauten.

Aus diesem Nichterkennen – in Sanskrit *Avidyā*, meist mit Unwissenheit übersetzt – entsteht Furcht. Sie ist das Symptom eines Vertrauensverlusts. Wir wenden uns aus Furcht von unserer Erfahrung ab, von unserer wahren Natur, und versuchen, unempfindlich zu werden. Das wiederum hält die Verwirrung aufrecht, unser Nichterkennen und den Verlust des Vertrauens. Wenn wir das Vertrauen verlieren, halten wir uns an dem fest, was nicht wirklich ist, als wäre es wirklich. Das bewirkt, dass wir immer wieder geboren werden und sterben.

Je mehr wir das, was nicht wirklich ist, loslassen, desto mehr öffnen wir uns der wahren Natur. Dann kann das intuitive Gefühl für die Wahrheit in uns lebendig werden. Wir lernen, dem immer weiter zu vertrauen, und das macht es einfacher zu erkennen, wie falsch unsere Ängste sind. Wir sind zwar verwirrt, aber wir haben die Klarheit, zu erkennen, dass wir verwirrt sind. Die

Verwirrung ist nur vorübergehend, und man kann sie vertreiben, wie das Licht die Dunkelheit vertreibt. Wir lernen, uns allem, was wir erfahren, zuzuwenden und auf diese Weise loszulassen. Alles, Leben und Tod, wird dadurch der Weg des Erwachens.

Der Mangel an Vertrauen in unsere von selbst vorhandene Klarheit und in unser Gefühl für die Wahrheit bewirkt also, dass wir uns mit dem, was nicht wirklich ist, identifizieren und daran hängen, als sei es wirklich. Wenn wir uns mehr auf unser von selbst vorhandenes Gefühl für die Wahrheit verlassen, stärkt das die Klarheit in uns. Die Wahrscheinlichkeit steigt, dass wir bemerken, wie wir uns mit unseren Gedanken und Gefühlen identifizieren: Wir hängen an ihnen, als sei Loslassen gleichbedeutend mit Sterben. Das stimmt auch – es ist wie sterben. Wenn man zum Beispiel wütend ist und dann zu sich sagt: »Lass es einfach sein«, dann gibt es einen Teil in uns, der denkt: »Ich kann das nicht einfach sein lassen. Wer bin ich denn dann, wenn ich das einfach loslasse?« Genauso können wir uns fragen, wer wir eigentlich sind, wenn wir uns in einem Traum verloren haben und uns jemand plötzlich aufweckt. Wir wären nicht länger die Person im Traum, das ist sicher. Und wenn wir sterben, sind wir nicht länger die Person, die wir waren, und wachen in einem vollkommen neuen Raum auf. Es ist unsere Klarheit, die erwacht, aber werden wir fähig sein, unser Anhaften an das vergangene Leben loszulassen? Meditation trainiert Klarheit und auch das Loslassen von dem, was nicht wirklich ist.

Man könnte jetzt vielleicht denken, dass es eine Sache ist, sich den Gedanken und Gefühlen im Leben zuzuwenden, aber etwas ganz anderes, wenn wir im Tod unseren Körper und damit unsere Verbindung mit dieser Welt und diesem Leben verlieren. Dann büßen wir tatsächlich unsere Identität ein. Man wird sich weniger sicher, ob dem tatsächlich so ist, wenn man tiefer erforscht, was man eigentlich unter »meinem Körper« und »dieses Leben« versteht. Zum einen merkt man, dass man nicht sagen kann, wo die Gedanken stattfinden, wenn man meditiert. Gewöhnlich meinen wir, dass sie sich im Kopf oder im Geist befinden, aber wir haben keine direkte Erfahrung von dem, was in unserem Kopf ist. Wir wissen überhaupt nur, dass wir einen Kopf haben, weil wir eine Menge Ideen und Erinnerungen zusammenbringen. Das Gewahrsein ist nicht im Kopf, der Kopf ist eine Vorstellung, die im Gewahrsein entsteht. In Wahrheit haben wir nicht die leiseste Ahnung davon, wo das Gewahrsein ist! Geist, Körper, Raum, ich, anderes, Zeit und so weiter, alles entpuppt sich als sehr geheimnisvoll. Unsere alten Vorstellungen darüber geraten ins Wanken. Wir fragen uns vielleicht sogar, was das alles eigentlich ist.

Das Gute daran ist, dass wir nun nicht mehr denken, wir wüssten so genau, was Leben und Tod eigentlich bedeuten. Was gibt es eigentlich, das sterben könnte und noch nicht in unwiederbringliche Vergangenheit verschwunden ist? Intuitiv aber spüren wir, dass eine Person weit mehr sein muss als ein Ereignis, das schon vorbei ist. Meditation hilft uns zu entdecken, was dieses »mehr« ist. Wenn wir tiefer gehen, wird also zwangsläufig die Frage auftauchen, was wir mit »Ich« meinen, wo es herkam, wo es jetzt ist und wo es hingeht. Damit treten wir in die Fußstapfen des Buddha und all derjenigen, die dem Pfad des Erwachens vor uns gefolgt sind. Im Meditationsprozess hinterfragen wir die Dinge, wir wundern uns und richten uns immer wieder auf die unmittelbare Erfahrung aus. Dadurch entdecken wir das Wesen unserer verborgenen Glaubenssätze, die uns in einem Zustand der Verwirrung festhalten. Das ist der Augenblick, in dem wir beginnen, wirklich zu erwachen.

Das traditionelle Bild für die Verwirrung ist ein Wolkenschleier, hinter dem die Sonne unserer wahren Natur verborgen liegt. Die Wolken sind ohne Substanz und in gewisser Weise nichts anderes als der Himmel selbst. Die Sonne verändert sich nie, und die Wolken sind eigentlich gar nichts Wirkliches. Das ist natürlich nur ein Teil des ganzen Bildes, aber in diesem Zusammenhang funktioniert die Analogie recht gut. Sie entwirft ein Bild davon, wie sich mit dem Erwachen der Glanz unserer wahren Natur Bahn bricht und sich die Wolken der Verwirrung, die sich auf die Welt der Sinne beziehen, aufzulösen beginnen.

Bemerken wir unsere wahre Natur nicht, ist es, als ob wir vollkommen blind wären. Auf unsere Blindheit setzt sich dann eine Schicht der Verwirrung nach der anderen. Es wird immer schwieriger, unsere wahre Natur wiederzuerkennen, und noch schwieriger, Vertrauen zu ihr zu fassen. In gewisser Weise »spukt« die wahre Natur in uns wie ein unermessliches und unerträglich helles Strahlen, zu überwältigend, um Trost zu spenden. Ein Teil von uns sucht diesen Glanz, ein anderer aber nicht. Er ist einfach zu intensiv. Wir würden dieses Strahlen zwar gerne ein paar Momente lang erleben, aber eigentlich ziehen wir die Gemütlichkeit der vertrauten begrenzten Vorstellung von uns selbst diesem Strahlen vor. Unbewusst blenden wir diese Vision aus.

Das weite, offene Strahlen offenbart, wie falsch unser verwirrtes Gefühl vom kleinen Ich ist, und das kleine Ich interpretiert diese Erfahrung dann als schmerzhaft. Das kleine Ich fühlt sich vom Strahlen bedroht, denn es befürchtet, ausgelöscht zu werden. Eigentlich treibt uns die Angst davor, zu leiden und ausgelöscht zu werden, unablässig um. Unbewusst versuchen wir diese Angst zu unterdrücken, indem wir uns gegen das Strahlen abschotten. Wir blenden es jeden Augenblick aus, um den vollen Glanz unseres Gewahrseins nicht zu erfahren. Wir tun das nicht absichtlich – wir bemerken nicht einmal, dass wir es tun. Wir sehnen uns vielleicht danach, es nicht zu tun, vor allem, wenn uns bewusst wird, dass dieses Ausblenden uns in Saṃsāra gefangen hält und bewirkt, dass uns die wahre Bedeutung von Leben und Tod entgeht. Aber es ist eine so starke Gewohnheit geworden, dass es viele Leben in Meditation braucht, um sie aufzugeben.

Durch Meditation lernen wir, uns auf das Gefühl für Wahrheit zu verlassen, dass das Wahre vom Falschen unterscheiden kann. Wir lernen dadurch, unsere wahre Natur zu achten, statt uns gegen sie abzuschotten. Wir wissen, wie wir in dieser Hinsicht ehrlich, echt und wahrhaftig sein können. Wir brauchen niemanden, der uns das sagt, aber bevor uns jemand darauf hinweist, übersehen wir meistens, was in unserer unmittelbaren Erfahrung geschieht. Dafür brauchen wir die Meditation und jemanden, der oder die uns unterweist.

Dem Erwachten Herzen vertrauen, wenn wir sterben

In der Meditation lernen wir, die drei Qualitäten des Erwachten Herzens in jeder Erfahrung wahrzunehmen, ihre Bedeutung zu erkennen und ihnen als unwandelbare, wahre Natur unseres Wesens zu vertrauen. Auf diese Natur können wir uns im Leben wie im Tod verlassen. Sie ist immer da. Sie wird nie abwesend sein. Selbst im Tod existiert sie weiter. Wir brauchen keine Angst zu haben, dass sie ausgelöscht oder zerstört wird.

Wir brauchen auch keine Angst zu haben, dass wir von anderen und dem Rest der Wirklichkeit abgeschnitten werden. Die Wirklichkeit drückt sich durch uns aus. Niemals können wir wirklich abgeschnitten und isoliert werden. Unsere wahre Natur entsteht und vergeht nicht, sie *ist* einfach, und das trifft auf jeden von uns zu. Wenn wir ehrlich und direkt sind und unserem inneren Wesen vertrauen, kommunizieren wir naturgemäß mit anderen, mit dem Rest der Wirklichkeit. Wir können der Wirklichkeit in uns selbst vertrauen, und wir können ihr in anderen vertrauen. Wenn wir unsere Herzen füreinander öffnen, spüren wir dieses unwandelbare Wesen, das wir miteinander teilen, und das ist in gewisser Weise befriedigend für das Herz.

Wie wissen wir das? Wie öffnen wir die Herzen füreinander? Wie wissen wir, was das bedeutet? Oft nennen wir es Intuition, aber eigentlich ist es ein sehr genaues, direktes Wissen. Wir öffnen uns und fühlen uns berührt. Das ist eigentlich alles. Es ist fast zu tiefgründig und etwas zu Kostbares, um mehr darüber zu sagen.

Selbst denen, die nie meditieren, kann die bloße Vorstellung, dass ein solcher Pfad existiert, Mut einflößen, ebenso wie die Vorstellung, dass sie eine lebendige Verbindung mit ihm eingegangen sind, indem sie Menschen nahestehen, die ihn gehen. Weil wir alle im tiefsten Wesen gleich sind, ist die Verbindung zwischen uns allen ganz eng. Sie überwindet alle Beschränkungen, die Zeit und Raum, »Ich« und »Du« und andere Dinge auferlegen. Wir gehen also schon eine Verbindung mit dem Pfad ein, indem wir einfach unser Herz denen gegenüber öffnen, die ein tieferes Verständnis haben als wir selbst. Das kann helfen, nach dem Tod Orientierung zu finden.

Es ist wirklich traurig, überhaupt keine Verbindung mit so einem Pfad zu haben. Ein Leben andererseits, das mit dem Pfad des Erwachens verbunden ist, wird immer mehr zu einem sinnvollen Abenteuer. Jede Krise lehrt uns, wie wir uns angemessener auf die Wirklichkeit beziehen können. Dann wird der Tod eine Gelegenheit für weitere Praxis.

3
Die Stadien des Todes und der Wiedergeburt

Die buddhistischen Lehren über Tod und Wiedergeburt werden grundsätzlich auf zweierlei Art präsentiert: entweder von der Perspektive aus, wie die Dinge letztlich sind, oder so, wie sie uns in unserem verblendeten Zustand erscheinen.

Im verblendeten Zustand erscheint uns diese Welt wirklich und so, als wären wir wirklich in ihr geboren. Nach dem Tod verlassen wir sie als eine Art Geistwesen, das durch die seltsamen, wilden und unbekannten Bereiche des Zwischenzustands und zukünftiger Geburten wandert. Viele Buddhisten verstehen das wortwörtlich, und eine Menge Unterweisungen und Übungen werden von dieser Sicht her aufgerollt. Sie geben uns Anleitungen, damit diese Reise ein gutes Ende nimmt.

In den vorangegangenen Kapiteln dieses Buches habe ich buddhistische Lehren präsentiert, die von einer tieferen Sichtweise ausgehen und beschreiben, wie die Dinge letztlich sind. Ich habe erklärt, dass sich eigentlich alle Erscheinungen in Leben und Tod in unserem Bewusstsein abspielen, so dass wir in gewissem Sinn nie irgendwohin gehen. Unsere verwirrte Existenz ist nichts weiter als ein böser Traum, aus dem wir jederzeit erwachen können. Diese Lehren sind eng mit Anweisungen darüber verbunden, wie wir meditieren können, und spiegeln ein Verständnis unserer wahren Natur wider, das sich ganz natürlich aus der Meditationspraxis heraus entwickelt.

Unabhängig davon, welche Perspektive sie einnehmen, verstanden bzw. verstehen Buddhisten aus traditionell buddhistischen Kulturen ihren Weg normalerweise im Kontext einer größeren Vision des Universums. Sie wissen aus Geschichten und von ihrem gesamten kulturellen Hintergrund her wie auch aus Belehrungen, dass es erwachte Wesen gibt, die da sind, um ihnen zu helfen. Sie wissen auch, dass sich unsere Verbindungen mit anderen Wesen von einem Leben zum nächsten fortsetzen, dass unsere Handlungen karmische Auswirkungen haben, die in zukünftigen Leben auf uns zurückfallen, und dass in unseren Herzen bereits die Quelle grenzenloser Güte und grenzenlosen Sinns liegt. Diese größere Vision ist für beide Perspektiven gleichermaßen von Bedeutung.

Der Unterschied besteht darin, dass Meditierende als Teil ihrer Suche ihre Erfahrungen untersuchen, um schließlich selbst zu verstehen, was das alles bedeutet, statt einfach blind ein Glaubenssystem zu übernehmen und die Anleitungen zu befolgen, um ein gutes Ergebnis zu erzielen. Die Menschen im Westen sind häufig offen und bereit für den meditativen Ansatz. Daher sind viele, wenn nicht sogar die meisten westlichen Buddhisten viel eher bereit, sich gleich zu Beginn ihrer buddhistischen Praxis mit den tiefsten Lehren herumzuschlagen, statt die wortwörtliche Route einzuschlagen, die man traditionell für einfacher hält.

Darum habe ich in den vorhergehenden Kapiteln dieses Buches die tiefgründige Sicht der Meditierenden besonders hervorgehoben. Die buddhistische Sicht des Universums und seine Lehren über den Tod eingehender zu überdenken bedeutet außerdem nicht, dass wir gleich das Ganze als »Paket« übernehmen und daran glauben müssen. Wenn wir zumindest so offen bleiben können, dass wir nicht gleich alles rigoros zurückweisen, sondern uns stattdessen einfach wundern und darüber nachdenken, dann ergeben sich vielleicht neue Möglichkeiten, tiefer zu verstehen. Häufig fällt es uns schwer, bestimmte Vorstellungen zu akzeptieren, weil wir bewusst oder unbewusst von bestimmten Überzeugungen ausgehen, die das Wesen des Universums, der Zeit, des Raums, eines Ich und so weiter betreffen. Wir können diese Überzeugungen aufspüren und sie hinterfragen, indem wir der buddhistischen Sichtweise gegenüber eine fragende, offene Haltung einnehmen. Das kann dazu führen, dass wir uns unserer Weltsicht weniger gewiss sind und offener für neue Entdeckungen werden. Dadurch wird es uns leichter fallen, uns für den Todesprozess zu öffnen, wenn er sich entfaltet, und angemessen auf ihn zu reagieren

Vor allem müssen wir die Vorstellung aufgeben, dass der Geist so etwas wie ein Nebenprodukt des Körpers ist. Der Buddhismus versteht den Geist bzw. das Bewusstsein als elementar. Die Verbindung zwischen dem materiellen Universum und dem Geist, der in es hineingeboren zu sein scheint, ist zutiefst geheimnisvoll. Das können wir jederzeit in unserer direkten Erfahrung untersuchen. Wir haben zum Beispiel nicht die leiseste Ahnung, welche Muskeln wir bewegen müssen, um diese Seite zu lesen, aber die bloße Absicht, es zu tun, reicht aus, dass wir es können. Wir haben keine Ahnung, wie sich der winzige Fleck empfindsamer organischer Materie auf der Rückseite der Netzhaut in eine Leinwand verwandelt, auf der Bilder erscheinen, die Sinn ergeben. Wir haben keine Ahnung, was geschieht, wenn das alles aufhört zu funktionieren. Alles, was wir wissen, ist, dass das Auge dann tot ist und aufgehört hat, als Auge zu funktionieren. Aber was ist mit der Leinwand passiert? Wo ist sie gewesen? Wo ist sie jetzt? Kann sie ohne Auge funktionieren? Wir wissen, dass sie es kann. Sie funktioniert in unseren Träumen. Es gibt viele Geschichten darüber, wie sie über Entfernungen hinweg funktioniert, die keinen physischen Kontakt ermöglichen.

Wir brauchen eine gewisse Bereitschaft zu akzeptieren, dass unsere Erfahrung und die Art, wie sie mit dem Körper verbunden ist, etwas Geheimnisvolles hat. Nur dann können uns die ausführlicheren buddhistischen Belehrungen etwas nützen, die die Stadien des Sterbeprozesses und das, was jenseits davon ist, betreffen und die ich in diesem Kapitel darlegen möchte.

Die Hauptstadien des Prozesses sind

- der Auflösungsprozess, der die innere und äußere Auflösung umfasst;
- der tatsächliche Moment des Todes;
- der Zwischenzustand nach dem Tod;
- die Wiedergeburt.

Der Sterbeprozess folgt einem Grundmuster, das alle durchlaufen. Die genaue Reihenfolge, der Zeitablauf und wie man diesen Prozess tatsächlich erlebt – all das kann sich jedoch von einer Person zur anderen erheblich unterscheiden. Es hängt von einer ganzen Reihe von Faktoren ab, wie zum Beispiel den Todesursachen, dem Geisteszustand, der psychophysischen Konstitution, den vergangenen Handlungen (Karma) und davon, wie gut man sich an das, was man über den Dharma gelernt hat, erinnern und es praktizieren kann.

Trotzdem ist es hilfreich, eine gewisse Vorstellung von dem zu haben, was geschehen kann, so wie es auch hilfreich ist, eine Landkarte oder einen Reiseführer zu besitzen, wenn man sich auf eine Reise begibt. Die Landschaft ist die gleiche, auch wenn jeder die Reise anders erlebt. Wenn man die Gegend kennt, kann man Fallstricke rechtzeitig bemerken. Anders betrachtet, könnte man sagen: Da ungewiss ist, was tatsächlich geschehen wird, ist man durch eine Vorwarnung darauf, was sich zeigen kann, zumindest psychologisch vorbereitet. Die Wahrscheinlichkeit, in einen Schockzustand zu geraten oder panisch zu reagieren, ist weniger hoch, wenn man eine gewisse Vorstellung von dem hat, was voraussichtlich geschehen wird.

Quellen und traditionelle Texte

Die buddhistischen Lehren, die ich in diesem Abschnitt (und an anderer Stelle) wiedergebe, erläutere ich in erster Linie vom Standpunkt der Dzogchen-Tradition aus. Diese stimmt aber im Prinzip mit den buddhistischen Überzeugungen der meisten Traditionen überein. Mit anderen Worten: Zum Zeitpunkt des Todes werden in den meisten buddhistischen Traditionen die gleichen Haltungen und die gleichen Gebräuche beachtet.

Die buddhistischen Lehren über den Tod und den Sterbeprozess stützen sich auf drei Hauptquellen:

- Die Lehren derjenigen, die tatsächlich erwacht sind und über die Verwirrung von Geburt und Tod hinausgegangen sind.

Dazu zählen zum Beispiel die grundlegenden buddhistischen Schriften, die dem Buddha selbst zugeschrieben werden.

- Die Berichte von Meditationsmeistern und -meisterinnen, die den Auflösungsprozess in der Meditation, der dem des Todesprozesses entspricht, direkt erfahren haben. Durch ihre Erfahrung können sie die geheimnisvolle Verbindung zwischen Körper und Geist verstehen. Sie können noch in diesem Leben und in diesem Körper ihren Körper und Geist in die zeitlose Essenz (das Erwachte Herz) jenseits von Geburt und Tod auflösen und daraus wieder als Erleuchtete oder Erwachte Wesen hervortreten.
- Das Beobachten fortgeschrittener Praktizierender, die sich im Sterbeprozess befanden, und Berichte über sie. Zum Beispiel wird von Dodrupchen Rinpoche, einem tibetischen Praktizierenden mit großer Realisation, der im späten achtzehnten Jahrhundert starb, Folgendes berichtet: Er begegnete seinem Lebensende auf erstaunliche Art. Er zeigte keinerlei Anzeichen von Krankheit, sondern saß einfach in Meditation und beschrieb seinen Schülern die Stufen, die er während seines Sterbeprozesses durchlief, und wie er sie erlebte.

In der tibetischen Tradition gibt es eine Reihe von Handbüchern, die erklären, was während des Sterbeprozesses, im Moment des Todes und im Zwischenzustand vor der Wiedergeburt geschieht. Im Westen ist das bekannteste dieser Handbücher das sogenannte *Tibetische Totenbuch*, das seit dem frühen zwanzigsten Jahrhundert in englischer Übersetzung zugänglich ist. Unglücklicherweise wurde es durch einige bizarre Übersetzungen und Missinterpretationen entstellt.

Texte wie das *Tibetische Totenbuch* wirklich zu verstehen ist äußerst schwierig. Sie greifen zum Beispiel häufig auf Begriffe und Bilder zurück, die aus speziellen esoterischen Teilen der tibetisch-buddhistischen Lehre stammen. Mit diesen detaillierten Beschreibungen wird die Beziehung zwischen Körper und Geist dargestellt. Wenn man aber die Unfassbarkeit von Körper und Geist nicht versteht, können solche Beschreibungen in die Irre führen. Sie erwecken dann vielleicht den Eindruck, man müsse eine komplizierte intellektuelle Theorie übernehmen, die von einem subtilen Körper aus Winden und Elementen, die laut dieser Lehren auftauchen können, ausgeht; oder man müsse genau wissen, wie diese Theorien den verschiedenen Aspekten der Erleuchtung, die durch Symbole und Figuren dargestellt werden, entsprechen.

Wenn ich derartige Beschreibungen außerhalb ihres Kontexts lese, finde ich all die unterschiedlichen Dinge, an die ich mich erinnern soll, eher ablenkend und verwirrend. Man muss selbst entscheiden, inwiefern derartige Lehren tatsächlich hilfreich dabei sind, sich intuitiv mit der direkten Erfahrung zu verbinden und Vertrauen im Moment des Todes zu finden. Möglicherweise lenken diese Lehren einfach nur von dem ab, was die echteste und natürlichste Verbindung wäre. Bestimmte Lehren können das Vertrauen untergraben, aus dem einfachen Grund, weil man sie nicht versteht und man sich nicht richtig mit ihnen verbinden kann.

Deswegen habe ich die technischen Details, die in solchen Handbüchern speziell behandelt werden, in diesem Buch auf ein Minimum beschränkt. Die meisten westlichen Buddhisten kennen den Kontext der tibetisch-buddhistischen Lehren nicht ausreichend, und so können diese Handbücher selbst für erfahrene buddhistische Praktizierende ziemlich verwirrend und nutzlos sein. Ich möchte hier bei den Punkten bleiben, die für alle mehr oder weniger relevant und hilfreich sind, wenn sie dem Tod begegnen. Wie Sogyal Rinpoche sagt:

> »Das *Tibetische Totenbuch* ist für Praktizierende oder Personen bestimmt, die mit seinen Lehren vertraut sind. Für Menschen der modernen Welt ist dieser Text äußerst schwer zu ergründen; er wirft eine Menge Fragen auf, die ohne Kenntnis der Tradition, die dieses Wissen hervorgebracht hat, einfach nicht zu beantworten sind. Ohne Kenntnis der speziellen Anweisungen, die der Schlüssel zur Praxis des darin enthaltenen Wissens sind, kann man

> dieses Buch unmöglich völlig verstehen. Diese Anweisungen sind nicht aufgeschrieben, sondern werden von einem Meister ausschließlich mündlich an seine Schüler weitergegeben.«[2]

Als ich mich auf dieses Buch vorbereitete, habe ich vor allem einen Text mit dem Titel *The Mirror of Mindfulness* (dt.: Spiegel der Achtsamkeit) benutzt. Ein tibetischer Lehrer namens Tsele Natsok Rangdröl, der ein sehr hohes Ansehen genoss, verfasste ihn im siebzehnten Jahrhundert. Es ist ein Handbuch, das auf mehrere andere Texte wie z. B. das *Tibetische Totenbuch* Bezug nimmt und detaillierte Erklärungen mit vernünftigen praktischen Hinweisen kombiniert. Ganz pragmatisch bringt es die Dinge zur Sprache, die unterschiedlichen Menschen widerfahren können, und es stellt dar, was davon normal und was eher ungewöhnlich ist.

Zwei bedeutende Lamas der Nyingma-Tradition des tibetischen Buddhismus im zwanzigsten Jahrhundert, Seine Heiligkeit Dilgo Khyentse und Tulku Urgyen, haben dafür gesorgt, dass dieser Text ins Englische übersetzt wurde. Tulku Urgyen sagte dazu:[3]

> »Tsele Natsok Rangdröl, der Autor dieses Textes, war ein sehr gelehrter und verwirklichter tibetischer Meister … Ein großer und bedeutender Meister, der alle Lehren der tibetisch-buddhistischen Schulen vollkommen verstanden hatte, vor allem die der Kagyü und der Nyingma … Es gibt viele Erklärungen und Kommentare zu den Bardo-Zuständen. Der vorliegende Text ist der klarste und prägnanteste unter ihnen … Tseles Schriften sind wirklich erstaunlich.«

Dennoch ist *The Mirror of Mindfulness* nicht einfach zu verstehen. Der Text ist hauptsächlich für fortgeschrittene Praktizierende geschrieben, die mit den unterschiedlichsten buddhistischen Lehren vertraut sind. Ich habe das vorliegende Kapitel geschrieben, weil ich das Gefühl hatte, es könnte notwendig sein, die wichtigsten Punkte des Textes etwas klarer zu vermitteln.

Ich möchte nicht den Eindruck erwecken, dass die anderen Handbücher wertlos sind. Für geübte Meditierende können sie sehr hilfreich sein. Voraussetzung dafür ist aber eine gute Kenntnis der buddhistischen Lehren über die wahre Natur der Wirklichkeit aus eigener Erfahrung. Auch sollte man in der Meditation bereits damit begonnen haben, einige Stufen der subtilen Auflösungsprozesse, zum Zeitpunkt des Todes stattfinden, zu meistern.

Uns anderen genügt ein grober Überblick. Die technischen Details unterscheiden sich und betreffen meist subtile Veränderungen während des Todesprozesses. Wenn es jedoch zu der Frage kommt, wie man praktisch mit diesen Veränderungen umgeht, dann sind die Anweisungen gleichlautend, unabhängig von den Stadien, die wir im Todesprozess erreicht haben mögen. Mit anderen Worten: Die gleichen Anweisungen gelten für immer subtilere Erfahrungen.

Dies bedeutet, dass es ausreicht, sich nur die Hauptanweisungen zu merken und sie, so gut man kann, anzuwenden. Solche Anweisungen bestehen darin, sich an einfache Dinge zu erinnern, z. B. sich zu entspannen, loszulassen und dem Herzen zu vertrauen. Sie helfen uns dabei, Vertrauen zu entwickeln, dass der Todesprozess selbst für sich sorgt.

Eine der wichtigsten Anweisungen lautet, sich jeder Erfahrung, die auftaucht, zuzuwenden und sich ihr einfach zu öffnen; sich nicht aus der Ruhe bringen zu lassen, nicht vor einer Erfahrung zurückzuschrecken oder zu versuchen, ihr zu entfliehen, ganz gleich, wie furchterregend sie auch sein mag. Je mehr wir so handeln können, desto tiefer können wir mit unserer grundlegenden geistigen Gesundheit in Kontakt bleiben – wir lassen die Erscheinungen einfach kommen und gehen und ruhen in der eigenen Mitte, verbunden mit dem Herzen, unabhängig davon, was geschieht.

Das Herz ist unsere Verbindung mit der wahren Natur unseres Seins, es ist unsere Verbindung mit allen Wesen, insbesondere mit dem Dharma und allen erwachten Wesen. Das Vertrauen darauf wird uns durch alle Erfahrungen tragen, die wir um den Tod herum und danach machen.

Der Auflösungsprozess

Auch wenn sich die grundlegende Natur des Gewahrseins nie ändert, verändert sich etwas Entscheidendes, wenn wir sterben, sowohl körperlich als auch geistig. Im tibetischen Buddhismus wird das als ein Prozess der Auflösung beschrieben. Bevor ich dies eingehender erläutere, möchte ich die Prinzipien erklären, die hinter dem Prozess stehen.

Die Unterweisungen über die Auflösung im Tod basieren auf den Lehren über den Geist, den Körper und ihre Beziehung zueinander. Sie beschreiben eine ganze Struktur von Elementen aus *prāṇas* (Winde), *nāḍīs* (Kanäle) und *bindus* (Essenzen), die unseren Körper durchdringen und mit Leben erfüllen. Laut Natsok Rangdröl sammeln sie sich während des Auflösungsprozesses im Herzen.

Was ist diese Struktur? Offenbar ist sie nichts Materielles im üblichen Sinn, denn man kann sie nicht finden, wenn man den Körper seziert. Sie ist also nichts anderes als Offenheit, Klarheit und Feinfühligkeit, die wahre Natur des Gewahrseins. Das ist es, was unseren physischen Körper lebendig macht, was sich in sich selbst bewegt und sich als Manifestation ausdrückt. Es zieht sich im Tod dann wieder ins Herz zurück. Unser Geist, der Körper und die Welt, in der wir leben, gehen auf geheimnisvolle Weise aus der Essenz oder dem wahren Wesen des Herzens hervor. Daher ist das, was wir für das physische Herz halten, nicht alles, was das Herz wirklich ist. Das physische Herz stirbt, aber die Essenz des Herzens (Offenheit, Klarheit, Feinfühligkeit) ist immer da.
Wenn wir sterben, können andere unseren Körper immer noch sehen und berühren, unser Geist aber ist nicht länger in ihm. Die Verbindung wurde unterbrochen. Trotzdem merken wir vielleicht noch, was in der Welt, die wir mit den anderen geteilt hat-

ten, vor sich geht. Es ist, als würde man den Stecker herausziehen: Der elektrische Strom kann das Gerät dann nicht mehr versorgen. Innerlich erlebt man das so, als würde die Welt untergehen. Man merkt, dass ein unumkehrbarer Prozess eingesetzt hat, der uns gewaltsam und rasant von allem trennt, was wir in diesem Leben gekannt haben.

Der Auflösungsprozess wird von einer ganzen Reihe Zeichen und Stadien begleitet. Sie entsprechen den Erfahrungen, die erfahrene Praktizierende in der Meditation machen. Das Bild dafür ist, dass sich die Prāṇas im Zentralkanal und dem Herzzentrum sammeln. Es ist ein Vorgang, der nicht unbedingt zum Tod oder zum Erwachen führen muss, für beide Prozesse aber charakteristisch ist.

Was sich genau während des Auflösungsprozesses im Tod abspielt, hängt von vielen Bedingungen ab. Am allerwichtigsten dabei ist, dass wir die Fähigkeit haben, unsere innere Haltung zu wählen. Wenn also während der Auflösung Vertrauen in das Erwachte Herz da ist und Vertrauen in die lebendige Verbindung einer Praxislinie, die dem Erwachen verpflichtet ist, dann ist es leichter, eine Wiedergeburt zu erlangen, in der wir den Pfad des Erwachens weitergehen können. Vollzieht sich die Auflösung im Zustand von starker Anhaftung, Ärger oder Angst, dann ist das Ergebnis weniger gewiss. Sind während der Zeit der Auflösung starke egozentrische Neigungen da, werden wir panisch reagieren und uns an die Aspekte unserer Person klammern, die davongleiten. Die Auflösung allein löst schon Furcht aus. So ein Verhalten setzt aber noch mehr Angst und wahrscheinlich auch Wut frei.

Geht der Auflösungsprozess, sei es in der Meditation oder im Tod, mit Einsicht einher, dann kann er direkt zum vollkommenen Erwachen führen. Einsicht bedeutet hier ein klares Gefühl dafür, was die Geschehnisse bedeuten. Es ist ein tiefes Verstehen der wahren Natur unseres Wesens.

Die traditionellen Lehren über die *Prāṇa-Nāḍī-Bindu*-Struktur und ihre Auflösung verraten uns etwas von der geheimnisvollen

Qualität der Verbindung zwischen dem, was wir für unseren Geist und Körper halten. Man kann diese Lehren nicht von der Theorie her verstehen; man muss sie in der Meditation erfahren, sonst bleiben sie nur eine Ansammlung merkwürdig anmutender Worte.

Die äußere Auflösung

Der Auflösungsprozess vollzieht sich in zwei Stufen. Die erste wird die äußere Auflösung genannt. Die Texte beschreiben sie als Auflösung der Elemente: Erde, Wasser, Feuer, Luft, Bewusstsein und Raum. Diese Elemente entsprechen nicht genau den physischen Phänomenen, die wir gewöhnlich mit ihnen verbinden. Es handelt sich hier um subtile Essenzen der Körperlichkeit. Im Todesprozesses lösen sich diese Elemente ins Herz hinein auf und lassen das, was wir den physischen Körper oder den Leichnam nennen, zurück. Tibetische Handbücher über den Tod enthalten eine Fülle an Details darüber, wie jede Phase der äußeren Auflösung erfahren wird und welche verschiedenen Anzeichen erscheinen. Das kann erfahrenen Meditierenden nützlich sein. Die Hauptmerkmale werden im Folgenden beschrieben.

Die Auflösung des Erdelementes bewirkt, dass man Gewicht intensiver erfährt. Es ist, als würde etwas Schweres uns niederdrücken. Danach fühlt man sich schwach und wacklig. Bei der Auflösung des Wasserelements verstärkt sich das Gefühl für das Flüssige, es ist, als würde man von einer Flut mitgerissen. Danach fühlt man sich ausgetrocknet und zusammengeschrumpft. Die Auflösung des Feuerelements bewirkt, dass man Hitze intensiv erfährt, so als ob etwas brennen würde, und danach friert man. Bei der Auflösung des Luftelements erfährt man ein starkes Gefühl von Bewegung, so als ob es einen hin- und herwehen würde, und danach kann man sich nicht mehr bewegen.

Im *The Mirror of Mindfulness* erklärt Natsok Rangdröl, dass mit der Auflösung des subtilen Luftelementes ein besonderes Atemmuster einsetzt. Der Ausatem wird langgezogen, und das

Einatmen kommt in rasselnden, kurzen Zügen. (Das entspricht wahrscheinlich der Cheyne-Stokes-Atmung, wie sie im Westen genannt wird). Die Augen drehen sich nach oben, der Geist ist orientierungslos, und es können Visionen auftauchen.

Wenn sich das Bewusstseinselement auflöst, halten das Herz und die Atmung an, und die Hitze beginnt den Körper zu verlassen, bis auf eine leichte Wärme rund um das Herz. Selbst an diesem Punkt kann nach den Aussagen von Natsok Rangdröl der Todesprozess noch aufgehalten werden und die Person ins Leben zurückkehren.

Die innere Auflösung

Die innere Auflösung ist subtiler und vollzieht sich, nachdem das Herz aufgehört hat zu schlagen. Aus westlicher medizinischer Sicht sind wir zu diesem Zeitpunkt tot, aber aus buddhistischer Perspektive ist das noch nicht der Fall. Während der inneren Auflösung löst sich der denkende Geist auf. Das findet stufenweise statt. Es beginnt mit den groben und subtilen Gedanken der Abwehr, dann folgen die der Gier und zuletzt die Gedanken der Verblendung. Die innere Erfahrung dabei wird als weißes, rotes und schwarzes Licht beschrieben. Was im Einzelnen geschieht, ist von einer Person zur anderen sehr unterschiedlich.

Normalerweise nimmt man das weiße Licht zuerst wahr, dann, wenn die Gedanken des Ärgers und Hasses sich auflösen. Es wird von einem Gefühl tiefen Friedens und der Zufriedenheit begleitet. Anscheinend kann der Todesprozess in bestimmten Fällen selbst dann noch aufgehalten werden, wenn das weiße Licht begonnen hat, sich zu zeigen. Das ist auf keinen Fall mehr möglich, wenn die Erfahrung abgeschlossen ist.

Dann taucht das rote Licht auf, wenn die gierigen und anhaftenden Gedanken sich auflösen. Es wird gesagt, dass einige Menschen zu diesem Zeitpunkt furchterregende Visionen haben, während anderen Boten des Erwachens aus dem Reinen Land erscheinen, die sie willkommen heißen. Manchmal heißt es auch, dass diese Bilder schon früher im Todesprozess auftreten. In so einem Fall wäre es möglich, wieder ins Leben zurückzukehren, selbst nachdem sie bereits aufgetaucht sind.

Die nächste Erfahrung ist das schwarze Licht, wenn die Gedanken der Verblendung sich auflösen. Hier handelt es sich nicht um eine Bewusstlosigkeit oder geistige Abwesenheit. Es ist eine merkwürdige Erfahrung, die auch zu Lebzeiten in der Meditation auftauchen kann. Es ist, als würde sich die ganze Welt auflösen. Die Person hat das Gefühl, im nächsten Moment vollkommen ausgelöscht zu werden. Die meisten erschrecken vor dem schwarzen Licht. Diese Stelle des Todesprozesses wird als besonders leidvoll beschrieben. Manche Lehrer sagen, es ist eine so starke Erfahrung, dass sie selbst bei einem sogenannten friedlichen Tod entsetzliches Leid auslöst. Aber laut Natsok Rangdröl können manche selbst das abgestumpft und gleichgültig durchlaufen. Ist das schwarze Licht erst einmal erschienen, gibt es kein Zurück. Es ist der letzte Moment des Lebens in diesem Körper.

Wie lange dauern diese Stadien der äußeren und inneren Auflösung? Natsok Rangdröl gibt an, dass »die Phasen meist schnell vorübergehen«. Er vermutet insbesondere, dass diese drei Lichter nur einen Augenblick lang auftauchen.

Die Phasen der äußeren und inneren Auflösung werden zwar in den Texten sehr detailliert beschrieben; Natsok Rangdröl zufolge gibt es jedoch von einer Person zur anderen große Unterschiede. Zum Beispiel können einige Phasen plötzlich und nur einen Augenblick lang auftreten, während andere Phasen den Anschein erwecken, ewig zu dauern. Die Stadien können auch zusammenfallen, etwa bei einem plötzlichen oder gewaltsamen Tod. Es können auch blassere Lichterscheinungen vor den tatsächlichen Lichterfahrungen auftreten, die matt, glitzernd oder rauchig sein können.

Da diese Erfahrungen von einem Individuum zum anderen sehr unterschiedlich sind, ist es das Beste, auf alles gefasst zu sein. Die detaillierten Beschreibungen sollen eine allgemeine Vorstellung vom dem geben, was geschieht, damit man sich vorbereiten kann. Menschen, die in der Meditation fortgeschritten sind, haben also die Möglichkeit zur Einsicht, indem sie die Stadien erkennen, wenn sie auftauchen. Für andere sind sie nicht sonderlich relevant. Der Versuch, die Stadien zu erkennen, kann sogar eine unheilsame Ablenkung sein.

Der eigentliche Moment des Todes

Wenn die äußere und die innere Auflösung abgeschlossen sind, ist unsere wahre Natur freigelegt. Die tibetisch-buddhistischen Handbücher über den Todesprozess beschreiben diesen Moment als das Heraufdämmern des Klaren Lichts, ein anderer Begriff für unsere wahre Natur. Es kann hervorstrahlen, weil das Nichterkennen (*Avidyā* oder »Unwissenheit«), das es verdeckte, sich für kurze Zeit auflöst. Wenn dies geschehen ist, gibt es keine Möglichkeit mehr für die Person, zu ihrem vorherigen Leben zurückzukehren. Aus buddhistischer Sicht ist das der wirkliche Moment des Todes.

Diese Erfahrung, abgetrennt zu werden, ist ein gewaltiger Einschnitt und ein heftiger Schock. Bis jetzt funktionierte der physische Körper als ein Filter, der unterdrückte und beschränkte; ohne ihn wird die Lebendigkeit, Kraft und Intensität des uneingeschränkten Gewahrseins freigesetzt. Das ist es, wovor wir uns zu schützen versuchen, wenn wir uns in diesem Leben an unser Ich-Gefühl klammern. Wir versuchen, einen stabilen und sicheren Ort zu finden, an dem wir uns verstecken können und das Gefühl haben, wir hätten die Dinge unter Kontrolle. Aber das ist gar nicht notwendig, denn es ist ja unser tiefstes eigenes Wesen, vor dem wir da weglaufen. Wir erkennen es nicht und versuchen zu fliehen.

Wenn der Moment der Trennung naht, spürt die Bewegung innerhalb des Gewahrseins eine Gefahr – wir halten sie ja für unser Ich, und das versucht immer etwas zu ergreifen und sich abzusichern. In der Gefahr steigt die Tendenz, nach etwas zu greifen und in Panik zu verfallen. Jetzt kann es helfen, wenn wir viel meditiert haben. Es geht in der Meditation ja darum, unseren schlimmsten Ängsten zu begegnen, ohne nach ihnen zu greifen, als wären sie wirklich, und ohne dass wir zulassen, dass das Gefühl der Angst uns antreibt. Wir lassen die Erfahrung der Angst einfach da sein. Je mehr wir sie einfach da sein lassen können, ohne sie zu nähren, desto größer wird unsere Entscheidungsfreiheit, und desto mehr wachsen unsere Zuversicht und unser Vertrauen in unsere grundlegende Vernunft und in unser Herz. Das kann uns an diesem Punkt am meisten helfen und macht es auch für andere leicht, uns zu unterstützen.

Die Vorstellung, dass sich im Tod alle Wesen in die wahre Natur des Seins auflösen, ist nicht allen buddhistischen Traditionen gemeinsam. Es heißt also nicht überall, dass die Zeit des Todes es ermöglicht, in der wahren Natur zu ruhen und auf der Stelle Befreiung zu verwirklichen. Und doch erkennen alle buddhistischen Traditionen an, dass etwas Außergewöhnliches geschieht, wenn ein buddhistischer Heiliger oder eine Heilige, eine Meisterin oder ein Meister stirbt. Aber selbst in der Mahāmudrā- und Dzogchen-Tradition, die diesen Punkt eingehend diskutieren, gilt es als höchste spirituelle Errungenschaft, durch die Auflösung in die wahre Natur des Seins im Tod Befreiung zu erlangen. Die meisten Menschen bemerken jedoch den Moment der Auflösung gar nicht. Und selbst wenn sie ihn erkennen, fällt es den Praktizierenden schwer, darin zu ruhen. Darum bestimmen die grundsätzliche Einstellung und die gewohnheitsmäßigen Strukturen, was als Nächstes geschieht.

Subjektiv erfahren wir vielleicht die plötzliche Offenbarung unserer wahren Natur zur Zeit des Todes (die Erfahrung des Klaren Lichts) nur als eine Art Schock. Es kommt zu einer plötzlichen starken Reaktion, geistig abzuschalten, und wir wenden uns von der Erfahrung ab. Dies bewirkt, dass wir vergessen, was geschehen ist, und wir denken im Nachhinein, wir seien einfach bewusstlos geworden. Anders gesagt: Wir merken möglicherweise erst viel später, dass wir gestorben sind, dann nämlich, wenn wir aus dieser Periode des Ausblendens wieder auftauchen. Das heißt, wir können das Klare Licht des Todesmoments durchlaufen haben, ohne dass wir es bemerkt haben. Vielleicht kamen

Furcht und Panik auf, so dass wir das Bewusstsein schon zu Beginn des Auflösungsprozesses verloren haben. Darum lässt sich nur sehr schwer sagen, was wir wahrgenommen haben und was nicht oder woran wir uns hinterher erinnern werden.

Wie ich bereits erklärt habe, lässt sich die Situation mit dem Einschlafen vergleichen. Weil wir wahrscheinlich schon lange vor dem Heraufdämmern des Klaren Lichts eingedöst sind, erfahren wir nur unser Wiederaufwachen. Alles, woran wir uns im Rückblick erinnern können, ist, dass wir plötzlich das Bewusstsein verloren und geschlafen haben. Es wird gesagt, dass objektiv gesehen die Erfahrung des Klaren Lichts eine gewisse Zeitspanne lang anhält. Normalerweise ist das nicht mehr als ein Augenblick, es kann aber für weit fortgeschrittene Praktizierende sehr viel länger sein.

Nahtoderfahrungen

In den vergangenen Jahren haben eine ganze Reihe von Menschen, die dem Tod sehr nahe kamen, über Nahtoderfahrungen berichtet. Beispielsweise hatte ihr Herz aufgehört zu schlagen, aber mit Hilfe der medizinischen Technologie konnten sie wiederbelebt werden. Im Allgemeinen beschrieben diese Menschen ihre Erfahrungen als positiv, aber nicht immer. Im letzteren Fall waren sie nicht nur nicht angenehm, sondern konnten auch erschreckende Visionen miteinschließen. Ich vermute, dass die meisten, die eine schlechte Erfahrung gemacht haben, sie ausgeblendet und nicht erzählt haben.

Die Details dieser Berichte sind sehr unterschiedlich, aber bestimmte Grundthemen treten gehäuft auf. Es wird ein weißes Licht erwähnt, ein Gefühl des Friedens, die Menschen hatten das Gefühl, willkommen zu sein. Diese Erfahrungen sind manchmal als genaue Spiegelungen dessen interpretiert worden, was im Tod wirklich geschieht. Daraus folgerte man, dass die Erfahrung des Todes und dessen, was danach folgt, schmerzfrei, freudvoll und angstfrei sei und angenehm endet. Aus buddhistischer Sicht könnte dies einem falschen Vertrauen Vorschub leisten, denn auch wenn man sich vielleicht in den Anfangsstadien des Todesprozesses sicher fühlt, ist dies nur von kurzer Dauer – wenn der Todesprozess vollständig einsetzt, kann es zu einem fürchterlichen Schock kommen. Man ist nicht auf das Gefühl völliger Vernichtung vorbereitet, das die Auflösung begleitet, und auch nicht auf die furchterregenden Erfahrungen des Zwischenzustands. Diese Erfahrungen sind umso schrecklicher, wenn sie das genaue Gegenteil von dem sind, was man erwartet hatte.

Daher halte ich es für wichtig zu betonen, dass es aus buddhistischer Perspektive ein trauriger Fehler ist, die Nahtoderfahrungen für einen Spiegel der wirklichen Todeserfahrung zu halten. Nahtoderfahrungen sind *per definitionem* keine Todeserfahrungen. Man kann zwar von Ersterem zurückkehren, nicht aber von Letzterem. Man kann nicht sicher sein, dass die eine Erfahrung die andere richtig widerspiegelt. Die Nahtoderfahrungen, die bestimmte Menschen als so beruhigend erlebten, ähneln im Grunde mehr den frühen und weniger schockierenden Stadien des Sterbeprozesses als der endgültigen Todeserfahrung an sich.

Die Erfahrung eines weißen Lichts und das Gefühl von Frieden könnte zum Beispiel die Erfahrung des weißen Lichts sein, das auftritt, wenn das Verlangen erlischt. Das Gefühl, willkommen zu sein, entspricht den Visionen, die nach traditioneller Auffassung zu verschiedenen Zeitpunkten auftauchen können, vor allem kurz vor oder nach dem weißen Licht. Aber es ist wichtig, das weiße Licht der Nahtoderfahrung nicht mit der plötzlichen Offenbarung der wahren Natur der Wirklichkeit (dem sogenannten Klaren Licht) im tatsächlichen Augenblick des Todes zu verwechseln.

Nach der buddhistischen Tradition kann jemand in dieses Leben auch noch zurückkehren, nachdem das weiße Licht erschienen ist, aber sobald das Klare Licht dämmert, ist eine Rückkehr unmöglich. Es wäre daher falsch, die beiden Erfahrungen miteinander zu verwechseln. Eine Nahtoderfahrung ist im wahrsten Sinne des Wortes nur das. Sie ist nicht dasselbe wie die tatsächliche

Todeserfahrung, und es gibt keinen Grund anzunehmen, dass nur deshalb, weil eine Nahtoderfahrung nicht furchterregend war, auch der Tod selbst nicht furchterregend sein wird.

Der Zwischenzustand

Irgendwann nach der plötzlichen Offenbarung unserer wahren Natur kommt unser Gewahrsein wieder in Bewegung, und unser Bewusstsein trennt sich endgültig von der Begleitung des Körpers. Jetzt ist der Körper eine Leiche. Wir flitzen hierhin und dorthin – das, was unser Bewusstsein auch jetzt schon tut –, aber wir sind nicht länger von unserer Verbindung mit dem physischen Körper behindert, und ein elementares Vertrauen in die Existenz einer grundlegenden Stabilität und Sicherheit, wie wir es im Leben kannten, existiert nicht länger. Doch wie in einem Traum meinen wir noch immer, wir besäßen einen Körper und könnten uns mit dem, was erscheint, befassen. Das ist der Zwischenzustand (*bardo*), der zwischen Tod und Wiedergeburt steht. Das Wesen, das in diesem Zustand umher wandert, wird als *Gandharva* bezeichnet (was im Englischen[4] mehr oder weniger einer Art von Geist entspricht).

Die Kommentarliteratur des Theravada-Buddhismus kennt keinen eigentlichen Zwischenzustand. Dennoch existiert die Ansicht, dass das Bewusstsein diesen Körper verlässt und auf die eine oder andere Weise in einer Gestalt, die Gandharva genannt wird, seinen Weg in einen anderen Körper findet. Das klingt im Prinzip nicht viel anders als das, was die Tibeter ein Gandharva-Wesen im Zwischenzustand nennen. Nur scheint die tibetische Tradition mehr ins Detail zu gehen.

Wortwörtlich genommen klingt es so, als sei ein Gandharva im Zwischenzustand eine Art kleine Einheit, die von einem Leben zum nächsten hüpft. Aus einer tieferen Perspektive handelt es sich aber um nichts anderes als um die Essenz dessen, was wir als Person sind, verzerrt von einer fälschlichen Vorstellung von sich selbst – so wie im Leben. Diese verzerrte oder falsche Vorstellung bewirkt, dass der Gandharva sich an das, was nicht sein Körper ist, klammert und meint, es sei sein Körper – vergleichbar damit, wie wir es in Träumen tun. Und bis er in einer stabilen Welt wiedergeboren wird, können die Welten, die Körper und geistigen Zustände in einem angsterregenden Tempo wechseln.

Da wir uns wahrscheinlich nicht daran erinnern, was geschehen ist, wenn wir im Zwischenzustand erwachen, können wir leicht meinen, dass wir noch immer in unserem alten Körper leben. Während wir weitermachen wie bisher, vielleicht aufstehen und uns gut fühlen, bemerken wir auf einmal, dass unsere Freunde und Verwandten sich seltsam verhalten. Vielleicht ärgern wir uns daher, wenn wir zum Beispiel sehen, wie andere mit unseren Besitztümern umgehen. Das wäre sehr gefährlich und könnte uns in Zustände großen Leidens treiben.

Außerdem heißt es, dass wir in diesem Zustand wissen, was andere denken. Deswegen ist es hilfreich, wenn die Lebenden zu den Toten zu sprechen, entweder laut oder still im Geist, und ihnen erklären, was geschehen ist, warum sie tun, was sie tun, die verstorbene Person beruhigen und ihr mit Rat beistehen, wie zum Beispiel, nicht ängstlich oder ärgerlich zu sein.

Der Grund liegt darin, dass jede Aktivität des Bewusstseins ohne die Beschränkungen durch einen physischen Körper bewirkt, dass sich die ganze Erfahrungswelt für den Gandharva schnell und dramatisch ändert. Das bedeutet, dass eine negative Emotion wie Ärger ihn sofort in einen schrecklichen, höllischen Zustand schleudern kann. Gendun Rinpoche, einer meiner Lehrer, verglich dies einmal mit dem falschen Abbiegen von einer Autobahn: Sehr schnell fährt man in die falsche Richtung. Freundliche und großzügige Gedanken haben zu diesem Zeitpunkt eine viel größere Kraft, so dass es außerordentlich hilfreich ist, wenn Sie sich zu dieser Zeit an Buddha, Dharma, Sangha, an Ihre Meditation oder andere spirituelle Übungen erinnern können. Wenn Sie in der Meditation geübt sind, können Sie die Angst, die durch die Instabilität und furchterregenden Erscheinungen verursacht wird, als Impuls nutzen, um Gewahrsein zu wecken: sich der Angst zuwenden und sie loslassen.

Die Furcht entsteht dadurch, dass nicht erkannt wird, dass das, was erscheint, nichts anderes ist als einfach ein Schauspiel innerhalb des Raums Ihres eigenen Gewahrseins. Wir sind versucht, vor dem, was erscheint, wegzulaufen. Laufen Sie nicht weg! Da gibt es nichts, vor dem Sie weglaufen müssen. Wenn Sie weglaufen, scheint es, als würden Sie verfolgt werden. Wenn Sie sich der Angst zuwenden, erinnern Sie sich vielleicht daran, dass die Offenheit, Weite und Leerheit des Gewahrseins, das immer unsere Natur ist, sich nie verändern. Indem Sie sich an Ihre Praxis in diesem Leben erinnern, werden Sie fähig sein, dieser Erfahrung zu vertrauen. Dieses Vertrauen ist in sich ein Ausdruck unserer Feinfühligkeit, Zuwendungsbereitschaft und unseres Wohlgefühls. Das Gewahrsein, das sich der Erfahrung zuwenden und sie als sein eigenes Schauspiel erkennen kann, ist der Klarheitsaspekt. Diese drei Aspekte der wahren Natur unseres Wesens sind immer gegenwärtig und uns in jeder Phase des Prozesses von Tod und Wiedergeburt zugänglich.

Obwohl der Zwischenzustand furchterregend sein kann, bietet er besondere Möglichkeiten, einen bedeutenden Fortschritt auf dem Pfad zu erzielen, weil der Körper uns nicht länger behindert. Es ist sehr einfach zu praktizieren, weil in dem Moment, in dem wir an den Pfad des Erwachens denken, unsere ganze Welt zum Pfad wird. Sobald wir an Erwachte Wesen denken, befinden wir uns in ihrer Gegenwart.

Das Allerbeste wäre, tiefe Einsicht in unsere wahre Natur zu gewinnen, aber selbst wenn wir uns nur an ein Wort des Dharma erinnern können, so kann das eine immense Wirkung haben. Natsok Rangdröl[5] zitiert aus einem maßgebenden Text:

> »Man mag sich fragen, warum im Zwischenzustand einfach durch das Erkennen der eigenen Natur Stabilität erreicht werden kann. Die Antwort lautet, dass der Geist

gegenwärtig in das Netz des karmischen Windes eingeschlossen ist, der karmische Wind ist eingeschlossen im Netz des materiellen Körpers aus Fleisch und Blut, und deswegen hat man keine Unabhängigkeit. Nachdem sich dieser Körper in Materie und Geist geteilt hat, fehlt dem Prāṇa-Wind mit all seinen magischen Erscheinungen eine greifbare, stoffliche Unterstützung so lange, bis man wieder im Netz eines zukünftigen Körpers eingeschlossen ist … Die Fähigkeit, Stabilität durch bloße Erkenntnis zu gewinnen, gleicht einer Fackel, die in einem Augenblick die Dunkelheit von Äonen erhellen kann. Wenn im Bardo die Erkenntnis aufblitzt, so wie jetzt, wenn man die direkte Unterweisung erhält, dann kann man zweifellos Erleuchtung erlangen. Mach dich daher von diesem Augenblick an damit vertraut.«

Wenn wir uns an unsere Praxis und unsere Verbindung mit dem Pfad des Erwachens erinnern, können wir daher während des Zwischenzustands in jedem Moment sehr schnell erwachen. Es ist wichtig, darauf hinzuweisen, denn in bestimmten traditionellen Belehrungen wird so großer Wert darauf gelegt, es »richtig zu machen« und ja nicht den entscheidenden Moment zu verpassen, dass es entmutigend wirken und Furcht einflößen kann. Bei näherer Betrachtung dieser Belehrungen werden Sie aber bemerken, dass es, selbst wenn Sie den Moment einer wichtigen Gelegenheit verpassen, noch viele weitere Möglichkeiten gibt. Wir dürfen die Hoffnung nie aufgeben und denken, es wäre zu spät, um zu praktizieren.

Im Allgemeinen wird in der tibetischen Tradition gesagt, dass dieser Zwischenzustand neunundvierzig Tage lang andauert. Das *Tibetische Totenbuch* und ähnliche Handbücher geben sehr detaillierte Beschreibungen dieser Zeit. Ich werde nicht derart ins Detail gehen, weil ich mich auf die wesentlichen Punkte konzentrieren möchte. Die Wahrheit scheint zu sein, dass der Zwischenzustand äußerst instabil ist und das Ganze von Person zu Person sehr variiert, so dass nahezu alles passieren kann. Wir müssen nur gerade so viel wissen, dass wir bereit sind, unserem Tod mit Vertrauen zu begegnen und anderen dabei zu helfen, ihrem Tod mit Zuversicht entgegenzusehen.

Außerdem geben detailliertere Handbücher wie das von Natsok Rangdröl an, dass die neunundvierzig Tage des Zwischenzustands in einem Augenblick vergehen oder eine lange Zeit andauern können. Obwohl die formalen Beschreibungen den Prozess als etwas ziemlich Geradliniges und Fixiertes darstellen, ist er nicht so ordentlich und klar abgegrenzt, wie es zunächst klingt. Auch wenn die tibetischen Gebräuche der Totenbestattung sich über neunundvierzig Tage erstrecken, um den Gandharva spirituell zu unterstützen, so ist das doch nur eine ungefähre Zeitangabe, die denen hilft, die die praktischen Angelegenheiten regeln. Für das dahingegangene Bewusstsein ist die Erfahrung von Zeit nicht länger mit dieser Welt verknüpft. Zu Beginn des Zwischenzustands kann unser Bewusstsein mit der Welt noch ein wenig in Verbindung stehen. Aber wenn wir uns zu der Welt hinbewegen, in der wir wiedergeboren werden, ist dies immer weniger der Fall. Es ist unklar, wie lange all das dauert. Der Gandharva mag sehr schnell in eine andere Welt entschwinden oder auf unbestimmte Zeit in seiner momentanen Welt umherstreifen.

Schließlich sehen wir Bilder, die uns verschiedene Möglichkeiten oder Tore bieten, die zu stabileren Welten führen, auch wenn uns selbst nicht klar sein mag, dass das geschieht. Im Fall einer menschlichen Geburt sehen wir zum Beispiel vielleicht Bilder von einem Palast, einem Haus oder einer Höhle, wo wir uns sicher fühlen, und das bedeutet, dass wir kurz davor stehen, in einen Mutterschoß aufgenommen zu werden. Obwohl es viele Ratschläge gibt, wie ein Tor zu einer menschlichen Geburt erkannt werden kann, halte ich es nicht für notwendig, sich darum Gedanken zu machen. Das Ergebnis zu diesem Zeitpunkt wird im Allgemeinen hauptsächlich von unseren verübten Taten (Karma), unseren geistigen Gewohnheiten, unseren Absichten (vergangene und gegenwärtige) und unserer Verbindung zum Pfad des Erwachens bestimmt werden. Ich empfehle, sich auf diese zu verlassen, statt sich den Kopf mit Vorstellungen und fruchtlosen Spekulationen anzufüllen.

Der Tod fortgeschrittener Praktizierender

Für Meditationsmeister und -meisterinnen gilt der Todesprozess aus buddhistischer Sicht als eine besonders gute Gelegenheit, um Einsicht und sogar vollkommene Befreiung vom Saṃsāra zu erlangen. Er bietet eine Chance, zu erwachen und Freiheit zu verwirklichen, was bedeutet, dass es sich um eine Gelegenheit handelt, den Kreislauf von Geburt und Tod zu durchbrechen, indem man die wahre Natur der Wirklichkeit erkennt und eins damit wird. Aus diesem Zustand geht man als Erwachtes Wesen hervor.

Diese Möglichkeit entsteht, weil diejenigen, die während ihres Lebens ausreichend üben, den kurzen Moment, wenn sich alles ins Klare Licht auflöst, nutzen können und es als das erkennen, was es ist. Dies wird das Zusammentreffen von »Kind-Klares-Licht« und »Mutter-Klares-Licht« genannt. Es wird durch die Fähigkeit erreicht, das Erwachte Herz zu erkennen und darin zu ruhen, und durch die Kraft (*adhiṣṭhāna*) all derer, die bereits erwacht sind. Für sehr weit fortgeschrittene Praktizierende mag die Erfahrung des Todes gar keine große Sache sein, weil sie es gewohnt sind, die Klare-Licht-Natur als die Basis all ihrer Erfahrungen im Leben zu erkennen, so dass für sie der Tod eher eine Variante von etwas Vertrautem ist als eine neue Offenbarung. Selbst wenn ein fortgeschrittener Praktizierender nicht während des gesamten Sterbeprozesses in der Meditation verweilen kann, so kann er oder sie trotzdem in dieser Zeit einen enormen Fortschritt auf dem Pfad erzielen.

Sehr weit fortgeschrittene Praktizierende können in diesem Zustand der Meditation (genannt *samādhi* oder tib. *thukdam*) eine ganze Zeit lang – Stunden, Tage oder Wochen – in ihrem Körper bleiben. Hat solch ein Praktizierender Schüler, die ihm vertrauensvoll ergeben sind, kann das für sie eine Zeit großer Intimität sein, in der tiefe Übertragungen stattfinden können, weil der physische Körper nicht länger im Weg steht.

Als Zeichen, dass die Meditation beendet ist, kühlt die Herzgegend ab, die Körperflüssigkeiten werden freigegeben, und die Totenstarre setzt ein. Im Allgemeinen wird es für das Beste gehalten, den Körper bis zu diesem Zeitpunkt ungestört zu lassen, um die Meditation nicht zu unterbrechen. Ein behutsamer Umgang mit ihm ist dennoch üblich, zum Beispiel, den Körper in eine aufrechte Meditationshaltung zu bringen oder ein Berühren der Herzgegend, um zu sehen, ob sie erkaltet ist. Für einen geübten Praktizierenden wird eine Unterbrechung der Meditation kein Problem darstellen, aber für die Schüler würde damit die Zeit einer ganz besonderen Chance zu Ende sein.

Selbst wenn der sehr erfahrene Praktizierende es nicht schafft, seine Natur im Moment des Todes gänzlich zu erkennen, so bieten sich ihm während des Zwischenzustands weitere außerordentliche Möglichkeiten. Es gibt zum Beispiel besonders subtile Erscheinungen (unvorstellbares Licht, Geräusche oder Wesen), die ein Übender mit Erfahrung erkennen und gleich zu Beginn des Zwischenzustands zu Hilfe nehmen kann, was technisch als »der Bardo der *Dharmatā*« bezeichnet wird. Tibetische Handbücher über die Zwischenzustände wie das *Tibetische Totenbuch* beschreiben derartige Dinge sehr detailliert, weil sie erfahrenen Übenden nützlich sein können. Für die meisten von uns jedoch ist es die einfachere und sicherere Wahl, uns an unsere Meditationspraxis zu erinnern und an das, worin wir das größte Vertrauen haben, und uns darauf zu verlassen, dass dies uns durch die Erfahrungen tragen wird, welche auch immer das sein mögen. Ohnehin sagt Natsok Rangdröl, dass für gewöhnliche Wesen diese Erscheinungen im Allgemeinen nur einen Augenblick lang andauern. Es ist ziemlich wahrscheinlich, dass wir sie nicht einmal bemerken.

Der Angst begegnen

Im Allgemeinen ist Angst solch ein überwältigender Anteil der Todeserfahrung, dass Vertrauen, ihr Gegenstück, die wirksamste Eigenschaft ist, mit der ihr begegnet werden kann. Man könnte sagen, dass der ganze buddhistische Pfad, der ganze Pfad des Erwachens, sich im Wesentlichen um Vertrauen dreht. Vertrauen erlaubt uns, uns zu entspannen und Zweifel und Verwirrung loszulassen, und verleiht uns die Fähigkeit, unserer wahren Natur ohne Furcht zu begegnen.

Jeder Abschnitt des Sterbeprozesses ist von Angst geprägt. Da ist die Angst, diese vertraute Welt zu verlassen, alles zu verlieren, was wir kennen, und die Ungewissheit darüber, was geschehen wird. Da ist die Angst vor Schmerz und Leid während des Sterbeprozesses. Da ist die Furcht davor, die Kontrolle zu verlieren, wenn der Sterbeprozess ins Rollen kommt. Da ist das Gefühl von drohendem Unheil angesichts der Möglichkeit, ausgelöscht zu werden. Da ist die Furcht, sich nicht durch die Veränderungen und Bilder des Zwischenzustands hindurchzufinden, und vielleicht auch die Furcht davor, dass uns die Taten der Vergangenheit einholen. Da ist die Furcht vor Einsamkeit und Verlassenwerden, die Furcht, seinen Verstand zu verlieren, und die Angst, so sehr von der Erfahrung überwältigt zu werden, dass Panik entsteht.

In der Tat können wir uns mehr vor der Angst fürchten als vor dem, was uns eigentlich Furcht bereitet. Da einige oder alle dieser Ängste wahrscheinlich auftreten, brauchen wir so viel Mut, wie wir nur irgend aufbringen können. Entscheidend ist, nicht in Panik zu geraten, sondern sich einfach der Erfahrung von Angst selbst zuzuwenden und nicht auf sie zu reagieren.

Die Menschen scheuen davor zurück, auch nur an den Tod zu denken, weil sie intuitiv die Gegenwart all dieser Ängste spüren und dem Gedanken der Auslöschung nicht begegnen wollen. Für diejenigen von uns, die dem Pfad des Erwachens folgen wollen, bedeutet der Tod aber eine großartige Möglichkeit, unsere Praxis zu vertiefen. Statt vor den Gedanken an ihn zurückzuscheuen, ist das Reflektieren über ihn eine Quelle der Inspiration. Es inspiriert unser Leben, während wir versuchen, so zu leben, wie wir auch zu sterben hoffen, und es hilft uns, dem Tod mit Vertrauen entgegenzusehen, während wir uns ihm auf die Art nähern, wie wir es uns im Leben angewöhnt haben. Wenn wir selbst trotz starker, angsterfüllter Reaktionen eine grundlegende Zuversicht bewahren können, lernen wir, dass Furcht nichts ist, vor dem wir davonlaufen müssten.

Die tibetischen Belehrungen über den Tod wiederholen ständig, dass wir einfach nur das, was erscheint, als das Gewahrsein selbst erkennen müssen, und dass es nichts zu fürchten gibt. Natsok Rangdröl sagt:[6]

> »In allen Situationen muss analysiert werden, dass die stattfindenden furchterregenden Erfahrungen, welcher Art sie auch immer sein mögen, Darstellungen des eigenen Geistes sind.«

Wie können wir das tun? So, wie wir es jetzt im Leben in unserer Praxis tun. In welchem Maß sind wir jetzt in unserem Leben dazu fähig? Nicht sehr? Nur an guten Tagen? Oder, wahrscheinlicher, für den Bruchteil einer Sekunde, wenn wir einer Belehrung zuhören oder tief in die Natur unserer Erfahrung schauen. Wenn das der Fall ist, können wir die Vorstellung, dass wir inmitten der gewaltsamen Umbrüche während des Sterbens und der folgenden Zustände fähig sind zu meditieren, vergessen. Doch selbst inmitten von Angst ist es möglich, dass sie uns einfach nichts ausmacht und wir zentriert und voller Zuversicht bleiben. Die Furcht kommt und geht. Unsere Vernunft bleibt. Am Ende kommen wir immer zurück zu unserer grundlegenden Vernunft. Sie ist unzerstörbar. Je mehr wir uns entspannen, desto schneller kehren wir zu ihr zurück. Das gilt im Leben wie im Tod.

Die vielen Welten der Wiedergeburt

Alle buddhistischen Schulen lehren, dass mit dem Abschluss des Sterbeprozesses der Gandharva dazu getrieben wird, sich in der einen oder anderen Welt eine neue Geburt zu suchen. Die treibende Kraft ist das Karma unserer vorherigen willentlichen Handlungen. Daher weisen buddhistische Belehrungen über den Tod immerzu auf eine Weltsicht hin, die die Existenz von Karma und vieler Welten als etwas Selbstverständliches ansieht. Im Rest dieses Kapitel möchte ich einen Überblick über diese Vorstellungen geben, der den westlichen Lesern das Verständnis erleichtert. Wenn in den buddhistischen Lehren von Wiedergeburt gesprochen wird, dann wird sie im Kontext einer unendlichen Vielfalt verschiedener Welten gesehen und nicht nur als verschiedene Erfahrungen auf dem Planeten Erde (oder diesem physischen Universum). Ich habe bereits etwas ausführlicher über die vielen »Welten« gesprochen, die in unserem Gewahrsein entstehen, die wir betreten und auf die wir uns einlassen. Unsere Erfahrungen, uns in den Welten zu verlieren, die unsere Gedanken schaffen, während wir wach sind oder wenn wir im Schlaf träumen, sind zahlreich.

Wie ich bereits erwähnt habe, ist es aus buddhistischer Sicht durchaus vergleichbar mit der tatsächlichen Geburt und dem Sterben, wenn wir uns in solchen Gedankenwelten verlieren. Was die Geburt in Gedanken und Träumen von der in den Welten unterscheidet, ist, dass wir die Welten mit anderen teilen. Diese Welten sind nicht unsere bloßen Vorstellungen oder Kreationen. Aus buddhistischer Sicht kann nach dem Tod eine unglaubliche Vielzahl von Welten in unserem Gewahrsein auftauchen, in denen wir wiedergeboren werden können.

Darüber hinaus bringen diese Welten Erfahrungen mit sich, die weit über das hinausgehen, was wir uns vorstellen können. Aus buddhistischer Sicht sind nicht, wie Materialisten uns glauben lassen wollen, unser physisches Gehirn und die Sinnesorgane die Basis für das Bewusstsein. Nicht das Gehirn und die Sinnesorgane lassen das Bewusstsein entstehen. Das Bewusstsein ist Gewahrsein, und das Gewahrsein ist fähig, alles zu erfahren, was wir durch das Gehirn und die Sinnesorgane wahrnehmen, ohne mit den Sinnesorganen in Beziehung zu stehen. Wenn überhaupt, dann begrenzen unsere Sinnesorgane unser Gewahrsein, statt es entstehen zu lassen. Mit anderen Worten: Unser Körper mit seinem Gehirn und den fünf Sinnesorganen begrenzt unsere Erfahrung auf das, was sie wahrnehmen können. Aus buddhistischer Sicht ist die Bandbreite möglicher Erfahrung grenzenlos. Zum Beispiel sind unvorstellbare Ausmaße an Leiden und Sinnesfreuden möglich. Wir könnten Geburt in Welten annehmen, die von einem dieser Extreme oder allen möglichen dazwischenliegenden Kombinationen geprägt sind.

In der buddhistischen Kosmologie werden diese Möglichkeiten meistens als sechs Hauptgruppen dargestellt, in die sich die Wesen aufteilen. Die höchsten sind die verschiedenen Götterbereiche, wo das Glück immer ausgefeilter und beständiger wird, während in den niedrigsten Bereichen verschiedene Höllen existieren, in denen das Leiden zunehmend stark und anhaltend wird. Weder die Himmel noch die Höllen währen ewig. Schließlich endet die Existenz dort, und der Kreislauf von Geburt und Tod geht weiter. Also gilt selbst die Wiedergeburt in einem Götterbereich nicht als wünschenswert, da die Gefahr besteht, dass das Wohlbefinden dort so stark und anhaltend ist, dass wir unsere Motivation verlieren, dem Pfad des Erwachens weiter zu folgen. Wenn wir im Götterbereich sterben, sehen wir unseren bevorstehenden Fall mit Bestürzung. Das Leiden, wenn wir aus dem Götterbereich fallen, ist offenkundig. Sind wir herausgefallen, ohne eine Einsicht in die wahre Natur der Wirklichkeit oder eine Verbindung zum Pfad des Erwachens gehabt zu haben, dann werden wir aufs Neue im Kreislauf von Geburt und Tod verloren sein, nie wissend, wohin wir als Nächstes geraten, wo wir leiden und sterben müssen.

Es ist wichtig zu verstehen, dass unsere missliche Lage aus buddhistischer Sicht sehr ernst und unsere Zukunft sehr unsicher ist. Ohne eine starke Verbindung zum Pfad des Erwachens können wir überall enden. Da der Tod jederzeit eintreten kann, sind die möglichen Bestimmungsorte unendlich. Die buddhistischen Lehren stellen klar, dass ein Leben, so wie wir es jetzt genießen, ein sehr seltenes Ereignis ist. Es ist schwierig zu finden und leicht zu verlieren. Haben wir aber erst einmal eine starke Verbindung mit dem Pfad des Erwachens geknüpft, dann ist es, als wären wir mit einer Schnur verbunden, die uns aus dem Ozean des Leidens ziehen kann, indem sie uns von einem Leben zum nächsten mit dem Pfad des Erwachens verbunden hält. Alles, was wir tun müssen, ist kooperieren. Darum geht es im Wesentlichen, wenn wir dem Pfad des Erwachens folgen.

Wie Karma die Wiedergeburt prägt

Wir sprechen hier von einem Kosmos, in dem es Verbindungen gibt, die sich über Welten und Zeiträume hinweg erstrecken. Die Auswirkungen unserer Handlungen und Wünsche enden nicht hier. Sie können zu einem Zeitpunkt und an Orten reifen, die nichts mit dem zu tun haben, was wir mit dieser Welt und diesem Leben verbinden. In dieser Weise bleiben unsere Verbindungen bei uns und sind viel realer als die Welt, die wir hinter uns lassen.

Gewöhnlich sagt die buddhistische Lehre, dass unsere willentlichen Handlungen (Karma) in diesem Leben bestimmen, was wir im zukünftigen Leben erleben. Das bedeutet, dass wir uns in Welten wiederfinden, die wir als so real wie die gegenwärtige ansehen und in denen wir die Früchte unserer Handlungen ernten, gute wie schlechte. Die Tatsache, dass aus buddhistischer Sicht keine davon wirklich ist, hilft nicht, weil uns in unserem verwirrten Zustand alle Dinge wirklich zu sein scheinen.

Karma bedeutet, dass es uns Glück in zukünftigen Leben bringt, wenn wir beispielsweise in diesem Leben aus Liebe und Güte heraus handeln. Vergleichbar damit bringt es uns Elend, wenn wir aus Ärger und Hass heraus handeln. Die Lehre von Karma besagt nicht nur, dass unsere momentanen Haltungen unser psychisches Erleben in zukünftigen Leben beeinflussen werden, ob wir zum Beispiel darunter leiden, wenn wir verletzt werden oder nicht. Sie ist viel radikaler als das, da sie besagt, dass selbst scheinbar physische Angelegenheiten wie die Beschaffenheit unseres Körpers oder ob uns eine bestimmte Krankheit befällt, von unseren vergangenen willentlichen Handlungen bestimmt wird.

Die buddhistische Tradition legt sehr detailliert die Ursachen und Wirkungen von Karma dar und erklärt die Auswirkungen im Kontext unzähliger Wesen, die zahllose Leben damit verbringen, in den unendlichen Universen umherzuwandern, aus denen Saṃsāra besteht. Sie beschreibt, dass jeder von uns über unzählige Leben hinweg einmal in jeder möglichen Gestalt, die Sie sich vorstellen können (oder nicht) Geburt angenommen hat, Sie mit jedermann in unendlicher Weise in jeder möglichen Beziehung standen, wie etwa als Mutter, Kind, Freund, Feind, Beute, Jäger, Liebhaber, Geschwister, König, Diener und so weiter. Wir haben alle jede Art von Handlung verübt und eine riesengroße Ansammlung möglicher karmischer Resultate angehäuft. Obendrein weiß niemand von uns, was an karmischen Resultaten auf uns wartet oder wann sie reifen werden. Etwas, das uns heute zum Beispiel widerfährt, kann auf etwas zurückgehen, was wir vor vielen Leben in einer ganz anderen Welt getan haben. Daher ist die ganze Situation sehr heikel.

Aus buddhistischer Sicht liegt die Unberechenbarkeit von Karma auf der Hand, wenn wir nur einen Blick darauf werfen, was sich in der Welt um uns herum abspielt. Zum Beispiel leiden gute Menschen an schrecklichen Krankheiten, während schlechte Menschen, wie es scheint, mit ihrem Mord davonkommen. Menschen werden in ihren besten Jahren niedergestreckt, verlieren ihren Besitz und ihre Gesundheit, Familie, Freunde, Freiheit, ihr Land oder was auch immer. Wir sind niemals sicher. Wir wissen nie, ob am Ende des Tages unser ganzes Leben oder unsere ganze Welt noch so ist wie bisher. Auch wenn gesagt wird, dass hinter all dem Karma als treibende Kraft steht, wissen wir dadurch nicht mehr darüber, was als Nächstes geschehen wird. Aus diesem Grund wird im Buddhismus so viel Wert darauf gelegt, mit dem Pfad des Erwachens in Verbindung zu bleiben. Die Botschaft ist, dass Karma und Wiedergeburt einem Alptraum gleichen und wir einen Pfad zum Erwachen brauchen, so dass wir daraus aufwachen können.

Wie hilfreich ist die Karma-Vorstellung?

Meiner Erfahrung nach nehmen viele westliche Buddhisten die kosmologischen Vorstellungen, zu denen auch Karma gehört, nicht wirklich in ihrem ganzen Ausmaß an. Sie akzeptieren einige Aspekte der Karma-Vorstellung und halten da an. Das führt zu einer verzerrten Ansicht des gesamten konzeptionellen Rahmens, in dem die Lehren operieren. Außerdem sind die Menschen im Westen offenbar eher bereit, daran zu glauben, dass ihre negativen Taten Leiden für sie nach sich ziehen, aber sie hüten sich andererseits davor, allzu sehr daran zu glauben, dass ihre guten Taten ihnen Glück bringen.

Aus diesen Gründen gehe ich in diesem Buch nicht so sehr vom Standpunkt des Karma aus, wie es ein traditionelles buddhistisches Buch über den Tod tun würde. Stattdessen lege ich großen Wert auf die direkte Erfahrung und das Vertrauen, die im Hinblick auf das, was für den Pfad des Erwachens notwendig ist, wirklich viel grundlegender sind.

Ich tue das nicht, weil ich die buddhistischen Lehren über Karma in Frage stelle, sondern weil die traditionellen Lehren über Karma einen Kontext voraussetzen, der im Westen heutzutage nicht vorhanden ist. Manche Leute sagen zum Beispiel, dass sie nicht an Karma glauben mögen, weil es ihnen widerstrebt anzunehmen, dass diejenigen, die leiden, schuldiger sind als diejenigen, die nicht leiden. In einem westlichen Kontext könnte es grausam wirken zu sagen, dass Millionen von Menschen aufgrund ihres Karmas hungern, und damit anzudeuten, dass sie es irgendwie verdienen und ich, die Sprecherin, nicht. Persönlich begrüße ich, dass die Leute eine solche Vorstellung nicht mögen! Sie ist heimtückisch.

Wie ich weiter oben bereits erwähnt habe, ist die buddhistische Sicht viel allgemeiner in dem Sinne, dass unser Leben stets unsicher ist. Das, was andere heute erleben, könnte uns morgen selbst zustoßen. Aufgrund der zahllosen Leben, die wir alle hatten, in denen wir vermutlich alles erdenklich Mögliche getan haben, ist das vorstellbar, und niemand von uns weiß, welche karmische Handlung als Nächstes reifen wird; mit anderen Worten: Wir befinden uns alle in dem gleichen Dilemma, dass wir nicht wissen, was uns erwartet.

Ich schrecke davor zurück, diese Seite der Lehre zu sehr hervorzuheben, weil die meisten Menschen im Westen meiner Meinung nach nicht besonders stark an die rettende Kraft Erwachter Wesen und ihrer eigenen Verbindung mit dem Pfad des Erwachens oder mit irgendetwas anderem in diesem Zusammenhang glauben. Also suche ich nach Dingen, die den Glauben, den sie haben, stärken, statt einfach nur zu betonen, wie schrecklich der Kreislauf von Geburt und Tod tatsächlich ist.

Wenn eine Person großes Vertrauen in den Dharma und in Erwachte Wesen hat und offen ist für die traditionellen buddhistischen Belehrungen über die Natur des Kreislaufs von Geburt und Tod und die Unsicherheit in Bezug auf das, was als Nächstes geschehen wird, dann kann es das Hilfreichste von allem sein, gerade das zu betonen. Es erinnert die Person an ihre missliche Lage in einer Art und Weise, die sie dazu aufrüttelt, sofort zu handeln und angemessen zu reagieren. Aber es hat keinen Sinn, mit jemandem über Karma zu sprechen, wenn die Person dadurch nur außer Fassung gerät und ins Zweifeln verfällt – zumal es absolut nicht notwendig ist, in diesen Begriffen zu denken, um dem Pfad des Erwachens zu folgen.

Um dem Pfad des Erwachens zu folgen, brauchen Sie sich nur an Ihre direkte Erfahrung und an das sich entwickelnde Vertrauen zu halten. Indem Sie sich einfach entspannen und Ihr Herz öffnen, vollziehen Sie all die richtigen karmischen Schritte, auch wenn Sie die Weltsicht, deren Teil Karma ist, nicht teilen.

Wir sollten nicht vergessen, dass letztendlich selbst die Karma-Vorstellung unwahr ist. Die gewöhnliche Darstellung des Karma befasst sich nicht wirklich mit dem Geheimnis, was eine Person ist und wie jeder von uns sein eigenes Karma haben kann. Wenn der Buddhismus lehrt, dass wir keine kleine Einheit sind, die mit einem Karma-Bündel auf unserem Rücken geschnürt von einem Leben zum nächsten hüpft, was trägt dann das Karma von Leben zu Leben? Wie kann das, was ich hier in dieser Welt tue, die Form und Ereignisse einer anderen Welt im Ganzen beeinflussen? Solche Fragen lassen sich nicht leicht beantworten, weil die Karma-Lehre eine provisorische Wahrheit ist, die nur hilfreich ist, wenn wir in Verwirrung gefangen sind.

Sie ist keine letztendliche Wahrheit, auch wenn sie als Mittel hilfreich sein kann, um aus der Verwirrung hinauszugelangen. Sie ist hilfreich, weil sie auf etwas Wirkliches hinweist, nämlich dass es eine reale Verbindung zwischen unseren Absichten, unseren Handlungen und unserem Leiden gibt. Aber die Karma-Lehre erklärt dies eher simpel. Es trifft halbwegs zu, so wie es halbwegs zutrifft zu sagen, dass die Sonne im Osten aufgeht. Näher betrachtet, tut die Sonne so etwas jedoch nicht. Wenn jemand Schwierigkeiten damit hätte, daran zu glauben, dann würden wir nicht darauf bestehen, dass er diesen Glauben annimmt. Wichtig ist, dass er zu seiner Erfahrung angemessen in Beziehung steht.

Karmische Schulden

In traditionell buddhistischen Kulturen, in denen die Menschen einen starken Glauben an Karma und vergangene und zukünftige Leben haben, glauben die Übenden häufig, dass sie von dem negativen Karma belastet sind, das sie in ihren vergangenen Leben angesammelt haben. Sie denken in Begriffen von karmischer Schuld, die sie in Saṃsāra gefangen hält und verhindert, dass sie schnell auf dem Pfad des Erwachens voranschreiten.

Statt sich in dieser Weise von karmischen Schulden belastet zu fühlen, neigen westliche Buddhisten hingegen dazu, sich auf die buddhistischen Lehren zu konzentrieren, in denen es um das Gefangensein in ihren Gewohnheitsmustern geht und darum, wie sie von einer verzerrten Sicht der Wirklichkeit getrieben werden. Daran besteht kein Zweifel, weil wir dies aus unserer eigenen Erfahrung kennen, wohingegen die Vorstellung einer karmischen Schuld davon abhängt, dass wir das ganze buddhistische Glaubenssystem übernehmen.

Im Allgemeinen sehe ich einen bedeutenden Unterschied zwischen östlichen Buddhisten und den meisten westlichen. Im Westen finden wir es relativ einfach, in Vorstellungen zu denken wie diese: Je verzerrter unsere Sicht der Wirklichkeit ist, desto mehr verstrickt uns die Last des Karma, und desto schwerer fällt es uns, uns zu befreien. Die traditionelle Vorstellung, dass unsere karmischen Schulden in irgendeiner Weise verändert oder gereinigt werden könnten, übernehmen wir gewöhnlich nicht und finden nur schwer eine Beziehung dazu.

Eine traditionelle Art, wie die Last verringert werden kann, besteht zum Beispiel darin, die Konsequenzen von etwas, das wir getan haben, zu tragen und somit gewissermaßen die karmische Sequenz zu vervollständigen. Das Ergebnis dieser karmischen Tat wird nicht länger darauf warten, irgendwann zu reifen. Es ist so, als hätte man eine Schuld beglichen.

In Begriffen von Schuld zu sprechen, ist natürlich nur eine Redensart, die aber die Situation ziemlich gut trifft. Wenn Sie jemandem Geld schulden, werden Sie von den Schulden bedrückt. Sobald Sie die Schuld abgezahlt haben, sind Sie frei. Genauso ein Gefühl ist es, wenn wir karmische Schulden zurückzahlen. Ich habe Tibeter gesehen, die im Angesicht großer Schwierigkeiten und Leiden sehr fröhlich sein können, wenn sie so denken. Sie danken sogar den Buddhas für ihren Segen (*adhiṣṭhāna*), der dafür gesorgt hat, dass all das Karma auf einmal reift, während sie fähig sind, den Dharma zu praktizieren und alles abschließen können. Wären sie mit solch einer schweren Schuld gestorben, hätten sie vielleicht nicht so gute Bedingungen vorgefunden, um sie in einem zukünftigen Leben auszugleichen. Daher heißen traditionelle Buddhisten Leiden als eine Möglichkeit willkommen, so viele karmische Schulden wie möglich vor ihrem Tod abzutragen.

Der springende Punkt ist hier, dass das Karma nicht so sehr das Resultat einer Handlung ist, sondern dass vielmehr zum Zeitpunkt der Handlung eine Konstellation geschaffen wurde, die gewissermaßen (auf zeitlose Weise) als eine Falle besteht, in die wir tappen können, so dass wir als Folge daraus Leiden erfahren. Begegnen wir dieser Konstellation, wenn wir sicher auf dem Pfad des Erwachens sind, ist sie einfach etwas, mit dem wir arbeiten müssen, in dem Sinne, dass wir die Situation nutzen, um Geduld, Demut oder sonst etwas zu entwickeln. Sie muss uns nicht überwältigen oder auf Abwege bringen.

Unglücklicherweise verstehen die Menschen im Westen diese Vorstellungen manchmal so, als würden sie bedeuten, dass Leiden an sich etwas Gutes ist oder dass sie etwas ertragen müssen, weil sie es verdienen. Aber darum geht es überhaupt nicht. Es ist einfach so, dass ein solches Ereignis sozusagen gereinigt wird, wenn wir es mit einer positiven geistigen Einstellung erleben, so dass es nicht länger die Falle darstellt, die es einmal war.

Das Gute daran ist, dass wir nicht alle Konstellationen durchleben müssen, die auf uns warten, bis wir erwachen können. Da sie unendlich viele sind, wäre das unmöglich. Trotz ihrer Zeitlosigkeit treten die Konstellationen von unserem Standpunkt aus in zeitlicher Reihenfolge auf, als kämen sie aus einer Leitung. Bestimmte karmische Konstellationen können auftreten und unseren Pfad des Erwachens unterbrechen, wenn sie uns in einem unachtsamen Moment erwischen. Wenn sie sich jetzt, in diesem Leben, in irgendeiner Form manifestieren würden, dann könnten wir durch sie hindurchgehen, während wir uns in einer positiven Situation befinden. Die karmische Konstellation nimmt typischerweise die Form einer Krankheit, eines Verlusts oder einer schwierigen Situation an, die, wenn wir sie geduldig annehmen, verhindert, dass die karmische Konstellation wieder auftritt, bevor wir erwacht sind.

Erwachte Wesen können manchmal die Reihenfolge verändern, in der die Handlungen reifen. So kann beispielsweise die Auswirkung einer schlechten Tat verschoben werden, entweder so weit nach hinten, dass wir, bevor ihre Zeit gekommen ist, erwacht sind, oder wenigstens bis zu einem Zeitpunkt und einem Ort, an dem wir größtmögliche Hilfe erfahren, um mit den Konsequenzen umgehen zu können. Indem wir jetzt ein relativ geringes Leiden erfahren, können wir manchmal vermeiden, später die vollen Konsequenzen einer Handlung erleiden zu müssen. Vorstellungen wie diese prägen zahlreiche buddhistische Gepflogenheiten, Rituale und *Praṇidhānas* innerhalb aller buddhistischen Traditionen, aber es wird selten versucht, sie zu erklären.

Auch wenn diese Erklärung ein wenig von den Gedankengängen vermittelt, die hinter den Belehrungen über Karma stehen, so ist sie doch notwendigerweise unvollständig und unbefriedigend. Die buddhistische Tradition ist sich dessen bewusst, aber sie sieht keinen Ausweg aus dem Problem, da die Art und Weise, wie Karma wirkt, sehr mysteriös – verborgen – ist. Karma kann nur von den Buddhas wirklich verstanden werden, die die Natur der Wirklichkeit vollkommen und ganz verstehen. Die Essenz dieser Wirklichkeit, unsere wahre Natur, ist relativ einfach zu verwirklichen, verglichen mit solch mysteriösen Aspekten wie Karma, die viel schwieriger zu erkennen sind. Nichtsdestotrotz können wir eine grobe Vorstellung davon erhalten, wie Karma im Prinzip funktioniert, was für die meisten praktischen Zwecke ausreicht – so wie es reicht zu wissen, wie ein Telefon oder ein Computer funktioniert: Wir wissen, wie wir sie benutzen können. Wir haben vielleicht keine Ahnung, was im Inneren solcher Geräte abläuft, aber für die meisten praktischen Zwecke brauchen wir das auch nicht.

Diese Gesamtsicht mit ihren zahllosen Welten und verschiedenen Formen der Wiedergeburt steht hinter allen buddhistischen Glaubensvorstellungen, Gebräuchen und Praktiken zur Zeit des Todes und bildet den Rahmen für den Rest dieses Buches.

4
Dem Herzen vertrauen

Da der Tod ohne Vorwarnung kommt und häufig mit großen Sorgen und Ungewissheit einhergeht, können wir leicht von verschiedenen Gefühlen überwältigt werden. Es ist schwierig, angesichts der gewaltsamen Einschnitte und Umstürze, all der schwierigen Entscheidungen, des Abwartens und der Tränen ruhig und gesammelt zu bleiben. Aber selbst wenn Sie sich überwältigt fühlen, kann die grundlegende Haltung, die Sie der Situation entgegenbringen, Ihnen helfen, einen Weg zu finden, um damit fertig zu werden. Ihre Haltung ist aus buddhistischer Sicht das Hilfreichste und Kraftvollste während des Sterbeprozesses und dem, was danach kommt. Daher werde ich in diesem Kapitel ausführlich darüber sprechen, welche Art von Haltung hilfreich sein kann. Unter »Haltung« verstehe ich die ganze Orientierung unseres Seins. Ich meine keinen psychologischen Trick, keine Einstellung, die wir uns einfach zu eigen machen sollen. Ich meine, dass wir uns auf so etwas wie eine öffnende Bewegung unseres Gewahrseins einlassen, die uns in Kontakt mit unseren eigenen Kräften und Ressourcen bringt und uns zur Kommunikation und Kraft von Seiten des Universums im Allgemeinen wie von Seiten der Welt des Erwachens im Besonderen Zugang finden lässt.

Unsere Haltung verfügt also über eine eigene reale Kraft. Wenn sie zum Beispiel darin besteht, dem Herzen zu vertrauen – unserer Verbindung mit der fundamentalen Natur der Wirklichkeit –, dann bedeutet das nicht einfach nur, eine Idee zu verstehen, sondern wir erhalten Zugang zu einer Kraft, die in uns lebendig ist. Sie hat ihre eigene Verbindung zu Ressourcen. Unsere Schwierigkeit besteht darin, dass wir uns eher selbst im Weg stehen, indem wir versuchen, die Dinge zu kontrollieren, und wollen, dass etwas Bestimmtes geschieht. Wenn unsere Haltung eine des Vertrauens ist und wir nicht in Panik geraten, dann werden wir uns auf natürliche Art mit unserer ursprünglichen Vernunft verbunden fühlen, statt von den Ereignissen überwältigt zu sein, so dass Hilfe und Eingebung zu uns kommen. Wenn, um ein anderes Beispiel zu geben, unsere Haltung sich mehr um das Wohlergehen anderer dreht als um unser eigenes, dann verbindet uns dies mit dem gleichen spontanen Einfallsreichtum unseres Seins. Mut, innere Kraft und Weisheit fließen natürlich zu uns und leiten uns, ohne dass wir darüber nachdenken müssen.

Lässt auf der anderen Seite unsere Haltung ein Vertrauen und Entspannen nicht zu, dann verhindern Anspannung und Furcht den Zugang zu unseren inneren Ressourcen, und wir werden von Paranoia und Sorgen verzehrt. In diesem Zustand sind wir unfähig, die angebotene Hilfe zu nutzen.

Während unseres ganzen Lebens kultivieren wir Haltungen, und deswegen ist die Art, wie wir unser Leben leben, das, was hauptsächlich bestimmt, was während des Todesprozesses und danach geschieht. Dennoch sind uns die Haltungen, die ich hier beschreibe, jederzeit zugänglich. Die einfache Tatsache, dass eine Person etwas von dem verstehen kann, was ich mit »dem Herzen vertrauen« oder »entspannen« meine, zeigt, dass sie eine authentische Verbindung mit dem hat, worauf ich mich beziehe.

Meine Botschaft lautet, dass durch eine offene Haltung eine Art Kraft oder Stärke zu uns kommen kann – und das gilt für den Tod wie für das Leben. Aus buddhistischer Sicht liegt der Grund dafür darin, dass Erwachen und Verwirrung einfach davon abhängig sind, wie wir die Wirklichkeit sehen, was wir über sie denken oder wie wir sie wahrnehmen. Erwachen ließe sich auch schlicht als eine grundlegende Änderung unserer Haltung beschreiben. Das erklärt, warum eine Haltung der Offenheit und Furchtlosigkeit zur Zeit des Todes uns stark mit der Wirklichkeit verbindet. Haben wir diese Wende vollzogen, dann kann die Wirklichkeit mit all ihrem unbegrenzten Einfallsreichtum die

Führung übernehmen. Sie hat Kraft aus sich selbst heraus. Sie braucht von unseren egozentrischen Anstrengungen nicht manipuliert oder kontrolliert zu werden. Je mehr wir deshalb eine Haltung der Offenheit annehmen und uns an der Wirklichkeit ausrichten, desto weniger müssen wir tatsächlich von unserer Seite her »tun«.

Im *Mirror of Mindfulness*[7] von Natsok Rangdröl finden sich die traditionellen buddhistischen Belehrungen in Bezug auf die Haltung, die gegenüber dem eigenen Tod entwickelt werden soll.

> »Um die besten Ergebnisse zu erzielen: begeistert zu sterben; das zweitbeste: ohne Furcht oder zumindest frei von Reue. Das ist die Anweisung für das, was am meisten zählt.«

Die Fähigkeit, dem eigenen Tod mit einer Haltung von Vertrauen und Freude zu begegnen, gilt als eine Errungenschaft. Damit ist nicht die Haltung einer Person gemeint, die einfach nur lacht und Scherze macht und so tut, als würde nichts geschehen; vielmehr kommen das Vertrauen und die Freude, die in der Tat von Lachen begleitet sein mag, aus einer tiefen Erkenntnis und einem tiefem Vertrauen in die Natur der Wirklichkeit. Diejenigen von uns, die das nicht schaffen, können wenigsten hoffen, dem Tod mit der Zufriedenheit zu begegnen, in ihrem Leben ihr Bestes gegeben zu haben. »Frei sein von Reue« bedeutet nicht, dass wir uns vormachen, ein perfektes Leben gelebt zu haben. Es bedeutet, dass wir ehrlich und aufrichtig unsere Missetaten bereut haben und dass wir von unseren guten Handlungen überzeugt sind und uns über sie freuen. Die Reue bezieht sich darauf, dass wir zu spät merken, dass wir uns vorher auf den Tod hätten vorbereiten sollen, und uns mehr darum hätten kümmern sollen, wie wir unser Leben geführt haben.

Doch selbst wenn wir im Sterben Reue empfinden, ist es nicht zu spät für einen Sinneswandel. Aus buddhistischer Sicht ist es kein Grund, mutlos zu sterben, weil es uns antreibt, voller

Entschlossenheit in der Zukunft gut zu handeln. Wenn wir also nicht so furchtlos sein mögen, wie es uns Natsok Rangdröl nahelegt, so können wir trotzdem eine Art grundlegende Zuversicht haben, und das ist, wie Natsok Rangdröl stillschweigend andeutet, das, was am meisten zählt.

Die »richtige« Haltung kann hier in zweierlei Weise verstanden werden. Auf der einen Seite ist es die Haltung einer tief verwirklichten Person oder eines erfahrenen Meditierenden, der weiß, wie er im Erwachten Herzen ruhen kann. Auf der anderen Seite gibt es die Geisteshaltung oder eine Fülle von Einstellungen, die jeder haben kann, auch wenn die Person nicht meditiert oder keine religiösen Neigungen hat.

Die Art von Haltungen, an die ich denke, müssen wir sowieso in uns entwickeln, um uns tagtäglich zu helfen. Genau die gleichen Haltungen sind entscheidend, um auf dem Pfad des Erwachens zu bleiben. Wir alle verfügen über die Mittel, um eine solche Haltung zu kultivieren, die wir und andere brauchen, wenn wir mit dem Tod konfrontiert sind, und wir können sie in anderen stärken, ob sie Buddhisten sind oder nicht, ob sie einem spirituellen Weg folgen oder nicht.

Ich spreche von einer Haltung der Offenheit, Klarheit und Feinfühligkeit und allen Variationen dieser Begriffe. In der Praxis manifestiert sie sich als Freundlichkeit, Großzügigkeit, Akzeptanz, Mut, Geduld, Ehrlichkeit, das Verbundenbleiben mit dem eigenen Herzen, Loslassen von Anhaften, Hoffnung, Entschlossenheit, Vertrauen, Gleichmut und so weiter. In der Offenheit, Klarheit und Feinfühligkeit steckt die Kraft, uns mit unseren guten Herzensverbindungen, die wir mit anderen haben, in Kontakt zu bringen. Halten wir ganz einfach eine dieser Haltungen von Offenheit, Klarheit und Feinfühligkeit aufrecht und fördern sie, so praktizieren wir den Dharma zur Zeit des Todes. Weiter brauchen wir nichts zu tun. Wenn wir etwas kompliziertere Praktiken ausüben, dann nur, um die richtige Haltung zu fördern und zu vertiefen. Es ist die richtige Haltung, die die Arbeit erledigt. Eine kompliziertere Übung kann kontraproduktiv sein, und eine spontane Geste kann sehr viel bewirken. Alles hängt von der eigenen Haltung ab.

Es ist die Haltung gegenüber unserem eigenen Tod, die uns durch den Sterbeprozess und in unser nächstes Leben führt. Sie ist auch das, was »rüberkommt«, wenn wir mit anderen, die sterben, zusammen sind. Weil unsere grundlegende Haltung so wichtig ist, müssen wir immer wieder über die Tatsache des Todes reflektieren, so dass wir ein wenig vorbereitet sind.

Herzenswunsch

Um zu unseren inneren Ressourcen, die immer da sind, Zugang zu finden, müssen wir uns mit dem verbinden, was ich den Herzenswunsch nenne: einen Ort in uns, der die Quelle all unserer Wünsche ist. Wenn ich vom Herzenswunsch spreche, dann meine ich nicht *etwas*, das wir uns wünschen; es ist nicht unsere gedankliche Vorstellung dessen, was wir wollen, sondern ein tiefer Ort in unserem Wesen, von dem diese Vorstellungen ausgehen.

Wenn wir uns fragen, was wir wollen, so ist es, als gäbe es einen Ort in uns, zu dem wir uns hinwenden, um eine Antwort zu finden. Was ist das für ein Ort, an den wir die Fragen richten? Während die Antworten aufsteigen, kehren wir zu diesem Ort zurück, um noch einmal zu überprüfen, welche tatsächlich unseren Wunsch befriedigen würde. Dann können wir uns direkt, in den Tiefen unseres Herzens, fragen, ob wir wirklich dieses oder jenes tun wollen. Meiner Erfahrung nach hat diese Frage immer eine Bedeutung. Wenn wir sie stellen, sinkt unsere Aufmerksamkeit in die Brustgegend, und von irgendwo aus dem Herzen unseres Seins steigen offensichtlich Antworten auf. Tatsächlich scheint die Antwort schon da zu sein, und wir versuchen etwas zu artikulieren, das wir als eine lebendige Präsenz oder Erfahrung gespürt haben.

Sie mögen zum Beispiel sagen, dass Sie ein neues Auto wollen. Wenn man Sie aber fragt, warum und ob Sie das wirklich von ganzem Herzen wollen, dann werden Sie sich gewöhnlich auf ihre Herzgegend konzentrieren und dort etwas spüren. Wenn

Sie dies artikulieren, greifen Sie vielleicht auf Worte zurück wie: »Weil es mir eine so große Freude bereiten würde« – so als ob dieser Wunsch irgendwie hinter all dem stehen würde. Vielleicht wiederholen Sie die Frage noch ein paar Mal und erhalten Antworten wie: »Weil ich meine Freunde beeindrucken möchte.« Wenn Sie dann nach dem Grund fragen, heißt es, weil Sie zufrieden sein wollen, und wenn Sie wieder nachfragen, warum, dann heißt es, weil Sie glücklich sein wollen.

Hier endet es. Sie wollen glücklich sein, weil Sie glücklich sein wollen. Der Wunsch, glücklich zu sein, ist immer in unserem Herzen. Er ist unser Herzenswunsch, die Quelle all unserer Wünsche.

Wenn Sie darüber nachdenken, werden Sie daran etwas finden, das sehr interessant ist. Es ist, als sei der Wunsch nach Glück schon da gewesen, bevor Sie ihn aussprachen, und dass er dort bleibt, um Ihnen zu sagen, ob Ihre Aussage stimmt oder nicht. Aber was ist die Quelle von beidem, der Frage wie der Antwort? Ich nenne es den Herzenswunsch.

Der Herzenswunsch ist also kein artikulierter Wunsch. Er existiert auch, wenn er nicht in Worte gefasst wird. Er ist einfach da. Wenn wir wirklich herausfinden wollen, was er ist, dann scheint er uns tiefer und tiefer zu führen, und vielleicht sogar weiter und weiter. Anfänglich wollen wir vielleicht einfach etwas äußerliche Bequemlichkeit. Aber wenn wir tiefer schauen, finden wir vielleicht, dass wir tatsächlich einfach nur frei sein wollen von einem allgemeinen Gefühl der Bedrückung, und wenn wir noch tiefer schauen, finden wir vielleicht, dass das, was wir wirklich wollen, ein Gefühl von Sinn und Bedeutung ist, und wenn wir das wiederum tiefer betrachten, finden wir vielleicht, dass das, worum es wirklich geht, ein Wunsch nach einem Gefühl des Richtigseins und vielleicht von Glück ist, obwohl es wirklich etwas ist, das über das, was wir normalerweise als Glück bezeichnen, hinausgeht. Oder wir landen bei einem großen Verlangen, zu lieben und geliebt zu werden, oder einem großen Verlangen nach einer Offenbarung, durch die alles gewissermaßen richtig erscheint.

Wie der Wunsch auch formuliert wird: Der Ort, an dem wir danach schauen, ist genau hier. Wir wissen, wie wir dorthin gelangen können und wie wir ihn über unseren Wunsch befragen können. Er ist unsere eigene Natur. Das ist der Herzenswunsch.

Manchmal spreche ich von unserem tiefsten Herzenswunsch, denn schließlich formulieren wir etwas, das den Wunsch nach unserem eigenen Glück und nach dem Glück aller anderen Wesen ausdrückt. Wenn wir lange genug forschen und den tiefsten Punkt erreicht haben, scheinen wir dorthin zu gelangen. Manchmal ist der Wunsch tief vergraben. Manchmal meinen wir, dass uns die anderen nicht kümmern – oder zumindest nicht alle anderen. Doch wenn wir unsere Nachforschung fortsetzen, werden wir erkennen, dass wir es hassen zu leiden und nur so lange wollen, dass andere leiden, wie wir es selbst müssen. Sobald wir nicht länger leiden, ist es schrecklich, wenn andere um uns herum leiden müssen. Ganz natürlich ist es uns lieber, wenn niemand leiden muss. Letztendlich werden wir also nicht vollkommen zufrieden sein, bis alle Wesen glücklich sind.

Sie zweifeln vielleicht daran und denken, dass Sie keinen aufrichtigen Wunsch nach dem Glück aller Wesen hegen. Würde man Sie jedoch weiter bedrängen, so würden Sie vielleicht entdecken, dass Sie sich zumindest wünschen, einen solchen Wunsch zu haben. Wenn dem so ist, dann kommt selbst dieser einfache Wunsch nach einem liebenden Herzen, das sich das Glück aller Wesen ersehnt, aus keiner anderen Quelle als dem tiefen Herzenswunsch.

Warum denken wir, dass wir nicht das Glück aller Wesen wünschen? Dahinter steht die Vorstellung, dass es zwecklos ist. Die Leute wollen diesen Wunsch nicht aussprechen, weil er einfältig erscheint, irrational und unmöglich zu verwirklichen. Dennoch ist er unter allem vorhanden und in allem gegenwärtig. Im Buddhismus wird das dadurch erklärt, dass er ein grundsätzlicher Aspekt dessen ist, was es heißt, ein Lebewesen zu sein. Er ist ein unentbehrlicher Bestandteil unserer Natur und etwas, das nie fehlt, nie fehlte und nie fehlen wird; mit anderen Worten: Er wurde nie geboren und wird nie sterben. Er *ist* einfach.

Wenn wir uns schlicht mit diesem Wunsch in unserem Herzen verbinden könnten, in vollkommener Einfachheit, dann würden wir im Erwachten Herzen ruhen. Aber es ist schwer, so einfach zu sein. Wenn wir das versuchen, so gut wir können, dann ist das natürliche Meditation. Eigentlich brauchen wir keine andere Technik. Man könnte sagen, dass es das Wesentliche an der Meditation ist, frei von egozentrischen Belangen im tiefsten Wunsch des Herzens zu ruhen, ohne den Versuch, geschäftig viele Dinge zu tun.

Der entscheidende Faktor ist also unsere Haltung gegenüber unserem Herzenswunsch. Erkennen wir ihn? Richten wir uns an ihm aus? Achten wir ihn? Feiern wir ihn? Wie viel davon ist einfach eine sentimentale Idee, und in welchem Ausmaß erlauben wir ihm, wirklich aktiv aus sich selbst heraus zu agieren und all das zu gestalten, was wir denken, tun und sagen?

Interessant ist, dass eine Art Inspiration oder Kraft in uns hineinzufließen scheint, sobald wir ihn zur Kenntnis nehmen. Es ist, als hätten wir uns einer Kraft, die sich außerhalb unserer selbst befindet, geöffnet.

Mit dem Herzenswunsch in Kontakt zu kommen, diesem Ort tief in uns, der die Quelle all unserer Wünsche ist, steht im Zentrum des Pfads zum Erwachen und ist unser bester Schutz, wenn wir sterben. Er ist das Wesen dessen, was Entsagung und Hingabe genannt wird, was im Buddhismus gleichbedeutend ist mit der Sehnsucht, Saṃsāra zu entfliehen beziehungsweise zu erwachen. Wenn wir von der Einfachheit dieses Ortes abkommen, wird diese Sehnsucht verzerrt und nimmt die Form all der gewöhnlichen Begierden an, die den Kreislauf von Wiedergeburt in Saṃsāra antreiben.

Doch je mehr wir uns mit dem tiefen, wortlosen Ort in Kontakt bringen, von dem alle Wünsche ausgehen, desto spontaner wird er in uns auf mühelose und klare Art lebendig. Ganz natürlich treffen wir gute Entscheidungen, schlüpfen in gute Haltungen und Daseinsweisen und vermeiden schlechte. Indem wir uns, wenn wir dem Tod ins Gesicht schauen, in den Herzenswunsch entspannen und ihm vertrauen, schaffen wir eine starke Eigendynamik, die bewirkt, dass wir weiterhin die richtigen Entscheidungen treffen, die uns im Zwischenzustand, nach dem Tod und in zukünftigen Leben mit dem Erwachen verbinden.

Sich mit dem Herzen verbinden

Was wir unter »Herz« verstehen, ist vielfältig und reich. Vieles davon ist von Bedeutung dafür, wie wir dem Tod und dem, was danach kommt, begegnen. In Aussagen wie »die Liebe unseres Herzens«, »tief in unserem Herzen«, »jemanden in sein Herz einschließen« scheint als Bedeutung mitzuschwingen, es gebe eine Art inneres Heiligtum oder einen Ort tiefster Feinfühligkeit. Ebenso, wie das Herz der Sitz unserer tiefsten Sehnsucht ist, so wird es oft mit Wärme und Echtheit des Gefühls in Verbindung gebracht, die im Tod so viel bedeuten. Wenn die ganze eigene Welt und alles, was uns etwas bedeutet, entschwinden, dann kann uns nur unser eigenes Herz und das der anderen ein Gefühl von Sinn bieten.

Aus buddhistischer Sicht jedoch ist das Herz viel mehr als einfach ein Sitz von Wärme und Echtheit – das Herz wird als das Tor gesehen, durch das wir zu unserem innersten Wesen und somit zum wahren Wesen der Wirklichkeit gelangen. Ich gebrauche hier das Wort »Tor«, weil man die Art, wie wir uns mit dem Herzen verbinden, mit dem Eintreten und Loslassen in eine zeitlose Ausdehnung, die nirgendwo zu finden ist, vergleichen könnte. Sie ist nirgendwo, und doch durchdringt sie gewissermaßen alles und ist von unermesslichem Wert. Sie ist viel kostbarer als alles, was zu Zeit und Raum gehört.

Dies ist unser Wesen oder unsere wahre Natur, unser Erwachtes Herz, das durch den Tod nicht zerstört wird. Da es sich nie verändert, nie Existenz annahm und von nichts anderem bedingt ist, kann man sagen, dass es weder Geburt noch Tod kennt. Es ist daher etwas, auf das wir uns verlassen und dem wir im Leben wie im Tod vertrauen können. Es gibt nichts anderes, auf das wir vertrauen können. Alles andere wird vorbeigehen.

Der Dreh- und Angelpunkt dieses Kapitels ist der Umstand, dass im Moment des Todes unsere Haltung mehr als alles andere zählt. Deshalb wollen wir untersuchen, wie wir eine Haltung entwickeln können, die offen für das ist, was es mit dem »Herzen« auf sich hat.

Es mag natürlich nicht Ihre persönliche Art sein, sich in Begriffen des Herzens auszudrücken. Einige Menschen fühlen sich wohler damit als andere. Wenn der Tod naht, kann es jedoch einen enormen Unterschied ausmachen, wenn wir uns einfach an diese Art des Sprechens erinnern. Es muss sich nicht in den Worten zeigen, die wir wählen, sondern kann sich ebenso gut in einfachen Dingen bemerkbar machen. Manchmal ist es die Zeiteinteilung, die Art, wie wir etwas tun, die Pausen, ein Zögern, der Tonfall, die es uns ermöglichen, uns mit anderen zu verbinden und ihnen im Herzen zu begegnen. Für die Sterbenden ist diese Begegnung entscheidend, da alles andere im Auflösen begriffen ist. Die Herzensverbindungen werden unsere einzigen Verbindungen sein, die zurückbleiben. Für die Hinterbliebenen kann das Gefühl der Herzensverbindung überraschend konkret sein.

Was heißt es in der Praxis, sich mit dem Herzen zu verbinden? Dazu gehört, dass wir uns an das Herz und seine Belange erinnern, dem Herzen vertrauen, dass es uns sagt, wie wir auf die Situation eingehen können, dass wir uns in das Herz hinein entspannen, immer wieder hier und da für ein paar Sekunden ins Herz spüren. Vielleicht ist dies etwas, was wir ganz natürlich tun, ohne darin eine besondere Praxis zu sehen. Ganz egal, wie wir es tun, das Ergebnis ist immer insofern gleich, als wir jedes Mal, wenn wir uns wirklich mit dem Herzen verbinden, ein großes Reservoir an Weisheit und Mut finden. Dieses steht uns allen jederzeit zur Verfügung; es steht uns sehr nahe, ist nie weiter als einen Herzschlag entfernt. Je mehr wir uns darin üben, uns mit unserem Herzen zu verbinden, desto natürlicher wird es, und das ist die beste Vorbereitung für den Tod.

Dieses Ruhen im Herzen ist vollkommene Einfachheit; ein offenes und vertrauensvolles Herz. Das Herz, das in dieser Erfahrung ruht, umarmt den »Schmerz« des Todes und blendet ihn nicht aus. Der Schmerz wird als eine schmerzhafte Empfindlichkeit erfahren, dem das Herz mit Gleichmut standhalten kann, in dem Wissen, dass es von diesem Schmerz nicht zerstört werden kann. In solch einem Zustand wird Schmerz nicht länger als ein Schmerz im Sinne von Leiden erfahren. Der Schmerz besteht aus seiner durchdringenden und intensiven Lebendigkeit. Wenn wir nicht versuchen, uns vor diesem Schmerz zu verschließen, dann erkennen wir seine wahre Natur. Darin üben wir uns im Leben, und in demselben Ausmaß, wie uns dies im Leben gelingt, können wir es auch im Tode tun.

Im Tod in Gelassenheit zu ruhen bedeutet, im unzerstörbaren, mitfühlenden Herzen unseres Seins zu ruhen. Dies bedeutet, im Mitgefühl für alle Wesen zu ruhen, die unsere Natur mit uns teilen. In diesem Sinne soll der Schmerz des Todes nicht gemieden werden, weil er das Wesen des Herzens jenseits von Vergnügen und Schmerz ist. Er ist das Erwachte Herz selbst.

Die wichtigste Haltung, die wir in diesem Zusammenhang einnehmen, besteht darin, dass wir uns öffnen und der unmittelbaren Erfahrung des Schmerzes zuwenden, ohne zu versuchen, ihr zu entfliehen. Wenn wir dies tun können und uns entspannen, werden wir eins mit der Erfahrung, wodurch der Schmerz nicht mehr als solcher erfahren wird.

Dem eigenen Herzen derart zu vertrauen und sich dem Schmerz des Todes zu öffnen ist extrem schwierig und macht ein langes Training in der Meditation erforderlich, bis wir vollkommen und ganz dazu in der Lage sind. In der Meditation fortgeschrittene Praktizierende, die ihrem Herzen vertrauen, freuen sich darüber, wenn sie mit dem Tod alles Vergängliche und Unbefriedigende fallen lassen und sich der wahren Natur ihres Wesens öffnen können. Die anderen können einfach aus dem Wissen, dass darin das letztendliche Ziel der Praxis liegt, Inspiration schöpfen. Der Versuch, eine einfache Haltung des Vertrauens in unser Herz einzunehmen und nicht zu versuchen, vor dem Schmerz davonzulaufen, kann sehr hilfreich sein, ganz gleich, wie weit wir in unserer Praxis sind. So sind wir vielleicht dazu in der Lage, uns dem Schmerz einfach mit einer Haltung zuzuwenden, die ihn nicht als etwas Störendes ansieht. Selbst wenn wir lernen, uns nichts daraus zu machen, dass wir nicht im Herzen ruhen können und die Schmerzen ablehnen, kann das unterstützend sein, weil dadurch der innere Kampf ein wenig abnimmt und die Situation offen und einfach bleibt.

Unter all dem kann im Herzen immer noch ein echtes Gefühl von Frieden liegen, und vielleicht lachen Sie sogar über sich und all das Aufhebens, das Sie machen.

Das Wichtige ist, dass sich unser Herz wohlfühlen und glücklich sein kann, selbst wenn wir unsere Ziele nicht erreichen. Die Tatsache, dass wir versucht haben, in unserem Herzen zu ruhen, loszulassen und uns unserem Schmerz zuzuwenden, ist genug. Es war unser bester Versuch, und er wird eine Wirkung erzielen. Darauf können wir vertrauen. Es ist wichtig, diese realistische, pragmatische Haltung einzunehmen, wenn unser Tod oder der eines anderen gekommen ist. Schon allein das vermittelt Offenheit, Klarheit und Feinfühligkeit. Andere finden es leichter, Liebe, Mut und Zuversicht zu finden, wenn wir mit ihnen von diesem grundlegenden Vertrauen aus, das wir in das Herz haben, kommunizieren.

Manchmal werden wir durch unsere Offenheit, Klarheit und Feinfühligkeit dazu verleitet, wagemutiger zu tun, als wir sind, und zu sagen, dass uns etwas nichts ausmacht, selbst wenn das gar nicht stimmt. Auch das ist liebevoll und mutig und hilft uns, im Herzen zu ruhen. Vermutlich tun wir das, weil wir unsere Zweifel und Befürchtungen nicht so ernst nehmen. Wir lassen sie ein wenig los, um »so zu tun, als ob«, und merken auf diese Weise, dass wir sie tatsächlich weniger ernst nehmen und loslassen können.

Dem Herzen zu vertrauen, sich in das Herz hinein zu entspannen ist eigentlich mehr eine Art zu *sein* als eine Haltung. Es kann sich zu unterschiedlichen Zeiten verschieden ausdrücken. Manchmal mag es einfach darin bestehen, anderen liebevoll und fürsorglich zu begegnen. Es mag sich im Vertrauen in etwas ausdrücken, das nicht greifbar und doch eindeutig in der Natur unseres Seins vorhanden ist, einer Art innerer Zuversicht.

Für diejenigen, die auf den Buddha, Dharma und Sangha vertrauen, kann das Verweilen im Herzen einfach aus einem Gefühl tiefer Hingabe und Liebe für den Buddha bestehen. Vielleicht bezeichnet man die wahre Natur des Seins als Gott, dann bedeutet, im Herzen zu ruhen, Gott zu vertrauen. Meist wird unter dem Begriff Vertrauen, im Sinne von »Glauben« interpretiert (engl. »faith«), allerdings etwas anderes verstanden. Der Buddhismus rät jedoch davon ab, sich aus Panik an den Strohhalmen derjenigen festzuklammern, die Zweifel abzuwehren versuchen, indem sie an unausgereiften Überzeugungen festhalten. Wirkliches Vertrauen ist eine einfache, offene, entspannte und bescheidene Qualität des Seins. Es ist eine Bereitschaft, mit offenem Herzen dem Unbekannten zu begegnen. Diese Art von Vertrauen entspringt aus dem Herzen und entsteht, wenn wir aufrichtig einem spirituellen Weg folgen (ob wir ihn so nennen oder nicht). Es hilft uns und anderen in diesem Leben, im Sterben und danach.

Die Tatsache, dass Zuversicht und Vertrauen in das Herz nicht immer klar und im Blickfeld sind, muss uns keine Sorgen machen. Ihrem Wesen nach sind sie einfach im Hintergrund oder in den Tiefen des Herzens vorhanden, selbst wenn der denkende Geist zerstreut und wirr ist. Diese tief empfundene Zuversicht bringt den denkenden Geist immer wieder zu einem Zustand der Ruhe und Stabilität zurück. Meist erholen wir uns schnell, selbst wenn wir aus dem Gleichgewicht geworfen werden. Ohne diese Stabilität können panische und verzweifelte Gedanken und Gefühle uns überwältigen, die unser Leiden und das derjenigen um uns herum vermehren. Dies können wir zur Zeit des Todes ganz bestimmt nicht brauchen.

Wenn jemand aber dieses grundlegende, aufrichtige Vertrauen hat, dann kann er dem Tod mit Würde und Mut begegnen. Aus buddhistischer Sicht ist die Fähigkeit, so zu sterben, ein Zeichen spiritueller Entwicklung. Einfach so passiert es nicht; es ist das Ergebnis der Haltungen, die während des ganzen Lebens oder sogar über mehrere Leben hinweg kultiviert wurden. Wenn jemand einen leichten Zugang zu dieser Art von Haltung hat, so ist das ein Zeichen für eine starke Verbindung mit dem Pfad des Erwachens. Man darf nicht denken, dass diese Art der Verbindung nur Buddhisten offensteht, denn das Herz ist das gemeinschaftliche Erbe aller fühlenden Wesen. Es ist die wahre Natur ihres Seins und verbindet sie direkt mit der Wirklichkeit. Daher kann sich jeder, ob jung oder alt, heilig oder kriminell, in dem Moment mit dem Herzen verbinden, wenn er die Einfachheit und Demut dazu hat.

Entschluss

Wenn wir uns mit dem Herzen verbunden und Zugang zu unseren inneren Ressourcen gewonnen haben, können wir noch etwas anderes tun, das aus buddhistischer Sicht von unschätzbarem Wert ist: Wir können einen festen Entschluss fassen. Ein Entschluss ist ein artikulierter Wunsch, der durch die Absicht, diesen Wunsch zu verwirklichen, verstärkt wird. Er mag sich als ein Wunsch ausdrücken wie: »Mögen wir uns immer wieder begegnen«, oder als ein Gelübde wie: »In meinem Herzen werde ich immer bei dir sein.«

Das Fassen von Entschlüssen oder Wünschen wird im Buddhismus als eine zentrale Praxis angesehen, und die Fähigkeit, sie gut auszuführen, gilt als eine spirituelle Errungenschaft. Es wird viel Aufmerksamkeit darauf gelegt, Entschlüsse zu formulieren und sie zu bestärken. Letzteres geschieht, indem die Zuversicht, die Überzeugung, Verbindlichkeit und Ernsthaftigkeit, mit der sie gefasst wurden, durch regelmäßige Wiederholung und Anrufung der Kraft der Wahrheit und durch die Hilfe Erwachter Wesen und anderer, die sich auf dem Pfad befinden, gestärkt werden. Diese Art von besonderem Entschluss wird auf Sanskrit *praṇidhāna* genannt, im Tibetischen *mönlam*, und wird häufig ziemlich schwach mit »Wunschgebet« übersetzt.

Aus buddhistischer Sicht gehen unsere Wünsche, Absichten

und Entschlüsse aus dem Herzenswunsch hervor und stehen daher der wahren Natur der Wirklichkeit nahe. Sie haben in sich selbst eine Kraft, mit der sie direkt das Universum und die Ereignisse gestalten können. Die Verbindung zwischen dem Wunsch oder der Absicht und seinem Ergebnis unterliegt nicht den Gesetzen von Zeit und Raum, so dass ihre Auswirkungen wie die aller karmischen Vorgänge sich über Welten und viele Leben hinweg erstrecken können.

Die Erkenntnis, dass wir alle über diese Kraft des Entschlusses verfügen, ist in allen Kulturen bekannt und weltweit in der Volksliteratur zu finden. Wie viele Geschichten fallen Ihnen ein, die zum Thema haben, jemandem den Tod zu wünschen? Geschichten von Magie und davon, jemanden mit einem Fluch zu belegen, sind Beispiele desselben Themas. Im Buddhismus wird diese Kraft genutzt, um sicherzustellen, dass wir auf dem Pfad des Erwachens bleiben und alle Wesen mit uns bringen, vor allem jene, die mit uns eng verbunden sind.

Noch bis zum Augenblick des Todes, wenn alles andere versagt, können wir so einen Wunsch formulieren. Wie viele Geschichten fallen Ihnen ein, in denen jemand in letzter Minute einen Sinneswandel erfahren hat? Haben Sie bemerkt, wie viel dies den Menschen bedeutet hat? Der Wunsch zu vergeben, bevor der Tod uns endgültig trennt, steigt in uns aus dem intuitiven Gefühl heraus auf, dass das, was sich im Herzen einer Person ereignet, weiterhin eine Kraft hat. Aus buddhistischer Sicht stimmt diese Intuition, nicht nur aus psychologischer Sicht.

Karma bedeutet Handlung; Handlungen gehen aus Absichten hervor; willentliche Handlungen formen das Universum. Mit anderen Worten, das, woraus das Universum grundsätzlich besteht, ist ein Netz von Verbindungen, die nicht in Raum und Zeit existieren, sondern aus unseren Entschlüssen und Absichten bestehen. Was uns widerfährt, beruht auf dem, was wir beabsichtigt, gewünscht und wozu wir uns in der Vergangenheit entschlossen haben, weil es eine Verbindung zwischen unseren vergangenen Absichten und Taten und der gesamten Realität gibt, der wir nicht entrinnen können. Wir weben selbst den magischen Faden, der uns umgarnt. Durch den geschickten Einsatz unserer Willens- und Entschlusskraft können wir uns aus der Verzauberung lösen. Es ist nie zu spät. Selbst während unseres letzten Atemzugs können wir diese Kraft nutzen.

Unserem Herzen zu vertrauen bedeutet, der Kraft unserer Absichten zu vertrauen. Die buddhistische Tradition lehrt viele verschiedene Wege, um die Kraft unserer Absicht zu stärken und sie so auszurichten, dass sie mehr und mehr mit unserem tiefsten Herzenswunsch übereinstimmt. Daraus entsteht die Verbindung mit einer Kraft, die uns im Tod begleiten wird und sicherstellt, dass wir und all diejenigen, die wir lieben, auf unbegrenzte Zeit Glück erfahren werden.

Der erste Schritt, ein starkes *Praṇidhāna* zu fassen, besteht darin, unser Herz anzuerkennen und uns an ihm zu orientieren. Dies führt dann ganz natürlich dazu, dass wir uns mit unserer Kraft verbinden und Entschlüsse auf der Grundlage unseres Herzenswunsches fassen. Jeder kann dies tun, ganz gleich, welchen religiösen Glauben er hat, und auch, wenn er keinen Glauben hat. Selbst wenn jemand z. B. nicht weiß, ob er an ein Leben nach dem Tod glauben soll, mag er dennoch intuitiv spüren, dass es von Bedeutung ist, kraftvolle Entschlüsse zu fassen. Der Entschluss könnte sogar mit einem provisorischen »wenn« abgesichert werden. Man könnte also den Wunsch formulieren: »Wenn es ein zukünftiges Leben geben sollte, möge ich es immer nutzen, um anderen zu dienen«, oder: »Wenn es einen Weg geben sollte, wie ich das Leid, das ich verursacht habe, wieder gutmachen kann, möge ich keinen Augenblick zögern, es zu tun.« Solch ein provisorischer Wunsch ist seinem Wesen nach das Gleiche wie der tatsächliche Wunsch und hat dieselbe Kraft. Alles, was ihm fehlt, ist die verstärkende Kraft der Überzeugung.

Nichtsdestoweniger könnten Sie ihn dadurch stärken, dass sie ihn von ganzem Herzen meinen. Wenn wir Entschlüsse fassen, dann schafft das zumindest eine positive Haltung von Hoffnung und Vision, die der Verzweiflung entgegensteht. Verzweifeln wir, geben wir damit die Hoffnung auf und nehmen eine vollkommen negative Haltung gegenüber der Zukunft ein. Das ist das Gegenteil von Mut. Es ist eine mutlose Haltung. Hoffnung ist unser Leben und unsere Inspiration. Es ist nicht die Art von Hoffnung, mit der wir versuchen, uns selbst zu belügen und uns einreden, dass das Schlimmste nicht geschehen wird. Es ist die Hoffnung, mit dem Schlimmsten fertig werden zu können. Es ist die Hoffnung, dass wir uns mit dem Herzenswunsch verbinden können und eine Ahnung davon haben, wohin das führen könnte. Hoffnung ist eine andere Art zu sagen, dass wir unserem Herzen und der Kraft unserer Absicht und unseres Entschlusses vertrauen.

Wir können die Kraft unserer Praṇidhānas steigern, indem wir sie mit denen Erwachter Wesen in Einklang bringen. In der tibetisch-buddhistischen Tradition wird auf die wiederholte Rezitation von Praṇidhānas großer Wert gelegt. Auf diese Weise können wir in Bezug auf das, was wir wünschen, nichts falsch machen, und die Kraft der Erwachten Wesen steht hinter uns. Die zwei Praṇidhānas, die ich meinen Schülern ans Herzen lege, sind das Samantabhadracārya-Praṇidhāna aus dem *Avataṃsaka Sūtra* und das Mahāmudrā-Praṇidhāna von Rangjung Dorje.

Aus buddhistischer Sicht helfen wir uns selbst und anderen zum Zeitpunkt des Todes, selbst wenn wir nichts Weiteres tun als darüber zu reflektieren, was wir uns wirklich wünschen, und solche Praṇidhānas vom Herzen her formulieren. Wir können andere dazu ermutigen, gute Wünsche zu kreieren. Es ist etwas, das jeder tun kann, selbst sehr kleine Kinder.

Güte

Wenn wir die Haltung einnehmen, dass wir so gütig wie möglich zu jedem sein wollen, in welcher Weise uns das auch immer möglich ist, dann werden wir im Leben wie im Tod unseren Weg nicht verlassen, auch ohne entsprechende Entschlüsse gefasst zu haben. Wenn wir unserem Herzen vertrauen, werden wir auf natürliche Weise beschützt sein und von ihm wie auch von denen, die erwacht sind, geführt werden. Daher sollten wir Güte als Leitlinie für unser Leben betrachten, die wir nie fallen lassen sollten, was auch immer geschieht. Mit der Einstellung, jeden stets mit Güte zu behandeln, einschließlich uns selbst, sind wir automatisch mit den Qualitäten des Herzens verbunden. Güte, Liebe und Mitgefühl sind der natürliche Ausdruck des Erwachten Herzens, und was wir aus Liebe und Mitgefühl heraus tun wollen und beschließen, bewirkt, dass wir verletzende Gedanken aufgeben und positive kultivieren. Durch solche Absichten geben wir ichbezogene Verhaftungen und Feindseligkeit auf und entwickeln eine glücklichere und entspanntere geistige Verfassung.

Eine solche geistige Verfassung wird ganz natürlich von der Wahrheit angezogen und ist vom Gefühl, dass es einen Pfad des Erwachens gibt, inspiriert, selbst wenn nicht exakt in diesen Begriffen gedacht wird. Somit ist sie eine sehr hilfreiche Haltung zum Zeitpunkt des Todes.

Liebe und Mitgefühl sind keine oberflächlichen, vorübergehenden Emotionen. Sie sind einfach da. Liebe ist nicht etwas, das kommt und geht. Wenn es kommt und geht, ist es nicht wirklich Liebe, sondern ein flüchtiges Gefühl von Mögen und Nichtmögen. Liebe stirbt nicht mit der Person. Vielleicht sieht es so aus, als würde sie kommen und gehen oder stärker und schwächer werden, aber es ist eher eine Frage, ob sie überdeckt oder blockiert wird. Sobald die Hindernisse aus dem Weg geräumt sind, scheint sie hervor wie die Strahlen der Sonne.

Ich denke, viele von uns spüren intuitiv, dass eine von Liebe erfüllte Person nicht wirklich stirbt. Die buddhistische Sicht bestätigt die Intuition, dass Liebe eine zeitlose Qualität ist, die von der wahren Natur einer Person ausgeht. Ihre Liebe ist das, was sie wahrhaftig *ist*. Wenn ihr Körper stirbt, ist es fast so, als könnten wir die Gegenwart und Liebe der Person stärker spüren als je zuvor. Natürlich sind wir zu dieser Zeit voller Trauer, aber ihre Liebe stirbt nicht und kann uns trösten, wenn wir offen für sie sind. Wir begegnen uns im Herzen.

Meditationen der liebenden Güte

Die buddhistische Tradition kennt viele Formen der Meditationspraxis, die uns helfen können, uns mit einer Haltung der Güte zu verbinden und den Raum dafür zu schaffen, dass Liebe und Mitgefühl entstehen können. Die Praxis, die sich für uns selbst und andere zum Zeitpunkt des Todes besonders eignet, wird tibetisch *Tonglen* genannt, was »senden und empfangen« bedeutet. Das heißt, dass wir anderen Gutes senden und Leiden auf uns nehmen. Es ist eine Übung, die dazu dient, unser Mitgefühl für uns und andere zu stärken. Ich empfehle häufig, mit ein wenig Tonglen als Vorbereitung für die reguläre Meditationspraxis zu beginnen und sie als eine Methode einzusetzen, um mit der Negativität, die in unserem täglichen Leben aufkommt, fertig zu werden. Das Leiden, das mit unserem eigenen Tod und dem anderer einhergeht, erinnert uns daran und gibt uns viele Gelegenheiten, Tonglen zu praktizieren.

Es ist eine Praxis, die auf vielen Ebenen gelehrt und verstanden werden kann. Für die tieferen Ebenen brauchen Sie genaue Anweisungen von einem Lehrer. Dennoch kann sie auch für jemanden hilfreich sein, der noch nie meditiert hat oder es schwierig findet zu meditieren. Zumindest kann es eine Methode sein, mit deren Hilfe Furcht, Widerwillen und der Impuls, sich abzuwenden, wegzulaufen und Emotionen und unangenehmen Situationen zu entfliehen, überwunden werden können.

Kurz gefasst, besteht die Tonglen-Praxis darin, sich dem eigenen Leiden gegenüber zu öffnen, bis Sie es in seinem gesamten Ausmaß erfahren können. Dann atmen Sie es zusammen mit dem natürlichen Rhythmus der Einatmung ein. Während Sie dies tun, stellen Sie sich vor, Sie würden gleichzeitig das Leiden aller anderen Wesen mit einatmen. Das braucht Mut. Der Wunsch, es zu tun, kommt aus Liebe und Mitgefühl (selbst wenn Sie sich nicht als besonders liebevoll und mitfühlend empfinden). Wenn die Einatmung endet und der Ausatmung Platz macht, gehen Sie dazu über, all das, was gut ist und zu Glück führt, auszuatmen, so dass Ihr ganzes Wesen davon erfüllt wird und es zu allen anderen Wesen fließt wie das Licht der Sonne und ihre Wärme.

Die Praxis kann mit vielen Details ergänzt werden, wie der Vorstellung, dass die Negativität schwarz, faulig und ekelerregend ist und das Gute weiß, hell und klar. Sie kann ausgeführt werden, indem man sich bestimmte Formen von Leid und Freude einzelner Individuen in bestimmten Situationen vorstellt, oder sie kann allgemeiner Art sein.

Die Praxis kann sich in vielerlei Weise unterstützend auswirken – unter anderem so, dass sie unsere Zweifel, Ängste und Tendenzen zu ichbezogenen Sorgen und zu Selbstmitleid untergräbt. Wenn wir uns dabei ertappen, dass wir uns in eine mitleiderregende Geschichte verwickeln lassen, können wir sie einfach als einen Auslöser nutzen, um unser Leiden zusammen mit dem Leiden aller anderen in einer ähnlichen Situation einzuatmen. Die Tonglen-Praxis hat etwas unglaublich Großmütiges und Versöhnliches. Nichts ist zu viel, um eingeatmet zu werden. Alle Tendenzen, sich überwältigt zu fühlen oder fortzulaufen und sich zu verstecken, zu ignorieren oder sich abwenden zu wollen, werden durchkreuzt.

Zum Zeitpunkt des Todes ist es sehr wichtig, dass Sie in der Lage sind, sich der Situation vor Ihnen zu öffnen, ganz gleich, wie schlimm es auch wird. Tonglen ist dafür eine hervorragende Übung.

Tonglen ist auch eine gute Art, unser Anhaften loszulassen, weil wir all das, woran wir anhaften, als das Glück der anderen ausatmen. In der Tonglen-Praxis bleiben keine Zeit und kein Raum, um anzuhaften, weil Sie sehr plötzlich vom Aussenden des Glücks zum Empfangen des Leidens wechseln. Tonglen wirft unsere egoistischen und negativen Tendenzen über den Haufen, so dass sie, obwohl es nur eine Übung ist und wir immer nur kurz üben, gewissermaßen unsere positiven Anlagen in Bewegung setzt. Selbst wenn die aktuelle Tonglen-Praxis manchmal ziemlich zermürbend ist, treten die Auswirkungen meistens hinterher in Form von spontan aufwallenden Gefühlen der Liebe und des Mitgefühls und sogar in Form von Wohlbefinden in uns und in anderen um uns herum auf.

Es gibt noch verschiedene andere Übungen im Buddhismus, die der Entwicklung von Güte dienen. Eine Möglichkeit wird im *Mettā Sutta* erläutert, einem buddhistischen Text über das Verteilen liebender Güte. Es gibt auch eine ganze Gruppe recht ähnlicher Meditationsübungen, die dazu dienen, grenzenlose Liebe und Mitgefühl zu entwickeln, die *Mettā bhāvanā* (»Liebe entwickeln«), *Apramāṇa* (»die Unermesslichen«) oder *Brahma vihāra* (»die göttlichen Lebensbereiche«) genannt wird. Der letzte Vers des Gedichts am Ende dieses Buches (siehe S. 225) mit dem Titel »Den Geist von Saṃsāra abwenden« erinnert kurz an die Apramāṇa-Meditation. Es ist gut, die Zeilen einfach zu lesen und über sie zu reflektieren, aber für vollständige Anweisungen brauchen Sie einen Lehrer.

Vor einigen Jahren habe ich folgende Zeilen verfasst, die als einfache Tonglen-Praxis im Augenblick des Todes vorgelesen werden können:

> »Den Tod betrachtend,
> fürchte ihn nicht,
> sondern lerne, dem zu vertrauen,
> was von ihm nicht berührt wird.
> Andere betrachtend,
> ruhe im Herzenswunsch, sie wirklich zu verstehen,
> der Sehnsucht zu wissen, was sie wirklich brauchen
> und was ihnen Glück bringen wird.
>
> Atme tief ein in diesen Ort,
> an dem alle Herzen sich vereinen.
> Verharre verbunden in Liebe,
> bis alle Sorgen schwinden.

Atme einen beständigen Strom
der Wärme vom Herzen aus,
der jedes Wesen und alle
mit genau dem versorgt, was sie brauchen,
jetzt und immerdar.

Kein Wesen und keine Form des Leidens
ist ausgeschlossen von diesem Gebet.
Kein Leiden ist zu groß, um nicht eingeschlossen zu werden,
kein Wesen zu elend oder unwürdig.

Öffne dein Herz, und nimm alles Leiden und alle Wesen auf.
Lass allen Zweifel und alles Zaudern los.
Lass die Kraft des Erwachten Herzens durch dich
hindurchströmen,
jetzt und immerdar.

Möge alle Bedrängnis schwinden,
möge alles, was fehlt, gewährt werden,
möge alles, was unberechenbar ist, gezähmt werden,
möge alles, was zerstört werden muss, zerstört werden.«

Geben

Wünsche, Absichten und Entschlüsse, verbunden mit einer Haltung der Güte, werden ganz natürlich in großzügige Handlungen münden, die aus buddhistischer Sicht vor allem zur Zeit des Todes sehr zu unserem eigenen Glück wie dem anderer beitragen.

Vielleicht sind wir es nicht gewohnt, das Geben als etwas anzusehen, das uns mehr begünstigt als diejenigen, denen wir geben. Im Allgemeinen denken wir im Westen, dass der Grund des Gebens einfach darin besteht, anderen zu nützen. Aus buddhistischer Sicht ziehen wir durch eine solche Haltung gegenüber dem Geben aus der Gabe einen noch größeren Gewinn für uns selbst, da es in keiner Weise von Eigeninteresse gefärbt ist.

Ich denke, intuitiv stimmen wir dem zu. Es gibt viele Märchen, die davon handeln, wie selbstloses Geben Menschen zum Vorteil gereichte. Diese Intuition entspricht der Wahrheit, weil Geben – sei es für unser eigenes Wohl oder das Wohl anderer – der beste Weg ist, für unser Wohlergehen in zukünftigen Leben zu sorgen. Aus diesem Grund sind Buddhisten im Falle eines Todes sehr eifrig darum bemüht, alle möglichen Geschenke zu machen. Ein Teil der Gaben wird von Seiten der sterbenden Person gegeben und ein anderer Teil von den Hinterbliebenen im Namen des Verstorbenen.

In Übereinstimmung mit der allgemeinen Orientierung dieses Kapitels kann man Geben einfach als einen Ausdruck von Offenheit, Klarheit und Feinfühligkeit betrachten. Wenn wir uns anderen öffnen, entsteht in uns ein natürlicher Impuls zu geben, und sei es ein Lächeln, eine Tasse Tee oder ein größerer Teil unserer Zeit und Ressourcen. Das Gute, das aus dem Schenken und anderen guten Taten entsteht, wird *Puṇya* (häufig schwach mit »Verdienst« übersetzt) genannt. Diesem Guten wird eine eigene Kraft zugeschrieben, die man weggeben und widmen kann. Viele der Gebräuche um den Tod drehen sich in den buddhistischen Ländern um das Sammeln und Weggeben von Puṇya, wodurch die Kraft der Praṇidhānas, die zu dieser Zeit formuliert werden, gestärkt werden soll. Selbst wenn wir nicht daran denken, ist aus buddhistischer Sicht das Gute trotzdem da, sobald wir etwas verschenken, und es nimmt Einfluss auf die Erfüllung unserer Wünsche.

Ich glaube, dass die Menschen im Westen viel mehr auf die psychischen Auswirkungen achten, die das Geschenk auf den Gebenden wie den Empfänger hat, und auf den sofortigen Nutzen der Gabe, statt in Begriffen von Puṇya zu denken. Zum Beispiel können wir durch das Geben und Empfangen von Geschenken eine andere Person ehren und ihr unsere Liebe zeigen; es ist ein Weg, um unser Begehren und unseren Egoismus aufzugeben, eine Möglichkeit, sich nicht länger hilflos zu fühlen, sondern etwas Handfestes in einer schwierigen Situation zu tun.

Wir haben viele Sitten und Gebräuche, die Großzügigkeit ausdrücken, wie Fürsorge und Gastfreundschaft, Karten, die wir schreiben, um Botschaften der Sympathie und des Beileids zu bekunden; wir spenden für Wohltätigkeitsvereine, wir zünden eine Kerze an und sprechen ein Gebet dazu, wir reichen Blumen als Zeichen des Beifalls oder Respekts oder – noch beeindruckender –, um sie an dem Ort, wo eine Person gestorben ist, oder an ihrem Grab niederzulegen. Es ist schwer, genau herauszufinden, warum wir diese Dinge tun. Es geschieht aus einem intuitivem Gefühl heraus, dass Geben an sich etwas Gutes ist, selbst wenn niemand mehr da ist, der die Gabe empfangen kann. Vielleicht tun wir diese Dinge als eine Art Zeichen für die Hinterbliebenen, um unsere Gefühle der Liebe und des Respekts auszudrücken, etwa in der gleichen Art, wie wir Geschenke machen und die Grundlagen dafür schaffen, dass sich jemand an uns erinnert.

Buddhisten denken, dass alle diese Taten der Großzügigkeit Puṇya schaffen, das gewidmet werden kann, um die Wirkung unserer Praṇidhānas zu verstärken. Alle Puṇya des Gebens, die in Verbindung mit dem Tod der Person – sei es unser eigener oder der eines anderen – entstanden ist, kann im Geist zusammengefasst und dem Erwachen aller Wesen gewidmet werden.

Ganz egal, ob man dem buddhistischen Glauben folgt oder nicht: Es lässt sich der Schluss ziehen, dass es intuitiv richtig ist, angesichts einer Person, die stirbt oder gestorben ist, Geschenke zu machen und Großzügigkeit zu praktizieren. Aus buddhistischer Sicht gilt, je mehr wir aus dieser Intuition heraus geben, desto größer ist der Nutzen für uns selbst und andere, sowohl in diesem Leben wie in zukünftigen. Es ist ein buddhistischer Glaube, dass solche Gaben tatsächlich der verstorbenen Person helfen, während sie im Zwischenzustand nach dem Tod umherwandert, und dass sie ihr helfen, eine gute Wiedergeburt zu finden, in der sie weiterhin dem Pfad zum Erwachen folgen kann.

Buddhisten begrüßen den Zeitpunkt des Todes als eine Möglichkeit, all ihren Besitz wegzugeben und das Gute, das daraus entsteht, dem Erwachen aller Wesen zu widmen. Vielleicht würden wir gern alles weggeben, was wir besitzen, um unser Anhaften aufzugeben und anderen zu nützen, aber normalerweise ist das nicht sehr praktisch, da wir noch die Mittel brauchen, um für uns und diejenigen, die von uns abhängen, zu sorgen. Aber wenn wir sterben, kann uns nichts mehr davon abhalten, alles mit einem frohen und losgelösten Herzen wegzugeben.

Annehmen

Die Kehrseite des Gebens ist das Annehmen. Manchmal ist es großzügiger, anzunehmen als zu geben, da wir dadurch anderen ermöglichen zu geben, was ihnen wiederum nützt. Ebenso wie wir jede Möglichkeit nutzen, um zu geben und das Gute, das aus dem Geben entsteht, dem Wohl der sterbenden Person widmen, so sollte man aus diesem Grund auch jede Gelegenheit wahrnehmen, um anderen das Geben zu erlauben und ihnen dabei zu helfen.

Hier ein hilfreicher Rat für jeden, der eine lebensbedrohliche Krankheit hat und von anderen versorgt wird. Wenn wir zu dieser Zeit unserem Herzen vertrauen und unseren Stolz aufgeben, der uns sagt, dass wir nicht auf andere angewiesen sein sollten, dann können wir uns ihnen öffnen und sie unsere Dankbarkeit fühlen lassen. Das stärkt wiederum jene Tendenzen in ihnen, die ihnen guttun und Glück bringen werden. Daher können wir das Gute, das daraus entsteht, auf die gleiche Art widmen, wie wir unsere eigenen Taten der Großzügigkeit widmen würden. Wenn wir also körperlich hilflos daliegen, können wir immer noch Herzensverbindungen schaffen, die ihnen einfach durch ihre Haltung und Absichten in diesem und zukünftigen Leben enorm hilfreich sein werden.

Wir könnten noch darüber hinaus gehen, indem wir ganz bewusst und systematisch all der Güte unserer Eltern, Lehrer, Familienmitglieder und Mentoren gedenken, die uns aufgezogen und uns gezeigt haben, wie wir ein gutes Leben führen können.

Hier wären all diejenigen eingeschlossen, die uns erklärt haben, wie wir dem Pfad des Erwachens folgen können. Wenn wir an ihre Großzügigkeit und Güte denken und an die Güte all derer, die uns im Laufe unseres Lebens geholfen haben, dann nährt das eine Haltung der Dankbarkeit und den großen Wunsch, diese Güte mit unzähligen Taten der Großzügigkeit und Güte zu erwidern. Sterben wir mit einer solchen Haltung, gibt es wenig, um das wir uns sorgen müssen. Eine solche Haltung allein ist in ein Zeichen dafür, dass wir in unserem Herzen ruhen und ganz natürlich unter dem Schutz der Erwachten stehen.

Wenn Ergreifen und Festhalten erst einmal aufgehört haben, dann sind Großzügigkeit und Dankbarkeit die natürlichen Zustände unseres Seins. Ergreifen und Festhalten ziehen immer Leiden nach sich, vor allem im Tod, wenn uns alles genommen wird. Indem wir das Greifen loslassen und eine großzügige und dankbare Haltung einnehmen, erlauben wir unserem Herzen, frei zu atmen, und seine tiefere Weisheit und Vertrauen können aufsteigen. Daher kann die Bedeutung von Großzügigkeit und Dankbarkeit nie genug betont werden.

Herzensverbindungen mit anderen

Ein wichtiger Teil dessen, was es heißt, dem Herzen zu vertrauen, ist eine Haltung des Respekts und der Wertschätzung für unsere Herzensverbindungen mit anderen. Aus buddhistischer Sicht reichen unsere Verbindungen mit anderen sehr tief; sie sind Teil genau jenes Gewebes, aus dem das Wesen unseres Seins und des Universums gemacht ist.

Teils verwende ich den Begriff »Herzensverbindung«, um auf das intuitive Gefühl hinzuweisen, das wir ganz natürlich für gewisse Personen empfinden, teils um auf die unentrinnbare Herzensverbindung hinzudeuten, die wir mit allen anderen Wesen haben. Mit anderen Worten: Eine Herzensverbindung mit allen anderen Wesen zu haben ist ein grundlegender Aspekt dessen, was es heißt, ein Lebewesen zu sein. Wenn wir diese Verbindung instinktiv zu manchen Personen stärker spüren als zu anderen, dann liegt das einfach daran, dass wir sie bei einigen deutlicher wahrnehmen. Man könnte sagen, dass auf mysteriöse Weise alle Wesen im Herzen miteinander verbunden sind, was bedeutet, dass wir mit allen Wesen Herzensverbindungen haben.

Manchmal wird die buddhistische Lehre vom Nichtanhaften fälschlicherweise so verstanden, dass wir versuchen sollten, unsere Herzensverbindungen zu unseren Freunden und Familienmitgliedern aufzugeben. Irrtümlicherweise kann sie so interpretiert werden, dass alle Formen dieser Liebe eine Art des Begehrens und Anhaftens seien, die wir aufgeben müssen. Es wird jedoch gelehrt, dass unsere Verbindungen zu denen, die wir lieben, von Leben zu Leben weiter bestehen bleiben, so dass es wichtig ist, diese Verbindungen zu achten und zu respektieren und sie mit kraftvollen Praṇidhānas und Entschlüssen zu stärken, so dass wir uns immer wieder in günstigen Umständen begegnen können. Vor allem, wenn wir dem Pfad des Erwachens folgen, tragen Praṇidhānas dazu bei, dass wir uns in zukünftigen Leben immer wieder treffen und einander unterstützen können.

Bis wir erwacht sind, ist es ganz natürlich, dass unsere Liebe mit Verlangen und Anhaftung vermischt ist, und Begehren und Anhaften rufen die Leiden hervor, wenn der Tod eintritt – nicht die Herzensverbindung. Wenn der Tod kommt, sehen wir nur zu klar den Unterschied zwischen unserem Anhaften an äußeren trügerischen Formen und der Freude, die aus dem Erkennen unserer echten Herzensverbindungen strömt. Es ist unsere Herzensverbindung, die uns Trost und Inspiration schenkt. Ich denke, es ist recht verbreitet, dass die Menschen nach dem ersten Schock über den schmerzlichen Verlust viel Kraft aus der Zeitlosigkeit dieser tieferen Verbundenheit ziehen.

Menschen, die im Sterben liegen, spüren häufig intuitiv die Bedeutung dieser Verbindungen und wollen mit anderen Frieden schließen. Diese Haltung, Gutes im anderen zu sehen und gestörte Verbindungen zu heilen, stärkt unser Gefühl für ihre Bedeutung und hilft uns, mit Zuversicht und einem friedvollen Herzen zu sterben. Aus buddhistischer Sicht können wir unseren

Verbindungen mit anderen nicht entkommen. Selbst Verbindungen, die mit Leiden für uns verbunden waren, setzen sich nach dem Tode fort, so dass es wichtig ist, einen starken Entschluss (Praṇidhāna) zu fassen, diese schwierigen Beziehungen in zukünftigen Leben zu verbessern.

Durch diejenigen, die uns sehr nahe stehen, können wir am besten die Natur unserer Verbindungen mit anderen Wesen entdecken. Auf der Grundlage dieser Herzensverbindungen können wir nach und nach erkennen, dass wir letztendlich die gleiche Verbindung mit allen Wesen haben. Darin liegt die wichtige und letztendliche Bedeutung der tiefen Herzensverbindung, die wir zu bestimmten Personen spüren. Wenn der Tod uns trennt, müssen wir loslassen, aber das heißt nicht, dass die tiefe Verbindung bedeutungslos ist – im Gegenteil: Es bedeutet, dass wir diese Herzensverbindung nutzen sollten, um unsere Verbindungen mit allen Wesen zu vertiefen.

Wenn wir uns sehr für unsere Herzensverbindungen öffnen und uns auf sie verlassen, dann bietet uns dies einen gewissen Schutz im Tod. Es vermittelt uns das Gefühl, dass wir in einer anderen Wirklichkeit verankert sind als in der, die der Sterbeprozess auslöscht.

Erwähnenswert ist hier, dass diese Verbindungen viel grundlegender für unser Sein sind als jene Aspekte, die an die Bedingungen dieses Lebens geknüpft sind, und über eine eigene Kraft verfügen. Das heißt, wenn wir unsere Herzen öffnen und diesen Verbindungen vertrauen, dann ruhen wir in einer Wirklichkeit, die die Kraft hat, uns selbst über den Tod hinaus zu unterstützen. Vielleicht sind es diese grundlegenden Qualitäten unserer Herzensverbindungen, die intuitiv wahrgenommen werden, wenn sich jemand einer anderen Person zuwendet und sagt: »Ich werde dich immer lieben.«

Die hier dargestellte buddhistische Sicht können wir nicht gleich zu Beginn selbst erkennen. Nirgendwo im Buddhismus wird verlangt, dass Sie diese Aussagen glauben, aber vielleicht können sie Ihnen als eine Art Inspiration dienen. Es handelt sich hier um

Dinge, die wir erst wirklich verstehen können, wenn wir vollkommen erwacht sind. Aber vielleicht können wir in all dem einen gewissen Sinn sehen und fühlen, dass es auf das, was wir am meisten wertschätzen und im Leben vertrauen, zutrifft.

Nicht in Panik geraten

Nach allem, was gesagt wurde – über die Bedeutung unserer Haltung, wenn wir sterben, und über die Notwendigkeit, unserem Herzen zu vertrauen, uns auf unsere Herzensverbindungen zu verlassen und loszulassen –, ist vielleicht alles, woran wir uns erinnern können, wenn der eigentliche Moment gekommen ist, dieser einfache Satz: »Keine Panik!« Das ist der entscheidende Punkt. Sie können alles andere vergessen, dies aber nicht.

Je mehr wir mit einer Grundhaltung der entspannten Zuversicht sterben können, desto geringer ist die Wahrscheinlichkeit, dass wir in Panik geraten und vom Weg abkommen. Es wird uns möglich sein, dem Pfad zum Erwachen von Leben zu Leben weiter zu folgen, solange er dauert. Wir werden immer wieder Gefährten im Dharma und Lehrer treffen und Hilfe auf dem Pfad des Erwachens erfahren.

Wie können wir uns dessen sicher sein? Ich denke, es gibt immer Raum für Zweifel. Aber wenn es darauf ankommt, können wir entweder vertrauen oder in Panik verfallen, nicht wahr? Nun gut, dann lassen Sie uns nicht in Panik verfallen. Lassen Sie uns vertrauen!

Aber worauf können wir vertrauen? Wir können lernen, unserem Herzen zu vertrauen, unserer wahren Natur, unserer eigenen inneren Weisheit, Liebe und unserem Mitgefühl, unseren Herzensverbindungen. Das ist möglich. Aber ist das genug, um auf dem Pfad des Erwachens zu bleiben? Aus buddhistischer Sicht, ja. Wenn wir all dem vollkommen vertrauen und nicht in Panik verfallen, ist es genug. Es genügt, weil es unsere wahre Natur ist und daher vertrauenswürdig. Es ist genug, weil wir uns mit der Ausrichtung auf unser Herz ganz natürlich für die Kraft (*adhiṣṭhāna*) der lebendigen Wirklichkeit des Erwachens öffnen, selbst wenn wir es nicht wissen. Das drückt sich in dem Schutz aus, den uns alle Erwachten Wesen gewähren, die für uns da sind, selbst wenn wir sie nicht erkennen oder an sie glauben. Wir können an sie glauben oder nicht, ganz wie wir wollen. Sie werden uns trotzdem helfen.

Daher brauchen wir uns nie mutlos zu fühlen, weder um unserer selbst noch um anderer willen, wenn wir uns unvorbereitet am Tor des Todes wiederfinden. Erinnern Sie sich einfach an die Leitgedanken: »Keine Panik«, »entspanne dich«, »einen Schritt nach dem anderen«, »zu spät, um sich Sorgen zu machen«, »klammere dich an nichts, lass los, jetzt ist es Zeit, alles loszulassen«, »vertraue der Güte deines eigenen Herzens«, »vertraue den Herzensverbindungen mit denen, die du liebst«, »suche den Pfad des Erwachens«. Es gibt so viele Arten, dies auszudrücken, wie es Menschen gibt. Wichtig ist, es auf eine Weise auszudrücken, die Vertrauen in Ihnen weckt und es ermöglicht, dass Sie sich entspannen können und nicht in Panik geraten, ganz gleich, was geschieht.

Interessant ist, dass wir uns, wenn wir uns fürchten und uns dann entscheiden, die Panik zu unterbinden, einen Moment lang desorientiert fühlen – und danach steigt eine Art grundlegende geistige Vernunft oder ein elementarer Halt auf. Unter all der Panik und Hysterie verborgen ist diese Vernunft bereits da und wartet auf ihre Zeit. Früher oder später hört unsere Panik auf, und diese Weisheit ist da. Diese unter allem anderen liegende Wirklichkeit einer ursprünglichen Vernunft ist die Wahrheit unseres Herzens und in uns allen gegenwärtig. Das ist das, worauf wir im Tod vertrauen können.

5
Die Beziehung zu unserem Geist in der Todeserfahrung

Ich habe darüber gesprochen, welche hilfreichen Haltungen entwickelt werden sollen, wenn wir auf den Tod zusteuern. Doch was sollen wir in der Praxis tun, wenn der Augenblick des Todes gekommen ist? Was heißt es dann, sich unserer Erfahrung zu öffnen und ihr zu vertrauen? Wie können wir sicherstellen, dass wir uns mit dem Herzen verbinden, und welche praktischen Schritte können wir unternehmen, um zu verhindern, dass wir in Panik geraten?

Die Antwort lautet, dass es einfach darum geht, jeden Moment so anzunehmen, wie er ist, ohne wie besessen daran zu denken, dass wir dieses oder jenes nicht erleben sollten oder dass die Dinge anders sein sollten, als sie sind. Anders gesagt, wir gehen entspannt mit den Dingen um. Was auch immer unsere momentane Erfahrung ist, es geht darum anzuerkennen: So ist es, und es ist gut so. Damit werde ich praktizieren. Wenn es also Schmerz ist, Angst, Anhaften, Ärger, Depression, Eifersucht, unkontrollierbare Gedanken, Sorgen, Reue, Überdruss, Dumpfheit, Einsamkeit, Trauer, Benommenheit oder Verwirrung, dann ist das die Erfahrung, der ich mich vom Herzen her öffnen werde. Alles, was ich tun muss, ist die durch das Denken verursachten Komplikationen loszulassen, so entspannt wie möglich zu sein und meiner Verbindung mit dem Pfad des Erwachens zu vertrauen. Wenn die Erfahrungen gut sind, wie Gefühle der Liebe, Zärtlichkeit, Freude, Friede, Ruhe, Mitgefühl und Vertrauen in den Dharma, in die Dharma-Lehrer, Dharma-Lehrerinnen und Weggefährten, auch dann geht es wieder darum, sie einfach als das, was sie sind, zu erfahren. Ich muss nur meinem Herzen vertrauen und mich entspannen, ohne Hoffnungen und Ängsten darüber nachzuhängen, wie ich erreichen kann, dass solche Zustände andauern.

Wenn sie sich verändern, öffne ich mich einfach der nächsten Erfahrung und vertraue darauf, dass deren Essenz die gleiche wahre Natur des Gewahrseins ist. Das Wesen des Gewahrseins ist immer gleich, ob wir es als solches erkennen oder nicht. Am Ende zählt nur, ob wir ein starkes Grundvertrauen haben.

Gedanken und Emotionen

In der Praxis geht es darum, den Punkt zu erkennen, an dem wir uns noch nicht in zu vielen Gedanken verlieren (zum Beispiel in sorgenvollen Gedanken darüber, was geschehen wird, die weit über ein sinnvolles Maß hinausgehen), auf der anderen Seite aber auch nicht versuchen, etwas zu unterdrücken.

Das Denken wird von Emotionen getrieben, und Emotionen sind mit dem Körper verbunden. Der Körper geht durch physische Veränderungen, die auch starke Angstreaktionen mit einschließen, die sich wiederum in körperlichen Reaktionen ausdrücken. Heutzutage verfügen wir über Medikamente, um diese Symptome zu beseitigen. Dennoch erfolgen nicht umkehrbare Veränderungen, und wir steuern auf das Unbekannte zu. Das allein ruft emotionale Veränderungen hervor, wie ein erhöhtes Gewahrsein und sogar Freude über das Wunder des Lebens. Die Emotionen können uns hypersensibel machen, so dass wir uns über jene, die uns nahestehen, ärgern, wenn wir meinen, von ihnen gekränkt und mit mangelnder Sensibilität behandelt zu werden. Oder wir fühlen uns schuldig wegen all der Mühsal, die wir ihnen aufgrund unserer Stimmungsschwankungen und Bedürfnisse bereiten. Welche Emotion es auch immer ist, sie peitscht die Gedanken an, und ein Teil von uns möchte das Denken und die Emotion möglichst unterdrücken, um inneren Frieden zu finden. Doch je mehr wir dies versuchen, desto stärker bricht das Denken über uns herein und führt dazu, dass wir angespannt und nicht in Kontakt mit unserer Erfahrung sind.

Daher müssen wir erkennen, dass der Versuch, die Situation

über das Maß des Möglichen hinaus zu kontrollieren, nur bedeutet, sich an eine Vorstellung zu klammern, und dass es letztendlich unnötiges Leiden für uns und diejenigen um uns herum schafft, wenn wir diese Vorstellung nicht loslassen. Es ist eine wunderbare Gelegenheit, den Dharma zu praktizieren, wenn wir würdevoll die Kontrolle abgeben, während unser Körper verfällt und wir mehr und mehr auf andere angewiesen sind.

Der ganze Pfad des Erwachens dreht sich um das Aufgeben von Stolz und um das Anhaften an und Loslassen von all unseren Vorstellungen darüber, was wir sind. Das intensive Leiden während des Sterbeprozesses kann uns helfen zu erkennen, wie sehr wir an unserer Ich-Vorstellung und unserem Bedürfnis nach Kontrolle festhalten. Es ist möglich, den Tod als unseren Lehrer zu betrachten, der uns zeigt, was wir erkennen und loslassen müssen. Statt uns also über uns selbst zu ärgern, weil wir zu viel denken, wütend werden, uns bedürftig und angespannt fühlen, hypersensibel sind oder was immer unsere Erfahrung ist, können wir den Versuch, uns zu kontrollieren oder zu rechtfertigen, aufgeben, können wir es sein lassen, uns oder anderen Schuld zuzuweisen, und stattdessen einfach auf eine gütige, sanfte und sogar dankbare Weise mit der Erfahrung, so wie sie gerade ist, sein. Das ist das Wesen der Meditation.

Einige Meditationsübungen

Denjenigen, die dem Pfad des Erwachens folgen wollen, die aber noch nie eine Meditationsanweisung erhalten haben, empfehle ich die folgende Übung. Ich empfehle sie selbst ziemlich erfahrenen Meditierenden, denen es schwerfällt zu meditieren, während sie sterben.

Öffnen Sie sich Ihrer Erfahrung, indem Sie Ihre Aufmerksamkeit immer wieder zum Rhythmus des Atems, vor allem zur Ausatmung oder zu den momentanen physischen Empfindungen des Körpers, zurückbringen. Das trägt dazu bei, die Aufmerksamkeit in den gegenwärtigen Moment zu lenken, und zwingt Sie dazu, das zerstreute Denken aufzugeben. Wenn Sie sich über etwas aufregen oder beunruhigt sind, kann es überraschend schwierig sein, Ihre Aufmerksamkeit selbst wenige Sekunden lang auf einer körperlichen Empfindung verweilen zu lassen. Daher ist es wichtig, bereits mit einem geringen Erfolg in der Übung zufrieden zu sein. Selbst wenn es uns nur kurze Augenblicke gelingt, kann unser fortgesetztes Bemühen, in die Gegenwart zurückzukehren, uns manchmal dabei helfen, das besessene Denken loszulassen, langsamer zu werden und eine kleine Lücke zu schaffen, in der eine angemessenere Antwort auf die Situation emporsteigen kann.

Sind Sie sehr unruhig, könnten Sie den Atem oder die Körperempfindungen für jeweils nur ein, zwei Minuten lang betrachten und sehen, wie Sie damit zurechtkommen. Wenn Sie diese Übung so oft wie möglich wiederholen, werden Sie vielleicht nach und nach bemerken, dass Sie eine Art Kraft haben, etwas an Ihrem Geist zu verändern. Vielleicht können Sie sie nur kurz fokussieren, aber wenn Sie beginnen, sich für den Atem oder eine Körperempfindung zu interessieren oder auch nur für die Tatsache, dass es wirklich schwierig ist, Ihre Aufmerksamkeit auf diese Weise zu bündeln, sagt Ihnen das etwas über Ihren Geist. Vielleicht bemerken Sie, dass Sie eine viel größere Entscheidungsfreiheit in Bezug darauf haben, wie Sie zu Ihrer Erfahrung stehen, als Sie dachten. Das ist etwas anderes, als zu versuchen, an Dingen festzuhalten und Situationen zu kontrollieren, die nicht kontrolliert werden können. Mit anderen Worten: Sie entdecken vielleicht die Möglichkeit, wie Sie selbst inmitten der Schmerzen und des Leidens eine Art inneren Frieden und Freiheit finden können.

Obwohl die Meditationspraxis ein weites Thema ist und nicht in wenigen Zeilen abgehandelt werden kann, können Sie doch, selbst wenn Sie noch nie zuvor versucht haben zu meditieren, mit Ihrer grundlegenden Vernunft einen Moment lang in Kontakt kommen, wenn Sie nur wenige Minuten lang still versuchen, Ihre Aufmerksamkeit auf den Atem oder andere Körperempfindungen zu lenken. Dies kann einen sehr starken Effekt haben – sogar ein völliger Stimmungswechsel mag einsetzen. Doch selbst, wenn dem nicht so ist, tun Sie doch etwas, das Sie stärker mit dem Pfad des Erwachens verbindet.

Selbst wenige Momente meditativen Gewahrseins können unter anderem bewirken, dass man sich weniger von all den Gedanken getrieben fühlt, die sich im eigenen Kopf abspielen. Ich sage »im eigenen Kopf«, weil wir meist glauben, dass dies der Ort ist, wo sie sich befinden – als ob wir in einer kleinen Höhle hinter unseren Augen leben würden, die voller unbändiger Gedanken und Gefühle ist. Wir können die Existenz einer solchen Vorstellung bemerken und die Tatsache, dass es tatsächlich nur eine Vorstellung ist. Es ist, als würden wir uns für eine kleine Person halten, die in unseren Köpfen lebt. Aber das kann wohl kaum wahr sein, oder?

Unsere Gedanken dehnen sich in den Raum hinein aus. Unser Gewahrsein kann Gedanken beinhalten, die bis zum Horizont und darüber hinaus reichen. Der Raum ist viel zu groß, als dass er in unseren Köpfen sein könnte. Wenn wir die Vorstellung fallen lassen können, dass wir uns in unserem Kopf befinden, und sei es nur für einen Augenblick, dann könnten wir versuchen, unser Gewahrsein immer weiter auszudehnen, bis wir das Gefühl eines weiten Raumes haben, in dem unsere Erfahrung stattfindet. Wenn wir das tun, spüren wir vielleicht eine Art Widerstand – eine Art mentaler oder physischer Anspannung. Es ist gut, wenn wir das bemerken und ein wenig loslassen können. Bemerkenswerterweise hat der bloße Gedanke, dies auf eine entspannte Weise zu tun, eine Wirkung. Intuitiv spüren wir, dass wir uns in den Raum hinein öffnen und entspannen können, und selbst wenn wir es nur für den Bruchteil einer Sekunde schaffen, fühlt es sich gut an. Das Spiel mit diesem Gefühl von Raumhaftigkeit, die der Natur unseres Seins innewohnt, macht es möglich, dass wir uns dem Pfad des Erwachens öffnen und anvertrauen.

In einer anderen Meditationsübung besteht die Aufgabe darin, unser Gewahrsein in unser Herz zu bringen. Das können wir zum Beispiel tun, indem wir einfach bemerken, dass das Gewahrsein bei dem Gedanken »Herz« eine Bewegung macht und in unser Herz sinkt. Ist das geschehen, versuchen wir uns von dort aus in ein Gefühl von Raum hinein zu öffnen.

Hat sich das Gewahrsein einmal vom Herzen aus in den Raum hinein geöffnet, entstehen die Gedanken in diesem großherzigen Raum des Gewahrseins als subtile Bewegungen. Es ist möglich, sie einfach in diesem Raum zu belassen, ohne zu versuchen, sie zu stoppen, und ohne sich in ihnen zu verlieren. Gleiches gilt für Gefühle und Empfindungen.

Gefühle und Empfindungen

Selbst wenn Sie sehr große Schmerzen haben, können Sie den Schmerz da sein lassen, wenn Sie sich in Ihr Herz und den Raum des Gewahrseins hinein entspannen. Wenn wir von Schmerzen erfüllt sind, denken wir darüber nach, wie schrecklich das ist und wie wir sie beenden können; wie wir verhindern können, dass sie schlimmer werden; was zu tun ist, wenn sie sich dennoch verschlimmern, und so weiter. Das ist der Moment, in dem es wirklich hilfreich ist zu sehen, dass es Gedanken sind; sich zu entspannen und die Gedanken kommen und gehen lassen zu können. Selbst »ich hasse das« oder »ich kann das nicht mehr ertragen« sind Gedanken, die Sie einfach sein lassen können.

Entstehen intensive Gefühle, dann lassen Sie jeden damit verbundenen Gedanken kommen und gehen und achten einfach auf das Gefühl. Wenn Sie dies tun, gelangen Sie vielleicht zu der Frage, welches Gefühl es genau ist, das Ihre Aufmerksamkeit in diesen unmittelbaren Augenblick lenkt, oder wo genau es sich befindet. Vielleicht bemerken Sie, dass sich dadurch die Erfahrung entscheidend verändert.

Auf diese Weise können Sie sich Ihrer Erfahrung zuwenden: Lassen Sie sie da sein, lassen Sie sie los, oder lassen Sie sie kommen und gehen. Dadurch werden Sie erkennen, dass Ihre Erfahrung nicht nur aus den rasenden Gedanken und Gefühlen, die sie antreiben, besteht. Was Sie sind, ist mehr als all das, größer als all das. Sie sind Ihr Gewahrsein, und das Gewahrsein ist grenzenlos und die Quelle einer Art von Weisheit, aus der jeden Augenblick neue Antworten einfach emporquellen können. Wir alle können dies in uns entdecken und lernen, darauf zu vertrauen, so dass wir selbst in letzter Minute eine Art Vertrauen in unsere Verbindung mit dem Pfad des Erwachens finden können.

Solche Meditationsübungen helfen uns, die geistigen Zustände zu entwickeln, die wir zum Zeitpunkt des Todes brauchen, wie Offenheit, Großzügigkeit, Gleichmut, Furchtlosigkeit, Vertrauen und so weiter.

Durch die einfache Tatsache, dass wir bereit sind, in regelmäßigen Abständen für ein, zwei Augenblicke, eine, zwei, fünf, zehn Minuten mit unserem Atem oder unseren Empfindungen zu sein, öffnen wir uns weit genug, dass im Denkprozess eine Lücke entstehen kann.

Das mag so klingen, als hielte ich das für einfach. Vielleicht ist es für Sie ja tatsächlich einfach. Meistens ist es jedoch schwierig – nicht deswegen, weil es an sich schwierig ist, sondern vielmehr deswegen, weil uns die Überzeugung fehlt, weshalb wir leicht aufgeben. Negative Gedanken können uns leicht davon überzeugen, dass es sinnlos ist, so zu praktizieren. Wir sind sehr von unseren Gedanken beeinflusst. Aus diesem Grund werden wir im Buddhismus aufgefordert, unsere Gedanken zeitlebens bewusst wahrzunehmen und uns nicht von ihnen leiten zu lassen. Dadurch wird diese einfache Übung immer leichter. Wenn wir nicht länger von unseren Gedanken getrieben werden, können wir unsere Zweifel und unser Zögern fallen lassen und unserer Verbindung mit dem Pfad des Erwachens vertrauen, wenn wir sterben. Wir haben die Freiheit zu wählen, was wir denken wollen, und können daher die Übung wählen, die für uns am besten ist, während wir sterben.

Unsere blitzartigen Einsichten wertschätzen

Unsere wahre Natur ist einfach das, was wir wirklich sind. Daher sind wir nie weit von ihr entfernt, und die meisten von uns haben schon Augenblicke erlebt, in denen eine Ahnung von ihr in ihnen aufstieg, wie undeutlich sie auch immer gewesen sein mag. Wir sind zum Beispiel alle mit der Metapher Traum vertraut, die wir verwenden, wenn etwas, das sich in unserem Leben ereignet, uns nicht ganz »real« erscheint. Wir sagen so etwas wie: »Alles ging vorüber wie im Traum«, oder: »Ich fühlte mich wie in einem Traum.«

Ich glaube, wir meinen mit solchen Aussagen, dass wir ein seltsames Gefühl der Unwirklichkeit empfinden, das wir nicht näher erklären können. Wahrscheinlich hatten wir eine blitzartige Einsicht, die Anlass zu dieser Bemerkung gab. Eine solche Einsicht ist aber nicht stark genug, eine Wirkung zu zeigen, wenn wir sie nicht verstehen und wertschätzen. Auch wenn wir in die Vergangenheit zurückschauen und uns an diejenigen, die gestorben sind, oder an lang vergangene Zeiten und Orte erinnern, können wir manchmal einen seltsamen und sehr ergreifenden Moment erfahren, in dem alles Gewesene wie ein Traum erscheint. Hierbei würde es sich um eine stärkere, kurz aufblitzende Einsicht handeln.

Solche Erfahrungen können öfter und mit größerer Wirkung entstehen, wenn wir sie schätzen und kultivieren, indem wir über sie reflektieren, ihre Bedeutung in uns sinken und unser Wesen davon durchdringen lassen. Sie können kultiviert werden, indem wir den Entschluss fassen, sie und ihre Bedeutung immer klarer zu erkennen. Wie Natsok Rangdröl sagt:

> »Vor allem die Absicht, die den Kernpunkt aller Traum- und Bardo-Übungen darstellt, ist von größter Bedeutung. Das heißt, man sollte fortwährend achtsam und entschlossen sein und denken: ›Was ich jetzt tue, ist wie ein Traum und eine Illusion! … Alle meine Erfahrungen sind Erfahrungen des Bardo! Ich werde die spezifischen Schlüssel-

> punkte der Praxis anwenden!‹ Mit einer solchen Entschlossenheit wird man unweigerlich geschickt im Bardo sein.
> Doch die meisten gewöhnlichen Praktizierenden sind fest verankert in ihrem Denken: ›Diese gegenwärtigen Erfahrungen sind vollkommen real! Sie sind tatsächlich! Ich bin nicht tot!‹«[8]

Wir sollten uns nicht entmutigen lassen und denken, dass unsere Momente der Einsicht zu kurz und zu flüchtig sind, um von Nutzen zu sein, oder dass wir unfähig sind, in diesem Zustand des Gewahrseins zu bleiben oder darin zu verweilen. Solche flüchtigen Offenbarungen stehen außerhalb von Zeit, so dass sie nur durch unsere Gedanken kurz erscheinen. Und nur durch unsere Gedanken erscheint die Zeit zwischen ihnen lang.

Zur Ermutigung ist erwähnenswert, dass Urgyen Tulku wiederholt in seinem Buch *As It Is* sagt, dass ein Praktizierender das Gewahrsein des Klaren Lichts (unsere wahre Natur) nur wenige Sekunden während des Todes aufrechterhalten muss, und das sei ausreichend, um Befreiung zu erlangen. Obwohl unsere flüchtigen Offenbarungen nicht mit denen fortgeschrittener Praktizierender, die im Tod die Freiheit durch Auflösung in das Klare Licht erlangen, vergleichbar sein mögen, so haben sie doch einen Einfluss und eine tiefgreifende Wirkung auf unsere Weltanschauung und unsere Verbindung mit dem Pfad des Erwachens.

Unser Todes-Dharma wählen

Obgleich wir nie unseren Tod vergessen sollen, während wir den Dharma praktizieren, müssen wir doch in unserem Leben an viele Dinge denken und praktizieren vielleicht Methoden in unterschiedlicher Art und Weise, je nach Situation. Daher ist es gut, von Zeit zu Zeit darüber zu reflektieren, womit wir uns am sichersten fühlen, wenn der Moment des Todes auf uns zukommt. Obwohl es weise ist, so zu planen, als würden wir noch Jahre leben, tun wir das aber in dem Wissen, dass der Tod jederzeit eintreten kann. Daher ist es wichtig, jetzt darüber nachzudenken, worauf wir am meisten vertrauen, und zu prüfen, ob wir fähig sind, dies zu praktizieren, wenn der Tod naht.

In der tibetischen Tradition wird dies der persönliche Todes-Dharma genannt. Woran denken Sie zum Beispiel bei dem Gedanken, Sie würden sehen, wie ein Auto geradewegs auf Sie zurast, und glauben, im nächsten Moment zu sterben? Versuchen Sie sich auf diesen Augenblick vorzubereiten, so dass Ihr erster Gedanke bei der Begegnung mit der Gefahr etwas sein wird, dass Sie mit dem Pfad des Erwachens verbindet. Sie können zum Beispiel ausrufen: »Buddha!«, oder an ein Mantra denken. Sie können sich darin üben, ein kurzes Gebet zu sprechen, wie etwa: »Buddha, ich vertraue dir«, oder: »Ich nehme Zuflucht zu Buddha, Dharma und Sangha.« Oder einfach: »Möge ich nie das Erwachte Herz vergessen«, »möge ich immer fähig sein, allen Wesen zu helfen«, oder »möge ich erkennen, dass all das traumgleichen Charakter hat.«

Was immer es ist, prüfen Sie, ob Sie eine Kurzversion von etwas haben, mit dem Sie sich sehr stark verbinden können, wenn Sie krank oder in Gefahr sind.

6
Unserer Verbindung mit dem Pfad vertrauen

Während die bisherigen Ausführungen sich vor allem auf die Einstellung und das Verhalten beziehen, die im Tod hilfreich sind, sind dieses und die folgenden Kapitel für diejenigen gedacht, die sich entschlossen haben, dem Pfad zu folgen, und genauere Anleitungen suchen, wie sie im Tod praktizieren können. In aller Kürze lautet mein Rat, das zu praktizieren, worin wir uns am sichersten fühlen, wenn unsere Zeit gekommen ist. Achten Sie von jetzt an darauf, dass Sie Ihre Praxis jeden Tag so ausüben, als würden Sie sich darauf vorbereiten, im Augenblick des Todes zu praktizieren. Dann, wenn der Moment zu sterben gekommen ist, können Sie sich voller Vertrauen mit der Praxis verbinden, indem Sie sie ausüben, wie Sie es gewohnt sind.

Heutzutage können wir aus einer ganzen Reihe buddhistischer Praktiken verschiedener buddhistischer Traditionen wählen, weil die Bücher über sie so frei zugänglich sind. Eine solch verwirrend große Anzahl an Möglichkeiten hat es nie zuvor gegeben. Dies wirft Probleme auf, die so in der Vergangenheit nicht auftraten. Traditionell würden Buddhisten wahrscheinlich einem bestimmten Zweig einer Tradition folgen, und nur einem Lehrer. Selbst dann mag ihnen die Bandbreite von Lehren und Praxismethoden zu vielfältig erscheinen, und es kann sein, dass sie den Lehrer darum bitten, ihnen nur eine Unterweisung zu geben, die sie das ganze Leben und im Tod begleitet.

Was sollen wir tun, wenn wir nicht diese eine Tradition, diesen einen Lehrer, diese eine Unterweisung haben? Ich sehe keinen anderen Ausweg, als dass wir unsere eigene Wahl treffen und dann an ihr mit Überzeugung festhalten müssen. Das sage ich, weil wir sonst am Ende das eine tun und währenddessen ständig denken, wir sollten etwas anderes tun – ein Problem, das viele von uns ohnehin haben. Daher müssen wir uns darin üben, unseren Überzeugungen und Verbindungen zu vertrauen. Das bedeutet nicht, dass wir eine Reihe von Glaubenssätzen und Ideen glauben. Es bedeutet, dass wir unserer Ehrlichkeit, inneren Stärke und unserem Gespür dafür, was für uns sinnvoll ist, vertrauen.

Außerdem sind Ihnen vielleicht schon verschiedene ausgefeilte Praktiken bekannt, die insbesondere in der tibetisch-buddhistischen Tradition speziell für die Zeit des Todes empfohlen werden, und Sie mögen sich fragen, ob Sie sie anwenden sollen. Ich weise immer wieder darauf hin, dass die Wirkkraft solch komplizierter Übungen davon abhängt, ob sie mit vollem Vertrauen und vollständiger Überzeugung ausgeführt werden. Es ist unwahrscheinlich, dass es viel nützt, plötzlich eine spezielle, aber unbekannte Praxis auszuüben, wenn die Zeit des Todes gekommen ist. Wenn Sie eine Praxis haben, die Sie mit Vertrauen und voller Überzeugung ausüben können, ist es besser, dabei zu bleiben.

Unsere Aufgabe in diesem Leben besteht darin, den Pfad zu praktizieren und uns von ihm zu überzeugen. Dann können wir uns auf diese Überzeugung und unsere Verbindung mit dem Pfad zur Zeit des Sterbens verlassen. Wir können allein auf die Verbindung vertrauen und brauchen keine weiteren ausgeklügelten Praktiken speziell für den Tod. Diesen Rat gaben mir meine eigenen Lehrer, und auch Natsok Rangdröl betont dies immer wieder. Er rät: »Konzentriere dich darauf, das zu üben, zu dem du dich hingezogen fühlst oder womit du vertraut bist.«

Ich betone, dass das Vertrauen in unsere Verbindung mit dem Pfad ausreicht, weil dem Tod häufig eine Periode des Schmerzes, Leidens und der Unsicherheit vorangeht, während der es manchmal sehr schwierig ist, zu meditieren oder ruhig und klar zu bleiben. Denken Sie daran, wie es ist, wenn Sie krank sind – vielleicht nur eine Erkältung haben –, und merken, wie schwierig es ist, einen klaren Geist zu bewahren und zu meditieren.

Oft sage ich über mich: »Als Praktizierende habe ich meine guten und meine schlechten Tage.« Mich stört das nicht, weil ich meiner Verbindung mit dem Pfad vertraue und daran glaube, dass es mir, was immer auch geschieht, möglich sein wird, die Praxis zu einem späteren Zeitpunkt wiederaufzunehmen.

Doch es gibt Wege, wie wir selbst eine schwierige Situation in den Pfad des Erwachens verwandeln können. Beobachten Sie, was Ihnen in so einer Situation hilft, auf dem Pfad zu bleiben, und fassen Sie den Entschluss, auf diese Weise zu praktizieren, wenn die Zeit des Todes gekommen ist. Die meisten von uns geben einfach auf, wenn sie eine Erkältung haben, und kriechen unter die Decke mit der Absicht, die Praxis wiederaufzunehmen, wenn es ihnen besser geht. Am Ende verlassen wir uns auf unser Versprechen, von Neuem zu beginnen, sobald unser Kopf klar ist. Somit besteht zu dieser Zeit unsere Praxis tatsächlich darin, uns und unserer Verbindung mit dem Pfad zu vertrauen. Genau das müssen wir denken und fühlen, wenn wir sterben.

Unserer Verbindung mit dem Pfad zu vertrauen heißt, sich selbst und dem Pfad in dieser Weise zu vertrauen. Das genügt. Untergraben sie dieses Vertrauen nicht, indem Sie sich sorgen und denken, Sie täten nicht genug. Anstatt in Sorgen zu verfallen, bekräftigen Sie weiterhin Ihre Absicht, mit der Meditation wieder zu beginnen, sobald Sie es können, und beschäftigen Sie sich mit positiven Gedanken. So bleiben Sie mit dem Pfad in Verbindung. Wenn Sie sich dem Tod nähern, ist es wichtig, keine unrealistischen Erwartungen zu hegen. Stattdessen müssen wir jetzt Energie in unsere Praxis stecken, so dass wir eine starke Verbindung mit dem Pfad knüpfen, die uns begleiten wird, wenn wir durch das Tor des Todes treten.

Der Grund dafür liegt darin, dass der Pfad des Erwachens eine eigene Kraft – eine Kraft aus sich selbst heraus – hat, durch die er uns hilft. Daher ist unsere Verbindung mit ihm etwas, worauf wir uns verlassen können, was immer auch in unserem Geist geschieht.

Ein Mittel gegen egoistisches Denken

Früher dachte ich, als Buddhistin müsse ich auf jegliche Vorstellung von einer höheren Kraft, die mir von ihrer Seite her helfen könnte, vollkommen verzichten. Lange Zeit war ich die Ansicht, die Kraft des Dharma würde in meinem eigenen Denken liegen. Wenn das wahr wäre, dann entstünde die Frage, ob Erwachen nichts weiter als ein geistiges Produkt ist. Als solches würde der Pfad des Erwachens allein aus Gedanken bestehen, so dass wir uns im Zwischenzustand nach dem Tod nur auf die Kraft unserer eigenen Gedanken verlassen könnten. Es ist sehr schwer zu sehen, wie uns das von unserem egoistischen Denken und unserer Angst, die Kontrolle zu verlieren, befreien könnte, wenn der Tod kommt.

Ich habe einmal eine Person getroffen, die viele Menschen hatte sterben sehen. Sie sagte mir, dass es oft Priester und Buddhisten seien, die am meisten unter dem Gefühl litten, spirituelle Versager zu sein, da sie nicht wirklich fähig seien, auf irgendetwas zu vertrauen und dieses Leben friedvoll loszulassen.

Ich nehme an, sie haben sich einzig und allein auf ihre Fähigkeit verlassen, Ihren Geist zu kontrollieren, ohne darauf zu vertrauen, dass die Wirklichkeit selbst eine Kraft ist, die helfen kann. Sie hätten ihrer Verbindung mit der wahren Natur der Wirklichkeit vertrauen und sich dann entspannen müssen. Andere Menschen, die sich in der Gegenwart eines Sterbenden befanden, berichten hingegen, dass diese sich veränderten; sie gaben ihre egoistischen Sorgen auf und schienen sich mit etwas anderem als ihrem gewöhnlichen Ich zu verbinden und dem auf eine Weise zu vertrauen, wie sie es nie zuvor vermocht hatten.

Vielleicht fragen Sie sich nun, wozu Sie sich dann überhaupt die Mühe machen sollen, mit so viel Anstrengung nach dem Erwachen zu streben, wenn allein in der Verbindung mit dem Pfad eine so große Kraft liegt. Woher nehmen große Praktizierende die Motivation, um in ihre Praxis ausreichend Energie zu investieren?

Es gibt zwei Hauptquellen der Inspiration. Die eine ist die Klarheit zu erkennen, dass es nichts anderes gibt, nach dem es sich zu streben lohnt, und dass der Schmerz, nicht zu erwachen, zu qualvoll ist, um ihn länger als nötig zu ertragen. Die andere ist das tiefe Mitgefühl für andere, das mit dieser Klarheit verbunden ist. Mit anderen Worten: Man erkennt, dass man nicht weiter hilflos dem Leiden anderer zuschauen kann.

Um die eigenen Möglichkeiten, anderen zu helfen, voll entfalten zu können, muss man so bald wie möglich erwachen. Daher sind tiefe Weisheit und Mitgefühl die echten Beweggründe, um nach der Verwirklichung des Erwachens in diesem Leben oder im Tod zu streben. Haben wir eine solche Weisheit und ein solches Mitgefühl, dann können wir dem vertrauen und brauchen nicht in Angst zu verfallen und unseren Geist mit Zweifeln und Sorgen zu quälen, wenn der Tod kommt. Stattdessen müssen wir uns nur entspannen und unserer Verbindung mit dem Pfad des Erwachens vertrauen.

Beim Lehren des Buddhismus ist es immer schwierig, diese Botschaft, nämlich das Vertrauen in die Kraft der Verbindung mit dem Pfad zu legen, in Balance zu bringen mit der Notwendigkeit, die Menschen aus ihrer Selbstgefälligkeit zu reißen, damit sie sich auf dem Pfad des Erwachens bemühen. Tibetische Lehrer verbringen beispielsweise viel Zeit mit der Beschreibung all der Schrecken des Saṃsāra und der Gefahren, die jenseits des Todes lauern, um die Menschen einzuschüchtern, so dass sie sich in ihrer Praxis anstrengen. Bei denjenigen, die sehr an die Kraft des Dharma und ihrer Verbindung damit glauben, wie es ihre Schüler und Schülerinnen tun, ist es wichtig, solche Dinge zu betonen, damit sie in ihrer Praxis nicht müßig werden.

Als Dharma-Lehrerin im Westen finde ich mich in einer vollkommen anderen Situation wieder. Meine Schüler und Schülerinnen sind sich nicht sicher, ob sie an ein zukünftiges Leben glauben sollen oder ob es ihnen möglich sein wird, dem Pfad des Erwachens nach dem Tod zu folgen. Aber sie müssen trotzdem dem Tod begegnen und all den Fragen, die er aufwirft. Sie können durch die Praxis der Meditation ein inneres Vertrauen entwickeln, und ihre Überzeugung wächst Jahr um Jahr, aber der Tod kann jederzeit eintreten. Was können sie jetzt, bei ihrem gegenwärtigen Entwicklungsstand, tun? Darum geht es in diesem Kapitel.

Die Menschen im Westen fühlen sich häufig vom Buddhismus angezogen, weil er großes Gewicht auf die direkte Erfahrung und Meditation legt. Es werden Methoden angeboten, mit Hilfe derer sie selbst die Wahrheit herausfinden können, statt ein ganzes Glaubenssystem zu übernehmen. Das kann zu der Ansicht führen, dass wir nur, wenn wir meditieren, über einen ruhigen und klaren Geist verfügen, nur dann den Dharma praktizieren können. Da diese Annahme Panik hervorrufen kann, wenn unser Geist im Tod verstört ist, ist es wichtig, die Dharma-Praxis umfassender zu verstehen. Neben der Meditation könnte sie selbstverständlich eine ganze Reihe von Übungen einschließen, die jene Haltungen und Verhaltensweisen fördern, die in den vorherigen Kapiteln erwähnt worden sind, sowie eine Reihe anderer umfangreicher Praktiken, wie sie in der buddhistischen Tradition gefunden werden können. Aber es könnte genauso gut bedeuten, einfach ein grundlegendes Vertrauen in unsere Verbindung mit dem Pfad zu haben. Selbst wenn es uns nicht möglich ist, etwas Bestimmtes zu praktizieren, wenn wir sterben, so können wir uns trotzdem noch dem Erwachen nähern, weil wir mit dem Pfad des Erwachens verbunden sind und dieser über eine eigene Kraft verfügt.

Die Kraft unserer Verbindung mit dem Pfad

Wenn wir unserer Verbindung mit dem Pfad zum Erwachen vertrauen, in was legen wir unser Vertrauen? Auf der einen Seite könnten wir damit einfach das Vertrauen in uns selbst und in unsere wahre Natur meinen. Auf der anderen Seite könnten wir darunter die Kraft des Pfades und unsere Verbindung mit ihm in dem Sinne, dass beide eine eigene Kraft besitzen, verstehen.

Vielleicht können Sie es sich wie bei einem Magneten vorstellen. Diese Kraft wird auf Sanskrit *adhiṣṭhāna* genannt und häufig nicht ganz adäquat mit »Segen« übersetzt.

Als Menschen des Westens denken wir oft, dass das Vertrauen in unsere Verbindung mit dem Pfad so etwas wie ein psychologischer Trick ist, als ob alle Kraft aus unserem eigenen Denken käme. Letzten Endes ist das nicht sehr beruhigend. Aus buddhistischer Sicht liegen wir richtig, wenn wir meinen, dass mehr »dahinterstecken« muss. Wenn wir schließlich intuitiv erkennen, dass es eine Wirklichkeit jenseits all unserer Konzepte gibt – selbst jenseits so grundlegender Konzepte wie Zeit, Raum, ich, andere, Existenz und Nichtexistenz, dann muss diese Wirklichkeit über eine eigene Kraft verfügen. Worin also besteht die Kraft unserer Verbindung mit ihr?

Als ich über die Herzensverbindungen sprach, habe ich darauf hingewiesen, dass diese Verbindungen nicht in Raum oder Zeit existieren und doch sinnvoller und wichtiger sind als alles andere, was wir kennen. Ich habe auch angedeutet, dass die Verbindung zwischen einer karmischen Tat und seinem Ergebnis außerhalb von Raum und Zeit existiert, weil es sonst keine Verbindung von einem Leben zum nächsten geben könnte. Ebenso besteht die Verbindung mit dem Pfad des Erwachens, der wir im Moment des Todes vertrauen können, außerhalb von Raum und Zeit. Sie ist zeitlos und unzerstörbar.

Von einer intellektuellen Analyse her könnte man argumentieren, dass diese Verbindungen genauso wenig wie Karma und die Herzensverbindungen von Leben zu Leben weitergehen können. Nichtsdestotrotz spüren wir vielleicht intuitiv, dass es etwas in dieser Art bedeutet. Es ist tatsächlich möglich, dieser Intuition zu vertrauen. Sie unterscheidet sich nicht sehr vom Vertrauen in unsere Intuition, dass Menschen nicht einfach nur die Produkte unserer Einbildung sind. Ich bin mir nicht sicher, ob ich es intellektuell beweisen könnte, aber indirekt vertraue ich darauf durch die Art und Weise, wie ich mit meiner Erfahrung in Beziehung stehe. Ich würde als verrückt angesehen werden, wenn ich es nicht täte!

Haben wir einmal akzeptiert, dass unsere grundlegende Natur nicht greifbare Offenheit, Klarheit und Feinfühligkeit ist, dann ist der Sprung zu dem Gedanken nicht so groß, dass wir eine Verbindung mit dieser Natur herstellen können und dass ihr möglicherweise eine eigene Kraft innewohnt, die uns zum Erwachen zieht. Selbst wenn wir vor unserem Tod nicht fähig sind, die wahre Natur unseres Seins zu erkennen, können wir wenigstens unserer Verbindung mit dem Pfad, der zu ihrem Erkennen führt, vertrauen.

Ich benutze hier das Wort »Pfad« in einer bestimmten Art und Weise. Wenn wir von der Wahrheit, die der Buddha lehrte (Dharma), als einem Pfad sprechen, dann meinen wir damit die Lehren, die auf diese Wahrheit hinweisen, die Übungen, durch die wir uns für diese Wahrheit öffnen, und die Kraft, die der Dharma in uns weckt, um uns zu dieser Wahrheit zu führen. Mit anderen Worten: Der Dharma selbst ist eine Kraft, die uns zu ihm hin zieht und auf die wir vertrauen können.

Gemäß dieser Denkweise setzt uns jede Aktivität, die uns mit der Wahrheit (dem Dharma) verbindet, auf eine sehr tiefgehende Weise ihrem Einfluss aus. Unserer Meinung nach mag der Umgang mit unserem Geist einfach eine psychologische Frage sein, aber vom Standpunkt der Realität – dem Dharma – her ist etwas geschehen, das sich zeitlos in die Struktur des Universums einprägt. Diese Aktivität in unserem Geist, die im Einklang mit der lebendigen Wahrheit selbst ist, erlaubt dieser Wahrheit oder Wirklichkeit, uns zu ihr hin zu ziehen. Das mag nicht sofort erkennbar sein, aber vom Standpunkt der letztendlichen Wirklichkeit (Dharma) aus geschieht auf einer tieferen Ebene als der, die wir bewusst erleben, immer etwas innerhalb der wahren Natur der Wirklichkeit, wenn wir uns mit ihr durch unsere Gedanken oder Handlungen verbinden. Wir werden also durch die Verbindung verändert, ebenso wie unsere Zukunft.

Das leuchtet ein, wenn wir bedenken, dass die Wurzel des Saṃsāra aus unserem Verlust der Verbindung mit der wahren Natur der Wirklichkeit besteht. Wenn wir uns zur Wirklichkeit hinwenden und uns wieder mit ihr verbinden, indem wir uns beispielsweise für unsere Erfahrung öffnen, dann wird das offensichtlich die Wurzel des Saṃsāra abtrennen. Wir bringen uns damit in Übereinstimmung mit der Wahrheit und zehren von ihrer Kraft. Dies ist die Kraft, die die Wirklichkeit selbst hat und die nichts mit den egozentrischen Anstrengungen unseres denkenden Geistes zu tun hat. Es stellt sich heraus, dass Dharma-Praxis bedeutet, sich auf die Wirklichkeit auszurichten und mit ihr zu kooperieren, als würden wir Risse im Panzer unserer Verblendung erzeugen, durch die die Energie des Erwachten Herzens hindurchströmen kann. Ein kleiner Spalt mag nicht viel erscheinen, aber es erfordert nicht viele Risse, um einen Damm zum Bersten zu bringen.

Dies sind kühne Aussagen. Ich spreche hier vom Standpunkt des Mahāmudrā, des Dzogchen und anderer Übungswege. Dennoch können Sie in vielen Teilen der buddhistischen Tradition Lehren finden, die mit dieser Denkweise übereinstimmen, vor allem in den Ritualen und Gebräuchen und in den Geschichten großer Praktizierender.

Zur Zeit des Todes kommt leicht Panik auf, und wir fühlen uns wie im freien Fall, allein und einem feindlichen Universum ausgesetzt. Während des Zwischenzustands mag das Gefühl immer wieder auftauchen, dass alles auseinanderfällt und verschwindet, so dass es sehr wichtig ist, das Vertrauen zu haben, mit dem Pfad des Erwachens während der ganzen Erfahrung verbunden zu sein. Wenn wir zuversichtlich bleiben können und nicht in Panik geraten, werden wir sehen, dass wir am anderen Ende der Erfahrung wieder herauskommen und dem Pfad immer noch folgen können. Was immer erscheint, welche Erfahrung auch entsteht, wir brauchen lediglich Vertrauen, um sie als flüchtige, vom Geist geschaffene Bilder zu sehen. Gerade wenn wir nicht vor ihnen zurückweichen, nicht versuchen zu fliehen, können wir sie umso eher als solche erkennen. Unsere einzige Ausweichmöglichkeit besteht im Versuch, uns von der Erfahrung abzuspalten und davonzulaufen. Aber da Erfahrungen in unserem eigenen Geist existieren, können wir ihnen nicht entkommen. Laufen wir davon und verstecken uns, erscheint dadurch unser Geist voraussichtlich furchterregender als je zuvor. Wenn wir sterben, lösen sich all unsere normalen Verbindungen, die sich auf diese Welt beziehen, auf, so dass uns nur unsere zeitlose Verbindung zur Wirklichkeit und der Pfad bleiben, auf die wir uns verlassen können.

Vielleicht fragen Sie sich, ob dies bedeutet, dass Sie Buddhist sein müssen, um sich mit dem Pfad des Erwachens zu verbinden. Die Antwort lautet, dass der Pfad des Erwachens eine Kraft ist, die der Natur des Universums innewohnt. Jeder, der den Pfad entdeckt, befindet sich darauf, ob er sich Buddhist nennt oder nicht. Es ist unnötig zu denken, dass nur diejenigen, die sich Buddhisten nennen, den echten Pfad des Erwachens finden können. All diejenigen, die dem Dharma grundsätzlich folgen, sind mit dem Pfad des Erwachens verbunden. Nirgendwo im Buddhismus wird gesagt, dass der Dharma seinen Weg nicht durch eine andere Tradition zu uns finden kann, die nicht den Namen Buddhismus trägt. Ebenso wenig wird gesagt, dass der Dharma seinen Weg zu uns nicht finden kann, wenn wir keiner spirituellen Tradition angehören.

Das ist so, weil Erwachen oder der Dharma eigentlich die Wirklichkeit ist, die überall, jederzeit existiert. Sie ist eine lebendige Wirklichkeit, die lebende Wahrheit, und nicht nur eine Ansammlung von Wörtern, die von Buddhisten weitergegeben werden. Sie ist Teil der Natur des Universums. Aber die Möglichkeit, sie ohne die Hilfe anderer zu erkennen, ist verschwindend gering. Das ist der Grund, warum eine starke, direkte Verbindung zu denen, die tief mit dem Pfad verbunden sind, so wichtig ist.

Haben wir erst einmal eine solche Verbindung mit dem Pfad des Erwachens, dann ist sie da, ob wir daran glauben oder nicht, ob wir uns im Tod entspannt fühlen oder nicht. Natürlich wäre es großartig, wenn wir uns entspannt fühlen und die ganze Zeit einfach in unserer direkten Erfahrung ruhen könnten, aber selbst wenn das nicht der Fall ist, wäre die Verbindung mit dem Pfad des Erwachens immer noch da. Akzeptieren wir das als eine Tatsache, kann uns dies helfen, uns zu entspannen. Wir müssen uns noch nicht einmal Sorgen darüber machen, ob wir dem vertrauen können oder nicht, ob wir daran glauben oder nicht, ob wir Hilfe verdienen oder nicht. Die Kraft des Erwachens ist interessiert an uns, wer immer wir auch sind und ganz gleich, ob wir an ihr interessiert sind oder nicht.

Sorgen über Karma

Traditionelle buddhistische Lehrer betonen, dass es entscheidend ist, so viele gute karmische Handlungen wie möglich verübt und alle negativen bereut zu haben, um sicher durch den Tod zu einer glücklichen Wiedergeburt zu gelangen. Ich würde dem nicht widersprechen, aber vielleicht finden Sie es dennoch beruhigend, wenn Sie wissen, dass man bereits sehr viel gutes Karma haben und etwaige Verstöße dagegen bereut haben muss, wenn man fähig ist, der eigenen Verbindung mit dem Pfad des Erwachens zu vertrauen.

Tatsächlich sind unsere Entscheidungen, die wir hinsichtlich unserer Situation zur Zeit des Todes treffen, genau dieselben, ungeachtet dessen, wie viel gutes oder schlechtes Karma wir in der Vergangenheit geschaffen haben. Wir sind alle in einer gleich unsicheren Situation, da wir alle während unserer zahllosen Leben unzählige gute und schlechte Handlungen verübt haben und nicht wissen, wann ihre Früchte reifen werden. Unabhängig davon, ob unsere nächste karmische Auswirkung gut oder schlecht sein wird – alles, was wir momentan wirklich tun können, ist, unserer Verbindung mit dem Pfad des Erwachens zu vertrauen.

Vielleicht fragen Sie sich, ob Ihre Verbindung mit dem Pfad des Erwachens stark genug ist und ob Sie genug dafür getan haben, aber in dieser Hinsicht brauchen Sie sich keinerlei Sorgen zu machen. Nicht genug getan zu haben kann Ihre vergangenen und gegenwärtigen Taten nicht schmälern. Es ist wahr: Je mehr wir getan haben – oder andere uns gewidmet haben –, um unsere Verbindung zu stärken, desto leichter wird die Reise sein.

Aber solange wir unserer Verbindung mit dem Dharma vertrauen, können wir in der Gewissheit ruhen, dass wir auf dem richtigen Pfad sind. Auch wenn wir einen holprigen Ritt haben, befinden wir uns auf dem besten Weg, in der richtigen Richtung. Dem Herzen und unserer Verbindung mit dem Pfad des Erwachens zu vertrauen sind die entscheidenden Dinge. Alles Übrige ist zusätzlich. Aus buddhistischer Sicht bedeutet die Tatsache, dass Sie diese Art von Vertrauen haben, dass Sie bereits genug getan haben müssen, um in die richtige Richtung zu gehen.

In buddhistischen Schriften wird häufig betont, wie selten es ist, ohne die Möglichkeit einer Dharma-Praxis eine menschliche Geburt anstelle einer weniger vorteilhaften Geburt zu erlangen. Um die Menschen zu motivieren, den Dharma zu praktizieren, wird stark hervorgehoben, wie schwierig es ist, sie auf anderen Wegen zu erlangen. Zum Beispiel heißt es in einem sehr berühmten Text, dem *Bodhicaryāvatāra* (1.iv):

> »Die Freiheiten und Bedingungen menschlichen Daseins
> sind schwer zu erlangen.
> Falls man diese Gelegenheit, die Ziele eines höheren Wesens anzustreben, aber nicht nutzt,
> Wo wird es dann später möglich sein,
> Sie in richtiger Weise zu verfolgen?«[9]

Nun, da ich diese seltene Freiheit und Gelegenheit habe, den Dharma zu praktizieren, habe ich die Chance, den wahren Zweck des menschlichen Lebens zu erfüllen. Wenn ich diese Gelegenheit vergeude, welche Aussicht besteht dann noch, dass sie sich in Zukunft wieder bietet?

Ich habe ernsthafte und aufrichtige buddhistische Praktizierende getroffen, die aufgrund dieser Lehren meinten, ihre einzige Chance bestünde darin, in diesem Leben Erwachen zu erlangen oder wenigstens im Tod. Unglücklicherweise übersehen sie die Tatsache, dass diese Lehren auch sagen, zukünftige Möglichkeiten, den Dharma zu praktizieren, seien uns gewiss, wenn wir erst einmal unser Vertrauen in den Pfad des Erwachens gesetzt haben. Unser Vertrauen in den Pfad zu setzen ist daher das, wodurch wir den wahren Zweck eines menschlichen Lebens erfüllen. Anders gesagt, eine menschliche Geburt, in der wir die Freiheit und Möglichkeit haben, den Dharma zu praktizieren, ist die karmische Konsequenz unseres Vertrauens in den Pfad des Erwachens. Es ist rar, solch ein Leben überhaupt erst einmal zu erlangen, aber wenn wir begonnen haben, es gut zu nutzen, indem wir uns mit dem Pfad des Erwachens verbinden, werden wir weiterhin in Umständen geboren werden, die der Praxis des Dharma zuträglich sind. Wir untergraben die Kraft dieser Verbindung nur, wenn wir uns dagegen wenden. Solange wir diese Verbindung wollen, haben wir sie – und damit auch die Möglichkeit, mit dem Dharma immer wieder in Kontakt zu kommen.

Obwohl ich persönlich ernsthaft danach strebe, in diesem Leben zu erwachen, mache ich mir deshalb keine Sorgen darum, denn es ist eine große Leistung, die nur wenige Menschen erfolgreich zu Ende bringen. Wenn ich es nicht schaffe, ist nicht alles verloren. Obwohl es wichtig ist, danach zu streben, so bald wie möglich zu erwachen, ist das Wichtigste, unserer Verbindung mit dem Pfad des Erwachens zu vertrauen.

Daher ist es unnötig, dass Sie sich von diesen Lehren über die Seltenheit der menschlichen Geburt Angst einjagen lassen, wenn Sie sterben. Das Letzte, was irgendeine buddhistische Lehre bezweckt, ist, den Menschen zur Zeit des Todes Angst einzuflößen. Dahinter steht die Idee, uns zur Praxis zu bewegen, um die Verbindung mit dem Pfad des Erwachens weit vor dem Tod zu stärken, so dass es uns leicht fällt, dem Tod mit Zuversicht zu begegnen.

Ob wir vor dem Tod viel praktiziert haben oder nicht: Alles, was wir tun können, ist, unserer Verbindung so sehr wir es vermögen zu vertrauen.

7
Die Kraft des Erwachens anrufen

Sich im Angesicht des Todes dem Gebet zuwenden

In diesem Kapitel werde ich den Lesern einige spezielle Übungen vorstellen, die zur Zeit des Todes durchgeführt werden können. Sie sollen sowohl als Beispiele dienen als auch denjenigen Anregungen geben, die mit diesen Praktiken bereits vertraut sind und wissen wollen, wie sie sich in das Gesamtkonzept einfügen, das in diesem Buch präsentiert wird.

Doch bevor ich die einzelnen Praktiken erläutere, möchte ich die Leserinnen und Leser mit der buddhistischen Sichtweise des Gebets vertraut machen.

Selbst Menschen, die sich nicht für religiös halten, entdecken zu ihrem Erstaunen, dass sie sich, wenn sie mit ihrem eigenen Tod oder dem eines anderen konfrontiert werden, plötzlich nicht nur einer höheren Macht zuwenden wollen, sondern es auch tatsächlich tun, ohne selbst zu verstehen, was sie damit meinen. Vielleicht beginnen sie mit einem Gebet, um zu einem besseren Ort oder in eine andere Welt zu gelangen, in der sie Hilfe und Führung finden können.

Unsere strikt rationale, weltliche, materialistische und naturwissenschaftliche Seite mag einwenden, dies sei nur ein Zeichen der Schwäche, eine Art Rückzieher, nur Wunschdenken, wenn wir plötzlich in letzter Minute unseren Geist irgendeiner anderen Kraft anempfehlen wollen, um durch sie direkt in den Himmel zu gelangen.

Natürlich ist unser Argwohn berechtigt, wenn jemand sich nur aus Angst plötzlich in blindem Vertrauen an etwas wendet, aber ein jäher Sinneswandel ist nicht unbedingt etwas Negatives. Es mag sogar sein, dass wir einem tieferen Wissen nachgeben, dem wir uns unser ganzes Leben lang widersetzt haben, das schlagartig in der Stunde der Not lebendig wird. Selbst wenn der Sinneswandel nicht ganz so aufrichtig ist, muss er nicht ganz negativ sein. Zumindest mag er die Wahrscheinlichkeit, dass wir in Panik geraten, verringern und uns ein wenig für Hilfe von außen öffnen.

Mich überrascht so etwas nicht. Im Leben neigen wir dazu zu glauben, wir könnten uns auf unseren Intellekt verlassen, und halten irgendwie unser Leben und unsere Emotionen unter Kontrolle. Im Angesicht des Todes fühlen wir plötzlich, wie uns der Boden unter den Füßen weggezogen wird. Die starre Logik unseres Intellekts kann uns in dieser Situation nicht helfen, und unsere gewöhnlichen Kontrollmechanismen versagen. Wir fühlen uns zerrissen, schlimmer als nackt, harren aus in Schock und Verwirrung und wissen nicht, wohin wir uns wenden können.

In dieser Situation kommt das intuitive Gefühl auf, dass wir nicht allein sind, und vielleicht verbinden wir uns mit dem intuitiven Gefühl, dass das Leben mehr ist, als wir dachten, und dass wir uns nun auf eine andere Kraft verlassen müssen und nicht nur auf uns selbst.

Das Anrufen einer höheren Kraft kann tatsächlich ein Weg sein, um zum Herzen zu finden, denn wenn wir diese Kraft anrufen, tun wir das vom Herzen aus. Wir gebrauchen Sätze wie: »Ich öffne mein Herz im Gebet«, oder: »Ich öffne dir mein Herz und rufe dich an.« Wenn wir so etwas tun, müssen wir unsere Ich-Bezogenheit loslassen und uns einfach einer Kraft öffnen, die uns helfen kann. Es ist wichtig, wofür wir uns zu dieser Zeit öffnen. Aus buddhistischer Sicht wimmelt es im Universum von vielerlei Welten und den verschiedensten Wesen, die nicht alle freundlich sind. Selbst unter denen, die uns helfen wollen, können uns nur diejenigen, die mit dem Pfad des Erwachens verbunden sind, wirklich zum Erwachen verhelfen. Selbst große und mächtige Götter sind noch in Saṃsāra gefangen. Daher ist es wichtig, dass wir uns, wenn wir unser Herz öffnen und beten, daran erinnern, dass das, was wirklich zählt, unser Vertrauen in unsere Verbindung mit dem Pfad des Erwachens ist.

Wir können uns öffnen und versuchen, zu Buddha, zu Erwachten Wesen im Allgemeinen, zum Dharma oder zum Erwachen selbst zu beten, und sei es nur für einen Moment. Wir können etwas sagen wie: »Ich weiß nicht, ob es dich gibt oder nicht, aber ich öffne mich dir. Hilf mir daher, so gut du kannst.« Das können wir sogar tun, wenn wir währenddessen zweifeln. Zweifel sind Gedanken, die kommen und gehen. Die Angst, nicht gehört zu werden, ist ein weiteres Gefühl. Indem wir uns entgegen aller Zweifel einfach öffnen und beten, kann manchmal in uns ein intuitives Gefühl dafür aufsteigen, was es bedeutet zu beten. Während wir beten, kann ein tieferes Verständnis der Natur der Wirklichkeit in uns beginnen, lebendig zu werden. Die Mühe lohnt sich daher, den Versuch von Zeit zu Zeit zu wiederholen, ohne jedoch zu viele Hoffnungen oder Erwartungen daran zu knüpfen.

Persönliches und unpersönliches Gebet

Bisher habe ich vom Dharma – sowohl als Pfad des Erwachens als auch als wahre Natur der Wirklichkeit – im Sinne einer schützenden Kraft zur Zeit des Todes gesprochen, wobei ich Letztere eher als eine unpersönliche Kraft dargestellt habe, die der Natur des Universums innewohnt. Sie die Kraft des Erwachten Herzens zu nennen ist immer noch unpersönlich, denn diese Bezeichnung bezieht sich nicht auf eine spezielle Person. In diesem Kapitel werde ich weiter erläutern, wie eine unpersönliche höhere Kraft angerufen werden kann. Ich werde aber auch zunehmend die Möglichkeit ansprechen, zu Erwachten Wesen zu beten, als seien sie tatsächlich Personen.

Bisher habe ich es vermieden, von einer solchen Möglichkeit zu sprechen, um Leser einzubinden, die die buddhistische Weltsicht nicht teilen. Für sie ist es gefühlsmäßig bereits ein großer Sprung, nicht nur mit ihrer direkten Erfahrung in der Meditation zu arbeiten, sondern auch zu lernen, dass das, was sie entdecken, eine eigene Kraft hat, der sie vertrauen können. Gefühlsmäßig ist ein weiterer Sprung nötig, um sich auf die Vorstellung einzulassen, dass diese Kraft sich als bestimmte Erwachte Wesen manifestieren kann, zu denen wir eine persönliche Beziehung aufbauen können.

Eine ganze Reihe von Übungen und Gebräuchen innerhalb der buddhistischen Tradition, die darauf fußen, eine persönliche andere Kraft anzurufen, können nur unter Berücksichtigung der Vorstellung verstanden werden, dass aus buddhistischer Sicht Erwachte Wesen die Kraft haben, das, was uns widerfährt, zu beeinflussen, und dass sie es auch tun, selbst wenn sie nicht in Fleisch und Blut auf dieser Erde wandeln. Daraus ergibt sich offensichtlich, dass sie uns genauso gut helfen können, wenn wir sterben und danach.

Aus buddhistischer Sicht wird nicht streng unterschieden, ob wir uns auf eine persönliche oder unpersönliche Kraft unserer Verbindung mit dem Dharma verlassen. Eine Person mag ihr Herz im Sterben öffnen und der Kraft ihrer Verbindung zum Pfad des Erwachens vertrauen, während eine andere Person ihr Herz öffnet und dem Buddha oder einem persönlichen Lehrer vertraut, der sie beschützt. Beide Herangehensweisen laufen auf dasselbe hinaus. Ihre Wirkung wird davon abhängen, wie aufrichtig die betreffende Person sich für die wahre Natur der Wirklichkeit öffnet.

Als buddhistische Lehrerin habe ich es im Allgemeinen mit zwei verschiedenen Typen von Menschen zu tun. Die einen haben sich dem Buddhismus zugewandt, weil sie nichts mit religiösen Glaubensvorstellungen zu tun haben wollen und sich stattdessen auf experimentelle und unpersönliche Vorstellungen von der wahren Natur der Wirklichkeit verlassen wollen. Für sie ist es eine Überraschung, wenn sich das Universum als mit so viel Herz ausgestattet erweist, aber indem sich ihr Verständnis vertieft, können sie es nachvollziehen. Dadurch lernen sie, ihrer Verbindung mit dem Pfad des Erwachens zu vertrauen.

Die anderen haben ein starkes, intuitives Gefühl, dass religiöse Übungen wie das Beten und die Hingabe an eine höhere Kraft sinnvoll sind. Für sie ist charakteristisch, dass sie sich mit den Gedanken wohlfühlen, ihre Gebete an tatsächliche Erwachte Wesen zu richten, und ihnen hilft die Art, wie der Buddhismus erklärt, dass sie ihre Herzen öffnen und ihrer Verbindung mit der Kraft des Erwachens vertrauen können. Einige aus dieser Gruppe fühlen sich sofort mit der buddhistischen Form frommer Übungen mitsamt allen ausgetüftelten Einzelheiten zu Hause, während andere zu Erwachten Wesen beten wollen, aber vom Stil der buddhistischen Übungen, die aus Indien und Tibet stammen, abgeschreckt werden.

Es ist unwichtig, ob Sie sich wohler damit fühlen, wenn die Kraft des Erwachens als etwas Persönliches oder Unpersönliches betont wird. Beide Arten des Gebets sind gleich wirkungsvoll. Diese Kraft des Erwachens besteht in der Tat jenseits unserer beschränkten Vorstellungen, sie passt nicht in unsere gewöhnlichen Vorstellungen von unpersönlich und persönlich. Unsere Vorstellung von einer Person ist eher grob, wie die begrenzte Art, in der wir über uns selbst denken, und unserer Vorstellung von einer unpersönlichen Kraft fehlt andererseits oft das Herz.

Daher ist die Grenze zwischen Persönlichem und Unpersönlichem im Buddhismus nicht so fixiert und starr. Aus der Sicht der Mahāyāna-Tradition ist das, was wir für unpersönliche Kräfte des Universums halten, nichts anderes als die wahre Natur des Gewahrseins selbst. Aus dieser Sicht besteht das Universum aus dem, was zu einer Person gehört, und aus nichts anderem. Anders ausgedrückt: Es gibt kein unpersönliches Universum außerhalb dessen. Vielleicht ist es diese intuitive Wahrnehmung, die die Menschen dazu veranlasst hat, die Götter des Himmels, der Erde und des Meeres anzurufen.

Aus der Sicht des Mahāyāna-Buddhismus entspricht die unpersönliche Annäherung an das Gebet mehr oder weniger dem Ansatz, sich stark auf Buddhas nichtmanifesten Körper der Wahrheit (*Dharmakāya*) zu beziehen, wohingegen ein persönlicher Zugang sich auf den »Formkörper« des Buddha bezieht, der uns als eine bestimmte Person begegnet. Da es letztendlich keine Trennung zwischen den greifbaren und nicht greifbaren Aspekten des Buddha gibt, macht es wenig Unterschied, ob wir uns mehr auf den einen Aspekt stützen als auf den anderen. Am besten ist es, ein Gefühl für beide Aspekte zugleich zu haben, wie wenn wir in der Essenz unseres Herzens weilen. Es ist offensichtlich eine äußerst persönliche Angelegenheit, und doch unpersönlich in dem Sinne, dass sie unverändert bleibt, selbst wenn im Tod all die Äußerlichkeiten unseres Lebens und unsere Persönlichkeit abgestreift werden.

Selbst wenn wir beispielsweise zum Buddha beten als jemand, der sich uns in Form einer Person mit einem Körper zeigen könnte, so wäre dieser Körper eine magische Erscheinung, die einer tieferen Wirklichkeit entspringt, jenseits aller Form. Wir brauchen nicht zu denken, dass die körperliche Form des Buddha in einer spezifischen Gestalt fixiert oder an zeitliche und räumliche Faktoren gebunden ist.

Ob wir im Tod auf eine persönliche oder unpersönliche Art unserer Verbindung mit dem Pfad vertrauen, die Wirkung unserer Praxis gleicht sich darin, dass wir unser Herz öffnen und all unsere ichbezogenen Anstrengungen, die den Lauf der Dinge bestimmen sollen, loslassen. So oder so erlauben wir der Kraft der wahren Natur der Wirklichkeit dadurch, dass wir uns ihr öffnen, auf unsere Not einzugehen.

Dieses Spiel zwischen persönlicher und unpersönlicher Herangehensweise an das Gebet ist durchaus traditionell. Das Erste, was mir meine tibetischen Freunde auf meinem Sterbebett sagen würden, wäre wahrscheinlich: »Bete zum Guru, und fürchte dich nicht.« An dieser Stelle möchte ich nicht näher erklären, was das bedeutet, aber im Wesentlichen steht dahinter, dass sie mir damit sagen würden, ich solle die Kraft des Erwachens anrufen. Im Westen denken wir oft, dass der Begriff »Guru« sich nur auf einen Dharma-Lehrer bezieht, aber seine Bedeutung ist viel umfassender: Im Buddhismus wird mit ihm ganz allgemein die Kraft des Erwachens bezeichnet, in welcher Form sie uns auch erreicht. Das ist der Grund, warum mir meine tibetischen Freunde so vertrauensvoll raten würden, in dieser Weise zu beten, selbst wenn sie keine Vorstellung davon hätten, wer mein persönlicher Lehrer war oder ob ich überhaupt einen hatte. In diesem Zusammenhang kommt ganz natürlich die Frage auf, was »Gebet« bedeutet. Im Buddhismus ist die Vorstellung eines wortlosen Gebets oder eines Gebets jenseits von Gedanken genauso vorhanden wie in den anderen großen Weltreligionen. Das ist das, was wahre Meditation letztendlich ist. Aber auf diese Weise zu beten ist ein bisschen viel verlangt. Es setzt voraus, dass wir ein vollkommen reines und offenes Herz haben. Daher stellt sich die Frage, wie wir von dem Ort aus, an dem wir uns jetzt befinden, beten können.

Im Mahāyāna-Buddhismus werden die verschiedenen Anteile des Gebets in sieben Bereiche aufgeteilt:

- Anrufung,
- Darbringung und Lobpreis,
- Bitten um Vergebung für Fehlverhalten,
- Freude an den guten Taten anderer,
- Bitten um die Lehre,
- die Buddhas um Verweilen bitten und
- das Gute unserer Gebete dem Erwachen aller Wesen widmen.

Zur Zeit des Todes kann jeder dieser Aspekte verwendet werden, um die Verbindung mit dem Pfad des Erwachens zu stärken.

Wie können Erwachte Wesen uns zur Zeit des Todes helfen?

Zunächst möchte ich erläutern, was ein Erwachtes Wesen ist. Was heißt es, an die Kraft des Dharma zu denken, die durch bestimmte Erwachte Wesen zu uns kommt? Wie kann ich sie anrufen, und wie können sie mir im Tod helfen?

Wenn ich von Erwachten Wesen und ihrer Kraft, uns zu helfen, spreche, denke ich, obschon es verschiedene Stufen des Erwachens oder der Erleuchtung gibt, vor allem an Buddhas und

Wesen, die kurz vor der Buddhaschaft stehen; an Wesen mit unglaublicher Kraft und solch tiefer Weisheit, dass sie nicht an Zeit und Raum gebunden sind.

In allen Formen des Buddhismus gilt, dass jeder, der eine Stufe des Erwachens erreicht hat, eine gewisse spirituelle Kraft, Adhiṣṭhāna, besitzt. Wenn wir unsere Herzen diesen Erwachten Wesen öffnen, dann öffnen wir uns für ihr Adhiṣṭhāna. Da das Adhiṣṭhāna im Wesentlichen die Kraft der wahren Natur (Offenheit, Klarheit und Feinfühligkeit) des Erwachten Wesens ist, kann sie mit unserer wahren Natur in Verbindung treten und sie direkt beeinflussen.

Wenn wir beten oder uns wie auch immer in Richtung Erwachen bewegen, verbinden wir die lebendige Wahrheit in uns, unsere wahre Natur, mit der aller Erwachten Wesen. Wir verbinden unsere Essenz der Offenheit, Klarheit und Feinfühligkeit mit ihrer Essenz. Unsere Herzen begegnen sich, und wir begegnen uns in unseren Herzen. Wir beten, weil etwas Grundlegendes in unserem Sein berührt und in Gang gesetzt wurde, um im Gebet zu antworten. Dieser Schritt unsererseits bewegt die Herzen aller Erwachten Wesen und ruft eine spontane Antwort hervor.

In der Vergangenheit haben die Erwachten unzählige Praṇidhānas gefasst, durch die sie uns jetzt, da wir um Hilfe rufen, helfen können, indem sie Hindernisse beseitigen, unsere Wünsche erfüllen und uns mit dem Dharma und mit ihnen verbinden, so dass sie uns zum Erwachen ziehen können. Sie haben in der Vergangenheit nicht nur diese Praṇidhānas gefasst, sondern dadurch, dass sie dem Pfad gefolgt sind, haben sie jetzt das Adhiṣṭhāna (Segen), um diese Praṇidhānas zur Erfüllung zu bringen.

Jede positive Handlung des Körpers, der Sprache und des Geistes schafft Puṇya, eine Kraft des Guten, die dazu dient, das Adhiṣṭhāna weiterhin fließen zu lassen und seine Wirksamkeit zu steigern. Alle buddhistischen Gebräuche, bei denen es um Gebete zu Erwachten Wesen zur Zeit des Todes geht, lassen sich den vier Prinzipien von Adhiṣṭhāna (Segen), Praṇidhāna (Entschluss), Verbindung und Puṇya (Kraft des Guten, Verdienst) zuordnen. Wenn wir im Tod zu Erwachten Wesen beten, dann empfangen wir ihr Adhiṣṭhāna, verbinden uns mit der Kraft ihrer Praṇidhānas, stärken unsere Verbindung mit dem Pfad des Erwachens und entwickeln Puṇya, das es uns ermöglicht, uns an den Ergebnissen unserer guten Taten zu freuen.

Ich habe dies alles auf eine recht unpersönliche Art dargestellt. Hier wird nicht erwähnt, dass Erwachte Wesen tatsächlich unsere Hilferufe bewusst wahrnehmen und vom Herzen her antworten. Aber genauso wie in jeder anderen Religion werden buddhistische Gebete in einer persönlichen Art gesprochen. In buddhistischen Gebeten ist es üblich, Erwachte Wesen mit Worten anzurufen wie: »Bitte, denk an mich«, »bitte verlass mich nicht«, »bitte erhöre meine Hilferufe«. Das liegt nicht daran, dass Erwachte Wesen erst dazu überredet werden müssen, uns zu helfen, sondern daran, dass wir zuerst unser Bedürfnis nach Hilfe erkennen müssen, weil wir uns sonst nicht genügend für sie öffnen. Es ist, als ob alle Erwachten Wesen des Universums an unsere Tür pochen würden, um hereinzukommen und uns zu helfen, aber wir öffnen nicht. Verstimmt sitzen wir hinter unserer verschlossenen Tür und beschweren uns darüber, dass nie Erwachte Wesen zu uns kommen, um uns zu helfen, während die ganze Zeit der Schlüssel, um die Tür zu öffnen, in unserer Hand liegt.

Es wird von Menschen berichtet, die Erwachte Wesen anriefen, wenn sie in Gefahr waren oder im Sterben lagen, und sie sollen ihnen tatsächlich erschienen sein, so dass sie mit ihnen sprechen konnten. In anderen Geschichten wird vielleicht ihre Gegenwart in Form von Licht wahrgenommen oder als ein intuitives Gefühl des Wohlbehagens empfunden. Manchmal scheint der Ablauf der Dinge um eine sterbende Person außergewöhnlich und zeitlich zu abgestimmt, als dass er zufällig sein könnte, was aus buddhistischer Sicht darauf hinweist, dass die Kraft eines Erwachten Wesens am Werk ist.

Es spielt keine Rolle, ob wir mit der Vorstellung beten, dass ein spezifisches Erwachtes Wesen oder ein Dharma-Lehrer bei uns ist oder dass all diejenigen, die erwacht sind, ganz natürlich überall gegenwärtig sind. Von einer sehr tiefen Perspektive aus könnte man sagen, dass die Welt jedes spezifischen Erwachten Wesens sich mit den Welten aller anderen Erwachten Wesen gegenseitig durchdringt, so dass wir, wenn wir eines anrufen, gleichzeitig alle anrufen. Und ebenso bedeutet, alle anzurufen, jedes einzelne anzurufen. Man könnte argumentieren, dass es praktisch gesehen leichter ist, sich auf ein Wesen zu konzentrieren als auf alle, und viel kann aus der Fokussierung auf ein Wesen gelernt werden, das sich dann auf alle übertragen lässt. In dieser Hinsicht geht es darum, dem eigenen Herzen zu folgen und auf die Art zu beten, die Ihnen das größtmögliche Vertrauen gibt und von der Sie am meisten überzeugt sind.

Vor dem Hintergrund dieser buddhistischer Vorstellungen über die Natur Erwachter Wesen und wie sie uns im Tod helfen können, werde ich jetzt einige spezifische Übungen beschreiben, auf die jemand, der dem Pfad des Erwachens folgt, vielleicht vertraut.

Zufluchtnahme und Bodhisattva-Gelübde

In der Einleitung habe ich bereits erwähnt, dass Buddhisten Zuflucht zu den Drei Juwelen (Buddha, Dharma, Sangha) nehmen. Im Tod gibt es keinen besseren Schutz als das Gelübde der Zuflucht, das genommen wird, wenn wir Buddhist werden. Von ganzem Herzen nehmen wir das Gelübde der Zuflucht und geben uns mit Überzeugung dem Pfad des Erwachens vollkommen hin. Wir rufen alle Buddhas an, unsere Zeugen zu sein, um unsere Herzensverbindung mit ihnen zu stärken.

Wenn wir uns einmal derart dem Weg verpflichtet haben, dann wird diese Verpflichtung uns immer begleiten, auch wenn wir nicht daran denken, und sie wird uns von ganz allein schützen. Sie hindert uns daran, uns in Geisteszuständen zu verlieren, die dieser Verpflichtung entgegenstehen. Sobald wir uns auf Abwege begeben, fühlen wir uns aufgrund unserer Verpflichtung unwohl, und das bringt uns dazu, auf den Pfad zurückzukehren. Aus buddhistischer Sicht sind Verpflichtungen, die in einem Leben eingegangen wurden, wie Samen, deren Reifen ganz natürlich bewirkt, dass wir die gleichen Verpflichtungen in einem zukünftigen Leben einhalten, selbst wenn wir uns gar nicht mehr daran erinnern, sie eingegangen zu sein. Die Verpflichtung hat eine Art Kraft, die von dem, was im Tod geschieht, nicht unterbrochen wird.

Auch wenn die Zufluchtnahme an sich ein großes Thema ist, kennt jeder, der mit der buddhistischen Tradition vertraut ist, die Worte: »Ich nehme Zuflucht zu Buddha, ich nehme Zuflucht zum Dharma, ich nehme Zuflucht zum Sangha«, die als eine eigenständige Praxis rezitiert werden. Diese Worte zu wiederholen, wenn wir sterben, wäre ein wunderbare Art zu gehen. Allein dem Rezitieren dieser Worte wird eine Kraft zugestanden. Wenn sie mit tiefem Vertrauen in die eigene Verbindung mit dem Pfad des Erwachens gesprochen werden, ist das in sich eine vollständige Praxis.

Durch solch ein Rezitieren der Zuflucht wird der Dharma wieder in Erinnerung gebracht, der Entschluss, dem Dharma zu folgen, wird bekräftigt und Puṇya gesammelt. Außerdem öffnet man sich dem Adhiṣṭhāna der Drei Juwelen (Buddha, Dharma, Sangha), und wenn man die Zufluchtsformeln mit einem offenen und vertrauensvollen Herzen rezitiert, dann verbindet man sich direkt mit der eigenen wahren Natur der Wirklichkeit und der aller Wesen.

Das Bodhisattva-Gelübde ist das Gelübde, alle Wesen zum Erwachen zu führen. Es ist eine Erweiterung der Zufluchtsgelübde. Dem Erwachen aller Wesen verpflichtet zu sein heißt, Zuflucht zu den Drei Juwelen genommen zu haben. Haben wir Zuflucht zu den Drei Juwelen genommen, entdecken wir schließlich, wie wir uns um das Erwachen aller Wesen bemühen.

Für diejenigen, die das Bodhisattva-Gelübde wie auch die Zufluchtsgelübde genommen haben, reicht das einfache Rezitieren der Worte als vollständige Praxis. Der Nutzen, den das Rezitieren des Bodhisattva-Gelübdes hat, gleicht dem der Zufluchtnahme. Der Unterschied liegt mehr darin, wie tief wir das verstehen, wozu wir uns verpflichten. Sie könnten zum Beispiel die Worte rezitieren: »Ich werde niemals den Pfad zum Erwachen aufgeben, bis alle Wesen vollständige Erleuchtung erlangen«, oder: »So zahllos wie die Anzahl der Wesen, so grenzenlos ist meine Verpflichtung, sie alle zu retten. Ich werde kein lebendes Wesen im Stich lassen, bis alle Lebewesen die Erleuchtung erlangt haben.«

Für eine Person, die dieses Gelübde genommen hat, reicht zum Zeitpunkt des Sterbens als Praxis allein die Erinnerung daran aus, vor allem, wenn dies formal in Anwesenheit eines Lehrers geschah. Es drückt sich in der ganzen Art des Seins der Person aus und hält sie ganz selbstverständlich mit dem Pfad verbunden, ganz unabhängig davon, wie schwierig der Sterbeprozess sein mag.

Erwachte Wesen anrufen

Wenn Sie die Vorstellung von Erwachten Wesen inspiriert, finden Sie es vielleicht hilfreich, solch eine Präsenz in der Weite des Raumes vor Ihnen in Gestalt eines erwachten Wesen, zu dem Sie die stärkste Verbindung spüren, anzurufen. Vielleicht wollen Sie sich vorstellen, wie das Erwachte Wesen in herrlicher Pracht erscheint, umgeben von seiner oder ihrer ganzen Welt, die von vielen anderen Wesen bewohnt wird, die sich alle freuen und Licht in die Welt und zu Ihnen senden, um alle Verdunkelungen, Hindernisse, Krankheiten, Gefahren zu beseitigen und alle möglichen guten Dinge herabregnen lassen. Oder, statt all dieser Details, stellen Sie sich lieber vor, wie Sie in dem Licht des Ganzen – vielleicht goldenes oder Regenbogenlicht – baden. Wesentlich ist dabei, sich der Möglichkeit zu öffnen, dass sich so etwas ereignen könnte. Aus der Sicht der Erwachten Wesen geschehen solche Dinge die ganze Zeit; nur unser Mangel an Offenheit verhindert, dass wir ihre Wirkung spüren.

Die Kraft des Erwachens in dieser gewissermaßen persönlichen Art zu verstehen – dass nämlich das Wesen oder die Wesen, deren Präsenz Sie spüren, die Verkörperung von Wahrheit, Weisheit und Mitgefühl aller Erwachten Wesen sind –, kann eine kraftvolle Praxis sein. Sie entdecken vielleicht, dass es Ihnen leichter fällt, Ihr Herz für ihre Gegenwart mit Liebe und Vertrauen zu öffnen, wenn Sie so denken.

Manche Menschen finden es nicht nur hilfreich, sich die Erwachten Wesen im leeren Raum vor sich vorzustellen, während sie zu ihnen beten, sondern sie stellen sich auch vor, dass diese sie voller Liebe und Mitgefühl anlächeln und ihnen alle Missetaten, Zweifel und Schwächen verzeihen.

Ihr Adhiṣṭhāna kann in Form von Licht visualisiert werden, das aus ihren Herzen in Ihr eigenes fließt und Krankheit, Verdunkelungen und Negativität entfernt, Ihnen spirituelle Stärke verleiht und Sie zu ihnen hinzieht. Nachdem Sie das getan haben, stellen Sie vielleicht fest, dass Sie sich so fühlen, als wären Sie vollkommen eingetaucht in das Licht, als wenn all Ihr Leiden und Ihre Negativität von der Kraft der Gegenwart dieses Lichts vor Ihnen vollständig aufgelöst und fortgewaschen worden wäre. Wenn das geschieht, dann ruhen Sie einfach in dem Gefühl der Freiheit, und seien Sie wirklich in Kontakt mit Ihrer wahren Natur, dem Erwachten Herzen.

Ob Sie sich Erwachte Wesen so vorstellen oder ob Sie einfach Ihr Herz öffnen und spüren, wie ihre Präsenz, Liebe und ihr Adhiṣṭhāna Ihnen entgegenkommen, der Nutzen ist gleich. Wenn es mit der gleichen inneren Einstellung getan wird wie das Rezitieren der Zufluchtnahme oder der Bodhisattva-Gelübde, dann ist der Gewinn dieser Bemühungen derselbe. Das Visualisieren der Präsenz Erwachter Wesen kann ein Weg sein, um ihre Gegenwart deutlicher während der Rezitation der Gebete und Praṇidhānas zu spüren. Manchmal wird diese Präsenz spürbarer ohne die Visualisierung. Daher ist es wichtig, dass Sie das tun, was ganz natürlich in Ihnen Ihr Vertrauen und Ihre Überzeugung stärkt und Ihnen hilft, Ihrer Verbindung mit dem Pfad des Erwachens zu vertrauen.

Mantras oder Namen des Buddha

Neben oder anstelle des Rezitierens der Zuflucht- und Bodhisattva-Gelübde oder des Visualisierens der Präsenz Erwachter Wesen können Sie die Gegenwart Erwachter Wesen auch einfach durch das Rezitieren eines Mantra oder des Namens eines Buddha erflehen. Sie können zum Beispiel das Mantra der vollendeten Weisheit rezitieren: *Oṃ gate gate pāragate pārasaṃgate bodhi svāhā*; das Mantra des Buddha: *Oṃ muni muni mahāmuni śakyāmunaye svāhā*; das Mantra von Guru Rinpoche (Padmasambhava, dem Lotosgeborenen): *Oṃ āḥ hūṃ vajra guru padma siddhi hūṃ*; das Mantra des Avalokiteśvara, der Verkörperung des Mitgefühls in männlicher Form: *Oṃ maṇi padme hūṃ*; oder das Mantra von Tāra, der Verkörperung des Mitgefühls in weiblicher Form: *Oṃ tāre tuttāre ture svāhā*; oder rezitieren Sie einfach: *Buddha, Buddha, Buddha.*

Der Nutzen, der aus der Rezitation von Mantras oder den Namen der Buddhas gewonnen werden kann, ist derselbe. Nach buddhistischer Tradition haben beide Arten des Rezitierens unabhängig von uns, aus sich selbst heraus ungeheuer viel Adhiṣṭhāna. Beides, die Namen der Buddhas und ihre Mantras, gehen aus den Herzen Erwachter Wesen hervor, sie verkörpern das Erwachte Herz, so dass wir uns durch ihre Rezitation direkt mit dem Herz des Erwachens verbinden. Wenn wir den Namen oder das Mantra von einem verwirklichten Praktizierenden erhalten, der sehr stark mit dem Erwachten Wesen, von dem das Mantra ausgeht, verbunden ist, entsteht dadurch eine besondere Verbindung zwischen uns und diesem Wesen. Daher ist es gut, wenn wir es von einer verlässlichen Quelle erhalten. Aber das Wichtigste ist, es mit einem Gefühl des Vertrauens in unsere Verbindung mit dem Pfad des Erwachens zu rezitieren.

Während die einen nichts mit Mantras anfangen können, können sich andere viel leichter auf ein Mantra einlassen als auf irgendeine andere Praxis. Vielen fällt es leichter, ein Mantra zu rezitieren als zu meditieren, vor allem, wenn sie sich unwohl fühlen oder von Emotionen überwältigt sind. Wenn Sie die Rezitation von Mantras bereits gewohnt sind und es leichter für Sie ist, sich auf diese einzulassen als auf eine andere Meditationspraxis, folgen Sie Ihrer Neigung. Was zur Zeit des Sterbens zählt ist, dass Sie Vertrauen in Ihre Verbindung mit dem Herzen des Erwachens spüren, wie auch immer Ihnen das am leichtesten fällt.

Einige stellen fest, dass das Mantra sich wie von allein »abspult«, und spüren, wie es die ganze Zeit weiterläuft, ob sie sich darauf konzentrieren oder nicht. Das wirkt als eine fortwährende Erinnerung an die Präsenz der Wahrheit des Erwachens; es dient als ein Anker und Schutz für den Geist. Es ist ein sehr direkter Weg, sich mit dem Herzen zu verbinden und sich mit der Essenz des Erwachens verbunden zu fühlen.

Ob man mit Mantras etwas anfangen kann oder nicht, scheint von der Art der Verbindungen abhängig zu sein, die man mit dem Pfad des Erwachens in vergangenen Leben eingegangen ist. Mit einer Kombination der Rezitationen – manchmal Mantras, manchmal die Namen der Buddhas und manchmal die der Zuflucht- und Bodhisattva-Gelübde – könnte man sich an all die verschiedenen Aspekte dessen, was es bedeutet, der Verbindung mit dem Pfad des Erwachens zu vertrauen, erinnern. Je mehr Sie die Präsenz Erwachter Wesen, Ihres Lehrers oder Ihrer Dharma-Freunde spüren können, desto besser. Wenn das Visualisieren dieser Wesen Ihnen dabei hilft, ihre Präsenz stärker zu spüren, dann tun Sie es immer wieder.

Halten Sie ab und zu einfach an, und meditieren Sie, indem Sie im Herzen ruhen und sich in den Raum hinein öffnen. Lassen Sie an Erfahrung entstehen, was immer es sein mag, und lassen Sie die Erfahrung einfach sein, wie sie ist, ohne zu versuchen, sie zu stoppen oder sich darin zu verlieren.

Für die Geburt in einem Reinen Land beten

Jedes Erwachte Wesen existiert in seiner eigenen Erwachten Welt, die oft das Reine Land genannt wird. Es kann uns in seine Welt ziehen, vor allem, wenn wir es im Moment des Todes anrufen. Nachdem sie über viele Leben hinweg ihr eigenes Reines Land durch die Kraft ihrer Praṇidhānas geschaffen haben, sind die Erwachten in der Lage, jedes Wesen, das an sie denkt oder sie im Moment des Todes anruft, in ihr Reines Land hineinzuziehen und sie bis zu ihrem Erwachen dort zu behalten.

Das Reine Land ist in der buddhistischen Lehre ein umfassendes Thema. Es gibt viele Reine Länder, und viele technische Details und Prinzipien gehören dazu. Aber selbst ohne viel darüber zu wissen, kann man sicherlich nachempfinden, wie wundervoll es wäre, in der Gegenwart eines bestimmten Erwachten Wesens zu sein, und danach streben, in ihrem Reinen Land geboren zu werden.

Stets wird davon gesprochen, dass Reine Länder sowohl im Herzen wie auch als reale Orte existieren, zu denen man reisen und wo man leben könnte. Diese Vorstellung ist uns nicht vollkommen fremd. In poetischen Worten sprechen wir manchmal nicht nur von unseren liebsten Freunden, die wir in unserem Herzen tragen, sondern auch von lieb gewonnenen Orten, die sich in unser Herz eingegraben haben und wo unser Herz zu sein scheint, auch wenn wir selbst weit entfernt sind.

Im Tod sprechen die Sterbenden häufig davon, zu einer anderen Seite hinüberzugehen, zu einem anderen Ort, einem besseren Ort, einer anderen Welt oder ins Jenseits, selbst wenn sie keine spezifischen Glaubensvorstellungen haben, was sie damit meinen. Es ist, als würden die Menschen intuitiv spüren, dass eine Person und ihre Welt eins sind. Wo sie sind, wird auch ihre Welt sein. Von da ist es kein so großer Sprung zu dem Gedanken, dass Erwachte Wesen in ihren eigenen Welten leben und wir darum beten können, dort wiedergeboren zu werden.

Im tibetischen, chinesischen und japanischen Buddhismus ist die Praxis beliebt, darum zu beten, im Reinen Land von Amitābha, Sukhāvati (tibetisch *Dewachen*, was das Land der Großen Glückseligkeit bedeutet), geboren zu werden. Für manche ist es ihre Hauptpraxis, andere wiederum kombinieren sie mit anderen Übungen, wie der, die ich vorher erklärt habe. Im Wesentlichen besteht die Praxis darin, den Namen von Amitābha Buddha

(Amitābha bedeutet Grenzenloses Licht – Amida in der japanischen Tradition) zu rezitieren, vielleicht zusammen mit seinem Mantra oder dem von Avalokiteśvara und mit einem Gebet, das lauten kann: »Sobald ich sterbe, möge ich den Buddha Amitābha sehen und im Land von Sukhāvati geboren werden. Wenn ich dort geboren bin, möge ich den Pfad des Erwachens zu Ende gehen und alle Wesen mit mir zum Erwachen führen.«

Wenn wir den Namen, das Mantra eines Erwachten Wesens oder sogar nur den Namen ihres Reinen Landes aussprechen, stellen wir automatisch eine Verbindung mit der Welt her, die von diesem Wesen ausgeht, wodurch wir ganz natürlich durch die Kraft ihres Adhiṣṭhāna zu ihr hingezogen werden.

Jedes Erwachte Wesen besitzt ein Reines Land, und sie alle tragen gleichermaßen zum Erwachen bei. Es spielt eigentlich keine Rolle, welches Sie wählen oder ob Sie sich auf das Reine Land oder nur auf das Erwachte Herz des von Ihnen ausgesuchten Erwachten Wesens konzentrieren. Sind Sie erst einmal in einem Reinen Land geboren, ist es leicht, von einem zum anderen zu reisen, weshalb es keinen Unterschied macht, welches Sie fokussieren.

Einige sind entschlossen, zu einem bestimmten Reinen Land zu gelangen. Das ist eine Art der Praxis, die sehr viel Energie freisetzen kann. Im Mahāmudrā und in der Dzogchen-Tradition nimmt Guru Rinpoche eine zentrale Stellung ein, weswegen ich meine Schüler dazu anhalte, zu ihm als einer der großen lebendigen Kräfte des tibetischen Buddhismus eine starke Verbindung aufzubauen. Da Guru Rinpoche von Amitābha ausstrahlt, öffnet sich sowohl der Weg ins Sukhāvati wie zu Guru Rinpoches persönlichem Reinen Land, wenn wir ihn anrufen. Es wird gesagt, dass Guru Rinpoche eigens vom Buddha Amitābha gesandt wurde, um den Wesen dieser dunklen Ära zu helfen, in der es sehr schwierig ist, den Dharma zu praktizieren.

Andere haben keine besondere Vorliebe für ein bestimmtes Reines Land oder Erwachtes Wesen und sind zufrieden damit, in allen die gleiche Essenz zu sehen und sich darauf zu beziehen.

Das würde für jemanden gelten, der sich vor allem auf die Zuflucht- oder Bodhisattva-Gelübde oder auf die Meditation als Hauptpraxis im Moment des Todes verlässt. All diese Übungen sind gleich wertvoll.

Beim Gebet, in einem Reinen Land wiedergeboren zu werden, geht es ausschließlich darum, an den Buddha, dessen Land es ist, zu glauben und alle egozentrischen Anstrengungen, etwas selbst zu *tun*, zu unterlassen, außer das Mantra zu rezitieren oder darum zu beten, in diesem Land wiedergeboren zu werden. Es wird in vollkommenem Vertrauen darauf rezitiert, dass allein das Halten der Verbindung ausreicht und der Rest vom Buddha erledigt wird. Es ist eine Art und Weise, das Anhaften an egozentrischen Vorstellungen von einer eigenen Anstrengung loszulassen und unser Vertrauen in unsere Herzensverbindung mit dem Buddha zu setzen, der all die Arbeit tun wird, um das Herz in uns zum Erwachen zu bringen. In diesem Sinne funktioniert es wie die Meditation, und es ist sehr gut, Perioden der Meditation mit Perioden des Gebets zu kombinieren, in denen wir uns Amitābha oder einem anderen von uns gewählten Erwachten Wesen anvertrauen.

Es läuft auf dasselbe hinaus, ob wir mit einer solchen Sehnsucht sterben oder mit der Sehnsucht, vollkommenes Erwachen zum Wohle aller Wesen zu verwirklichen. Die Praxis erhält eine persönliche Note, wenn wir uns vorstellen, in einem Reinen Land wiedergeboren zu werden. Ihr Vertrauen in Ihre Verbindung mit dem Pfad des Erwachens kann gestärkt werden, wenn Sie sich vorstellen können, wie die Wärme und Liebe Erwachter Wesen Ihnen entgegenkommt, um Sie zu umarmen und in ihr Reines Land zu geleiten.

Powa, die Übertragung des Bewusstseins

Eine besondere Art, sich dem Pfad des Erwachens vertrauensvoll zu öffnen, ist eine Praxis, die im Tibetischen *Powa* genannt wird. Powa bedeutet »Übertragung« und ist eine besondere Methode, uns oder ein anderes Wesen von diesem Körper und Leben direkt in einen Zustand entweder des Erwachens oder eines Reinen Landes zu übertragen, ohne durch den Zwischenzustand zu gehen. Alle bisher erwähnten Elemente wie die Kraft von Adhiṣṭhāna, Praṇidhānas, Verbindungen, Puṇya, Mantra, Gebet und Meditation werden verwendet. Der Nutzen der Powa-Praxis gleicht dem aller bisher beschriebenen Übungen.

Es gibt verschiedene Arten der Powa-Praxis. Einige enthalten zahlreiche Visualisierungen und bildliche Vorstellungen. Unter Tibetern wird Powa hauptsächlich praktiziert, um im Reinen Land von Amitābha geboren zu werden, so dass zu dieser Praxis viele Rezitationen des Mantras von Amitābha wie auch Gebete an Amitābha und Praṇidhānas gehören, um in seinem Reinen Land wiedergeboren zu werden.

Einige Praktizierende spezialisieren sich in der Powa-Praxis und sind fähig, anderen dabei zu helfen, schnell von dieser Welt ins Reine Land von Amitābha zu gelangen, indem sie neben der Person, die stirbt, meditieren und bewirken, dass deren Bewusstsein durch den Scheitel ihres Kopfes den Körper verlässt. Es wird gesagt, dass die Kraft der Konzentration auf Seiten des Meditierenden und auf Seiten der Person, der geholfen wird, ein Loch verursacht, durch das das Bewusstsein den Körper verlässt. Der Anblick ist ziemlich eindrucksvoll, wenn ein Büschel Gras aus einem Loch im Schädel ragt, das dort als Beweis dafür hineingesteckt wurde, dass die Powa erfolgreich war.

Wenn jemand Powa für Sie praktiziert, ist es ideal, wenn das in Ihrer Gegenwart genau im Augenblick des Todes getan wird. Es kann auch ein wenig zuvor geschehen oder auch erst lange, nachdem die Person gestorben ist. Die Praxis enthält eine Vielzahl technischer Elemente, so dass nur ein Meister darin genau weiß, wie und wann sie ausgeführt werden muss, um die besten Ergebnisse zu erzielen.

Es ist nicht sehr sinnvoll zu versuchen die ausführliche Powa-Praxis aus einem Buch zu erlernen, ohne eine direkte Verbindung mit einer Übertragungslinie erfahrener Praktizierender, die die Kraft haben, die Essenz der Praxis zu übertragen. Außerdem kann es gefährlich sein, die ausführlicheren Formen der Praxis ohne die Supervision durch einen Meister anzuwenden. Aber es gibt einfachere Formen der Powa, die Sie für sich und andere praktizieren können, selbst wenn Ihnen die ausführlichere Version nicht übermittelt wurde oder Ihnen die Superversion fehlt.

Im Buch *Das tibetische Buch vom Leben und vom Sterben* von Sogyal Rinpoche werden drei Arten der Powa-Praxis beschrieben, die jeder ausführen kann, Buddhist oder nicht. Die ersten beiden gleichen der Praxis, durch die ein Erwachtes Wesen durch Gebet, Visualisierung und Mantra angerufen wird. So wie man sich vorstellt, die Gegenwart Erwachter Wesen zu spüren und wie ihr Adhiṣṭhāna in uns eindringt, stellt man sich in der Powa-Praxis vor, dass das eigene Bewusstsein den Körper verlässt und direkt mit dem Herzen des Erwachten Wesens verschmilzt, das sich im Himmel vor einem befindet.

Die dritte Praxis wird die essenzielle Powa-Praxis genannt. Sie ist der Art von Praxis sehr ähnlich, die ich immer wieder in diesem Buch empfehle. Das zusätzliche Element besteht darin, mit dem vollkommenem Vertrauen darauf, dass unser Herz, das Herz des Buddha und das Herz aller Wesen von ein und derselben Essenz sind, einfach »Ah!« zu sagen. Alle Wesen befinden sich in unserem Herzen, der Verstorbene befindet sich in unserem Herzen, und unser Herz befindet sich im Herzen von Buddha. Wenn wir so denken und unserer Verbindung zum Pfad des Erwachens vertrauen, dann lassen wir einfach alles Festhalten sein, und mit einem Gefühl der Erleichterung und des Wunders rufen wir: »Ah!« Es ist gut, dies zu tun, so oft wir daran denken, und sich an Natsok Rangdröls Bemerkung zu erinnern, dass selbst wenige Augenblicke der Erkenntnis unserer wahren Natur ausreichen, um Befreiung zu erlangen, wenn wir uns im Zwischenzustand befinden.

Die einfache Form der essenziellen Powa-Praxis, wie sie hier wiedergegeben ist, kann vor, während und nach dem Tod praktiziert werden. Nachdem Sie ein paar Mal »Ah!« gesagt haben, verweilen Sie in der Meditation im Vertrauen, dass Ihr Herz und die

Herzen aller Erwachten Wesen auf natürliche Weise untrennbar sind und sich gegenseitig in der Offenheit, Klarheit und Feinfühligkeit unseres Seins durchdringen. Lassen Sie die Zweifel und Ihr Zögern und alle anderen Gedanken, die im Geist erscheinen, gehen, und ruhen Sie in dem, was jenseits aller Konzepte von Raum und Zeit liegt. Das bedeutet, im Nichtwissen zu verweilen, nirgendwo zu sein, unfassbar und doch alles durchdringend, als die Essenz aller Wesen. Wenn Sie auf diese Art in der Meditation verweilen, hilft Ihnen das dabei, in einer stabilen und sicheren Position zu verharren, in der Sie sich erholen können, um dann vertrauensvoll und mit Mut weiterzugehen.

Wenn Sie diese Powa-Praxis für eine andere Person ausüben, dann denken Sie währenddessen daran, dass deren Herz von dem Ihren und dem aller Erwachten Wesen untrennbar ist.

Die hier dargestellte Powa-Praxis mag einfach und vielleicht sogar wie eine Grundübung erscheinen, aber sie ist äußerst tiefgründig. Um eine Verbindung mit der ganzen Kraft des Adhiṣṭhāna der Powa-Praxis einzugehen, ist eine direkte Übertragung und Anweisung von einem erfahrenen Praktizierenden nötig. Ohne eine solche Art der Verbindung gleicht sie einer elektrischen Anwendung, die von ihrer eigentlichen Energiequelle getrennt wurde. Das soll nicht heißen, dass der Versuch schadet. Erwachte Wesen sind immer gegenwärtig. Wer kann daher sagen, was unmöglich wäre, wenn wir offen sind?

Ich glaube daher, dass es sich lohnt, die Powa auf eine allgemeinere Weise zu erwähnen, vor allem die essenzielle Powa-Praxis, für den Fall, dass jemand, der sie liest, davon inspiriert ist und dadurch selbst ohne die vollständigen Erklärungen und Übertragungen Vertrauen fassen kann, wenn er stirbt. Eine tiefgründige Praxis kann manchmal ganz spontan, scheinbar ohne große Vorbereitung wirken. Das liegt vielleicht an einer Verbindung, die die Person aus einem früheren Leben mit der Praxis hat.

Der eigenen Inspiration folgen

Einige finden die Vorstellung von Erwachten Wesen und Reinen Ländern inspirierend, für andere aber mag sie absonderlich klingen. Diese Vorstellungen schließen alles Mögliche über die Natur des Universums ein, mit denen wir nur schwer etwas anfangen können. Auf dieser Stufe müssen wir blind vertrauen, da wir die Dinge nicht in dieser Weise verstehen – zumindest noch nicht. Aus buddhistischer Sicht liegt dies daran, dass unsere Sicht zu sehr von unseren festen Ansichten darüber, wie die Realität wirklich ist, verdunkelt wird.

Meditation ist ein Weg, um diese Verdunkelungen zu beseitigen. Das ist der Grund, warum ich so viel Wert auf die Meditation lege. Da sich die Meditation um unsere direkte Erfahrung dreht und nicht von uns verlangt, dass wir irgendein Glaubenssystem annehmen, ist sie für jeden ein Einstieg und auch der weitere Weg vorwärts, um unser Verstehen zu vertiefen. Meditation und eine richtige Haltung zur Zeit des Todes bringen den gleichen Nutzen, als würden wir irgendeine der anderen Übungen praktizieren, die in diesem Buch angesprochen wurden. Meditation hat ihr eigenes Adhiṣṭhāna und verbindet uns direkt mit der wahren Natur der Wirklichkeit, der Quelle aller Kraft. Es liegt an uns, auf welche Praxis wir uns verlassen wollen, um die Verbindung mit dem Pfad des Erwachens aufrecht zu halten, wenn die Zeit des Todes gekommen ist.

Warum bevorzugen wir also die eine oder die andere Praxis? Warum wählen wir ein Erwachtes Wesen und nicht ein anderes? Warum wählen wir die Geburt in dem einen Reinen Land und nicht in dem anderen? Ich finde es recht undurchschaubar, warum das so ist. Aus buddhistischer Sicht liegt es daran, dass wir unsere Entscheidungen nach unseren karmischen Neigungen aus diesem und den vorherigen Leben treffen, gemäß unseren heutigen Verbindungen und denen aus vergangenen Leben und gemäß den jetzigen und früheren Praṇidhānas.

8
Wie die Lebenden den Toten und Sterbenden beistehen können

In diesem Kapitel werde ich verschiedene Empfehlungen in einen Zusammenhang bringen, die mit dem Thema zu tun haben, wie wir anderen während und nach ihrem Tod beistehen können. Dazu gehören Ratschläge, die den Umgang mit Buddhisten wie Nichtbuddhisten betreffen und die Frage, wie man für die Sterbenden und für ihre Hinterbliebenen sorgen kann.

Mit den Sterbenden sein

Hier geht es im Wesentlichen darum, immer im Sinn zu behalten, dass man einfach für den anderen da sein und nicht ständig besorgt sein sollte, ob man das Richtige tut oder nicht. Allein die Gegenwart eines liebevollen Menschen, der sich nicht schnell wieder zurückzieht, kann bei dem Sterbenden oft schon das Vertrauen in sich selbst wiederherstellen, das Vertrauen, in irgendeiner Weise mit anderen auf einer tiefen Ebene verbunden zu sein. Dies ist normalerweise außerordentlich hilfreich.

Daher kann bereits eine Menge vermittelt werden, wenn Sie einfach bei der Person, die stirbt, bleiben und sie spüren lassen, dass Sie da sind. Sie hat dadurch die Möglichkeit, Ihnen mitzuteilen, was sie denkt, sollte sie den Wunsch dazu haben. Wenn Sie entspannt an ihrer Seite bleiben, wird es wahrscheinlich deutlich, ob sie etwas von Ihnen möchte. Daher geht es darum, so offen, klar und feinfühlig wie möglich zu sein.

Wenn wir ängstlich werden, verpassen wir meistens die Gelegenheiten, in denen wir auf das, was die sterbende Person möchte oder was sie versucht uns mitzuteilen, eingehen könnten. Vielleicht besteht ihre größte Angst darin, sich verlassen und allein zu fühlen. Alles, was sie von Ihnen braucht, ist, da zu sein. Wenn Sie von Angst erfüllt sind, springen Sie vielleicht immer wieder auf, laufen herum und tun irgendetwas in einer Art und Weise, durch die sie sich verlassen und ignoriert fühlt. Natürlich muss man auf die Signale des sterbenden Menschen achten, um zu wissen, welches Bedürfnis er in diesem Moment hat. Sie müssen wach bleiben und Ihren Verstand oder Ihre Intuition einsetzen, um herauszufinden, was er braucht.

Es ist nicht unbedingt ein angenehmes Gefühl, einfach bei jemandem zu sein. Manchmal können Sie nicht sagen, ob Ihre Gegenwart erwünscht ist oder nicht. Ich bin oft überrascht von der Reaktion der Menschen auf meine Gegenwart. Manchmal ist sie sehr positiv, selbst wenn ich nicht viel getan oder gegen alle Regeln der Kunst verstoßen habe. Nichtsdestotrotz schien meine Absicht irgendwie durchzudringen. Andere Male waren die Menschen nicht glücklich mit mir. Manchmal ist es so. Wir müssen einfach unser Bestes tun. Das ist alles, worum es geht. Wenn wir Sterbenden helfen, geht es nicht darum, dass wir selbst uns dadurch gut fühlen.

Einer meiner Lehrer, Chögyam Trungpa Rinpoche, betont in einem sehr bewegenden Artikel, in dem es um die Art und Weise geht, wie wir mit Sterbenden umgehen sollen, wie wichtig es ist, einfach normal und unkompliziert zu sein, dem Sterbenden zu erlauben, jeden Wunsch auszusprechen, und auf seine gewöhnlichen Hoffnungen und Ängste in Bezug auf das Leben und den Tod einzugehen. Dadurch geben wir ihm das Gefühl, normal und nicht eine andere Spezies zu sein. Wenn uns der Tod anderer Angst macht, ist es sehr schwierig, tatsächlich bei und mit einem sterbenden Menschen zu sein. Wir betrachten ihn eher durch den Schleier unserer eigenen Hoffnungen und Ängste, statt ihm wirklich zu begegnen.

Trungpa Rinpoche erklärte auch, wie wichtig es ist, fortwährend achtsam zu sein, wenn wir mit sterbenden Menschen zusammen sind. Eine ihrer größten Ängste ist, mit dem Tod vernichtet zu werden. Diese wird durch jeden verstärkt, der so tut, als würde der Sterbende bereits nicht mehr als eine reale Person existieren. Wenn wir auf eine nüchterne Art mit ihm sprechen, dann vermitteln wir ihm dadurch, dass wir nicht denken, er würde gleich ausgelöscht werden. Dadurch kann Vertrauen geweckt werden, weil er weiß, dass wir für ihn da sind und bei ihm sein werden, während er stirbt.

Während des Todesprozesses und im folgenden Zwischenzustand begegnen der Person wahrscheinlich viele seltsame Dinge, zu denen sie eine so einfache und direkte Beziehung wie möglich finden muss. Sie muss erkennen, dass das, was erscheint oder geschieht, einfach ein von ihrem eigenen Geist geschaffenes Schauspiel ist, so wie Träume oder Halluzinationen, und dass es nutzlos ist, vor ihnen davonzulaufen. Indem Sie da sind und ihr ein Gefühl der Sicherheit vermitteln, bieten Sie ihr einen stabilen Ort, von dem aus sie lernen kann, darauf zu vertrauen, dass sich ihr Gewahrsein fortsetzen wird. Ihre Verbindung mit Ihnen kann ihr helfen, einen Halt zu spüren, anstatt von den rasend schnell wechselnden Empfindungen und Erscheinungen hierhin und dorthin gejagt zu werden. Die Sicherheit, dass sie nicht allein ist und nicht im nächsten Moment ausgelöscht wird, ist Ihr Geschenk an sie.

Sterbenden spirituellen Rat geben

Manchmal werde ich um Rat gefragt, was man zu einem sterbenden Menschen sagen kann. Da jeder so verschieden ist, ist es nicht einfach, dies zu verallgemeinern. Sie müssen hier wirklich auf Ihre eigene Intuition hören.

Je klarer wir uns darüber sind, wer der Sterbende ist und woran er glaubt, desto leichter wird es uns sicherlich fallen, die angemessenen Worte zu finden. Einige schätzen Ratschläge und beruhigende Worte, aber durchaus nicht jeder. Es geht in einer solchen Situation darum, den günstigen Moment zu erkennen, in dem die sterbende Person durch geeignete Gedankengänge darin unterstützt wird, Mut und Vertrauen zu gewinnen. Das heißt, sie so weit wie möglich davon abzuhalten, sich in aufwühlenden Gedanken zu verstricken, die aus Anhaften, Ärger und Verwirrung heraus entstehen.

In traditionellen buddhistischen Kulturen ist es Sitte, am Bett des Sterbenden zu sitzen und ihn an seine guten Taten zu erinnern. Zum Beispiel so: »Denk an die Zeit, als du im Tempel Gaben dargebracht hast«, »denk an die Zeit, als du einer ertrinkenden Hummel das Leben gerettet hast«, »denk an deine freundlichen Worte, durch die sich die zerstrittenen Freunde wieder miteinander versöhnt haben.« Dahinter steht der Gedanke, der Person dabei zu helfen, in einer positiven Gemütsverfassung zu sterben, in der sie vertrauensvoll auf ihre guten Taten zurückblickt und durch die ihr Wunsch gestärkt wird, diese zu wiederholen. Dadurch wiederum wird sie hoffentlich zu einer positiven Wiedergeburt geleitet.

In unserer Kultur kann es ein riskantes Unterfangen sein, jemanden an seine guten Taten zu erinnern, da viele Menschen häufig von den guten Dingen, die sie getan haben, geringschätzig denken und nicht besonders davon überzeugt sind. Stattdessen sind sie auf das Schlechte, das sie getan haben, fixiert. Meiner Erfahrung nach sind wir überzeugter von unserer Fähigkeit, jetzt gute Absichten und eine grundsätzlich gute Haltung zu haben als von irgendwelchen guten Taten in der Vergangenheit. Da Ersteres tatsächlich das Wichtigste ist, empfehle ich, dass sowohl der Mensch, der im Sterben liegt, als auch jene, die bei ihm sind, sich auf die am leichtesten zugängliche positive Haltung konzentrieren und sich mit ihr verbinden.

Wenn Sie merken, dass Sie dasitzen und nicht wissen, was Sie sagen sollen, ist es wichtig, sich nichts daraus zu machen und vielleicht sogar einfach zu sagen: »Ich weiß nicht, was ich sagen soll.« Das ist wenigstens offen und ehrlich. Aus meiner eigenen Erfahrung weiß ich, dass es manchmal überraschend hilfreich ist, wenn jemand einfach das Offensichtliche mutig und vertrauensvoll ausspricht. Es kann mich zum Lachen bringen!

Zu all den anderen Dingen, die zu sagen Sie angemessen finden, gehört vielleicht auch, dass das Herz – unsere wahre Natur – nie zerstört werden kann, so dass das Herz die Person immer begleiten wird. Es ist vor allem gut, sie zu beruhigen. Sterbende brauchen die Gewissheit, dass sie für jene, die sie lieben, alles getan haben, was sie in diesem Leben tun konnten, und dass diese sie immer in ihrem Herzen bewahren werden, so dass der Sterbende sie loslassen kann.

Es kann hilfreich sein, von Zeit zu Zeit Hinweise auf die Vergänglichkeit einfließen zu lassen, wie die Beobachtung, dass es nichts nützt, sich an Dinge zu binden, da sie alle verschwinden, wenn wir tot sind. Ähnlich hilfreich kann die Bemerkung sein, dass alles Leiden nicht ewig dauern wird.

Selbst diejenigen, die nicht an Karma und ein zukünftiges Leben glauben, mögen die Erinnerung daran, dass sie immer versucht haben, ein gutes Leben zu führen, beruhigend finden. An die vielen guten Taten erinnert zu werden hebt die geistig-seelische Verfassung und stärkt die guten Anlagen. Wenn die Person voller Reue über die schlechten Taten ist, die sie verübt hat, dann versuchen Sie sie mit dem Hinweis zu beruhigen, dass das Wichtigste ist, dass es ihr leid tut und sie fest entschlossen ist, nicht wieder so zu handeln. Wenn sie an zukünftige Leben glaubt, dann können Sie ihr versichern, dass sie eine Möglichkeit der Wiedergutmachung erhalten wird, wenn sie den Menschen, denen sie böse mitgespielt hat, wieder begegnet. Je mehr Sie sie dazu bringen, dem Guten in ihrem Herzen und ihren guten Absichten zu vertrauen, desto besser.

Ist der Geist der sterbenden Person sehr verwirrt, muss sie erst recht beruhigt werden. Es muss ihr versichert werden, dass ihr Geist wieder klar wird. Sie wird nicht immer verwirrt sein. Vielleicht können Sie sie davon überzeugen, dass allein ihr Geist verwirrt ist; in ihrem Herzen ist sie nicht verwirrt.

Manchmal kann der Sterbende davon überzeugt werden, dass das Sterben sich mit der Entspannung nach einem Tag harter Arbeit vergleichen lässt. Seine Aufgabe ist erledigt, und morgen wird ein neuer Tag kommen, ein neuer Ort, ein neues Leben. Das kann ihm sehr helfen, sich vertrauensvoll in das Herz hinein zu entspannen.

Heute ist es häufig der Fall, dass man sich um jemanden kümmern muss, der überhaupt keinen Glauben hat und auch nicht über die Tatsache reden möchte, dass er sterben wird, und noch weniger über die Frage von Leben und Tod im Allgemeinen. Viele unterdrücken früh in ihrem Leben diese Art von Gedanken und wollen einfach nichts mit dem Tod zu tun haben. Sie würden sogar gern so tun, als würde nichts mit ihnen geschehen. Meiner Erfahrung nach können wir da nicht viel tun, außer darauf zu hoffen, dass wir die richtigen Worte finden werden, falls ein solcher Mensch sich doch noch von sich aus öffnen sollte. Jemandem unsere Sicht der Wirklichkeit aufzudrängen ist wahrscheinlich nicht hilfreich.

Natürlich ist es auch wichtig herauszufinden, ob die sterbende Person einen besonderen Wunsch hat. Braucht sie zum Beispiel Hilfe oder Gesellschaft? Wenn ja, welcher Art und mit wem? Möchte sie reden? Wenn ja, mit wem? Möchte sie die Wahrheit erfahren? Wissen die Verwandten und Freunde von ihrer Verfassung? Können Sie ihr helfen, ihre Verwandten und Freunde zu benachrichtigen? Gibt es jemanden, mit dem sie Frieden schließen möchte? Hat sie ein Testament verfasst? Sind ihre Angelegenheiten in Ordnung gebracht worden, ihre Schulden und Rechnungen bezahlt, abhängige Angehörige und Haustiere versorgt, geliehene Dinge zurückgegeben und so weiter?

Vielleicht kann sie aus einem bestimmten Grund nicht sprechen, aber mit Signalen antworten. Das erfordert einen gewissen Einfallsreichtum, und vielleicht lohnt es sich, im Voraus über die Formulierung der Fragen nachzudenken, um aus dem Ja oder Nein ein Maximum an Informationen zu ziehen. »Wie fühlst du dich?« mag nutzlos sein, wohingegen auf »fühlst du dich besser?« leichter reagiert werden kann. »Fürchtest du dich vor etwas?« kann ein Nicken hervorlocken, und dann könnten Sie verschiedene Sorgen aufzählen, die sie vielleicht hat, und vorschlagen, wie Sie helfen könnten.

Sterbenden Buddhisten beistehen

Wenn die Person, der Sie beistehen, den Buddhismus praktiziert, ist es das Wichtigste herauszufinden, worauf sie am meisten vertraut; sie zu ermutigen, sich darauf zu konzentrieren, und sich auf die Verbindung mit dieser Praxis zu verlassen. All die bereits genannten Empfehlungen, welche Einstellung wir entwickeln sollten, um unserer Verbindung mit dem Pfad zu vertrauen, und über das Anrufen der Kraft des Erwachens spielen hier eine Rolle. Empfehlen Sie dem Sterbenden, die Praxis aufzunehmen, mit der er am leichtesten eine Verbindung finden kann.

Wie ich fortwährend betont habe, ist es die Haltung einer Person und die ganze Orientierung ihres Daseins, die beim Sterben die größte Wirkung hat. Daher ist es wichtiger, den Menschen bei der Entwicklung einer Dharma-Haltung zu helfen, als ihn zu einer intensiven Ausübung formaler Dharma-Praxis zu drängen, die ihm zu dieser Zeit schwerfallen mag.

Wenn es sich bei der sterbenden Person um jemanden handelt, der meditiert hat, das aber aufgrund der Belastung nicht mehr kann, dann reden Sie ihm zu, dem zu vertrauen, was er in der Vergangenheit meditiert hat. Er braucht die Zusicherung, dass es keine Rolle spielt, wenn er in diesem Moment nicht in der Lage ist zu meditieren, und dass er die Meditation später wieder aufnehmen kann. In der Zwischenzeit muss er auf das vertrauen, was er bereits getan hat, und darauf, dass seine guten Absichten ihn hindurchtragen werden. Es ist wichtig, keine unrealistischen Erwartungen zu hegen oder sich dafür zu geißeln, wenn es mit der Meditation nicht besser klappt. Sie können der sterbenden Person anbieten, sich neben sie zu setzen und mit ihr zusammen zu meditieren. Vielleicht hilft ihr dies, in die Meditation zu finden oder sich Ihnen zumindest im Geiste anzuschließen. Die Meditation, die die sterbende Person in ihrem Leben geübt hat, sollte ihr wenigstens ein grundlegendes Vertrauen in die Natur ihrer Erfahrung gegeben haben. Dies wiederum sollte sie befähigen, sich der Situation auf meditative Weise zu öffnen, selbst wenn sie sich momentan nicht gerade in meditativer oder friedvoller Stimmung fühlt.

Absicht ist der Motor, der uns zum Erwachen trägt. Daher ist es gut, die Person dazu zu bewegen, Entschlüsse und Wünsche (Praṇidhānas) für ihre zukünftigen Leben zu fassen – zum Beispiel: anderen zu helfen, dem Pfad zum Erwachen wieder zu begegnen, diejenigen wieder zu treffen, mit denen sie eine starke Dharma-Verbindung hat, und sogar (wenn sie diese Vision inspirierend findet) stets für das Erwachen aller Wesen zu wirken.

Ganz praktisch könnten Sie ihr anbieten, den Dharma in irgendeiner Form zu hören. Sie könnten Tonbänder abspielen, ihr vorlesen, sie lesen lassen oder kurze Zitate einrahmen, die sie inspirieren und sie ermuntern, sie von Zeit zu Zeit zu betrachten. Sie könnten eine Buddha-Figur oder ein Bild nahe bei ihrem Kopf platzieren.

Wenn die sterbende Person die Figur am Fuß ihres Bettes möchte, wo sie sie besser sehen kann, ist das in Ordnung, selbst wenn es traditionell als respektlos empfunden wird, wenn die Füße zum Buddha zeigen. Es spielt für uns keine Rolle, weil es für uns kein Ausdruck von Respektlosigkeit ist, wenn unsere Füße zu jemandem hinweisen. Vielmehr gilt, dass es als respektvoll angesehen wird, wenn wir unsere Augen auf jemandem ruhen lassen, den wir lieben. In buddhistischen Ländern wird es als respektlos empfunden jemandem die Füße entgegenzustrecken. Wenn Sie das so empfänden, würden Sie nie Ihre Füße in Richtung einer Buddha-Figur zeigen lassen. Aber da wir westlich geprägte Menschen normalerweise nicht so denken, ist es uns vielleicht lieber, die Figur am Bettende zu haben. Wir würden uns vorstellen, dass die Gestalt über uns im Raum schwebt.

Wenn sie gesegnete oder heilige Substanzen oder Artefakte haben, dann können Sie die sterbende Person damit berühren, vor allem am Kopf oder am Herzen, und so ihre Verbindung mit dem Dharma stärken. Ein gesegnetes Objekt ist etwas, das mit den Praṇidhānas und dem Adhiṣṭhāna Erwachter Wesen verbunden wurde. Werden gesegnete Figuren, Artefakte, Substanzen und heilige Schriften berührt, gesehen oder gefühlt, dann ist die

Vorstellung damit verbunden, dass dadurch der Sterbende gewissermaßen mit dem Dharma auf eine materielle Art verbunden wird, die eine eigene Kraft hat.

Das Gleiche gilt für Mantras. Wenn wir still ein Mantra rezitieren, kann das nicht nur beruhigend wirken, sondern auch die Verbindung des Sterbenden zum Dharma stärken. Dadurch kann das Adhiṣṭhāna ins Fließen kommen, als Schutz wirken und günstige Bedingungen für eine glückliche Wiedergeburt anziehen. Einige Menschen sind auch offen dafür, eine Buddhafigur nahe bei sich zu haben, dass Mantras für sie rezitiert werden oder Ähnliches, selbst wenn sie keine Buddhisten sind.

Wenn jemand den Verstand verliert

Das starke, manchmal langwierige Leiden, das der Todeserfahrung häufig vorangeht, raubt einer Person manchmal ihre Würde, Klarheit und ihren Verstand. Wenn das geschieht, können die Menschen sich ziemlich bizarr verhalten, in alte Erinnerungen und Traumata zurückfallen, halluzinieren, geliebten Personen oder ihre Umgebung nicht wiedererkennen und so weiter. Dies kann für uns wie für sie sehr schwer erträglich sein und daher eine sehr schwierige Situation erzeugen. Es ist wichtig, dass wir uns nicht verschließen oder gar versuchen, diese Person aus unserem Geist zu verbannen. Sie braucht noch immer unsere Liebe und Aufmerksamkeit. Selbst wenn wir ihr durch unsere Gegenwart nicht helfen können, können wir sie immer noch in unserem Herzen bewahren.

Die Menschen fragen sich, was mit der Person, die sie kannten, geschehen ist. Können all die guten Eigenschaften, die sie während ihres Lebens hatte, auf einmal verschwunden sein? Der buddhistische Standpunkt, dass unser Erwachtes Herz mit seinen ihm innewohnenden Qualitäten der Offenheit, Klarheit und Feinfühligkeit nicht zerstört werden kann, kann sehr beruhigend wirken. Auch wenn diese Qualitäten zeitweilig von den Veränderungen, die die Person durchläuft, verdeckt werden, heißt das nicht, dass sie schwächer geworden sind, und aus karmischer

Sicht warten die Früchte ihrer vorherigen guten Taten immer noch darauf, dass sie reifen werden. Nichts ist verloren. Nach dem Tod werden sich die guten Gewohnheiten und die geistige Klarheit wieder einfinden. In der Zwischenzeit können Sie für die verwirrte Person da sein und beten, dass sie keinen Hindernissen begegnet oder die Konsequenzen des gewalttätigen oder ausfallenden Verhaltens, das sie an den Tag legt, nicht erleiden muss. Da sie außer Kontrolle geraten ist, werden ihre Taten aus karmischer Sicht weniger drastische Konsequenzen nach sich ziehen, als wenn sie willentlich verübt worden wären.

Dennoch werden negative Geisteszustände immer von Verwirrung genährt und führen zu Leiden. Wenn jemand in dieser Weise leidet, können wir für ihn die Tonglen-Praxis durchführen, um Mitgefühl entstehen zu lassen, und wir können auf Praṇidhānas zurückgreifen, um die Verbindung mit dem Erwachen zu stärken.

Denen beistehen, die einen geliebten Menschen verlieren

Wenn wir bei jemandem sind, der stirbt oder gestorben ist, dann brauchen die Angehörigen häufig genauso unsere Hilfe wie er selbst. Wahrscheinlich sind sie ängstlich, und es ist ihnen nicht klar, wie sie mit der Situation, auf die sie nicht vorbereitet sind, fertig werden können – vor allem, wenn sie über den Tod noch nie viel nachgedacht haben. Das Beispiel, das Sie geben, kann sie in einer solchen Situation Zeit tief berühren. Indem Sie Wege finden, ihre Not zu lindern und ihnen zu Ruhe und Zuversicht zu verhelfen, lindern Sie den Druck, der auf der sterbenden Person lastet, wodurch diese sich entspannen und ihr Anhaften und ihren Kummer loslassen kann. Daher kann Ihre wichtigste Funktion zu dieser Zeit darin bestehen, selbst Ruhe zu bewahren und die anderen anwesenden Personen zu beruhigen.

Vielleicht haben Sie die Möglichkeit, denen, die der sterbenden Person nahestehen, zu sagen, dass Buddhisten daran glauben, ihre Verbindung mit jemandem, der gestorben ist, würde nach dem Tod weiterhin bestehen bleiben; die Angehörigen könnten also dem Sterbenden helfen, indem sie ihm alles Gute auf seiner Reise wünschen und sich auf ein Wiedersehen freuen. Diejenigen, die zurückbleiben, müssen ihren Frieden mit ihm schließen, genauso, wie der Sterbende seinen Frieden mit den Lebenden schließen muss, bevor es zu spät ist. Auf diese Weise können Sie sich auch in Zukunft unter guten Bedingungen begegnen. Das bedeutet, Negativität oder das aneinander Anhaften loszulassen und einander mit einem zuversichtlichen und friedvollen Geist alles Gute zu wünschen.

Wenn man ein geliebtes Wesen verliert, ist eine der schmerzlichsten Erfahrungen das Gefühl der Hilflosigkeit. Selbst Nichtbuddhisten können viel Trost aus dem Gefühl schöpfen, dass sie etwas für die Person, die gestorben ist, tun können, wie zum Beispiel in ihrem Namen Geschenke an Wohltätigkeitsvereine zu spenden oder Praṇidhānas oder Mantras zu rezitieren. Die Hinterbliebenen zweifeln vielleicht daran, ob sie an all diese Dinge glauben sollen, aber trotzdem kann es beruhigend sein, so etwas zu tun, einfach weil es vielleicht hilft. Selbst Kinder können sich an solchen Dingen beteiligen. Aus buddhistischer Sicht hat das eine positive Wirkung, unabhängig davon, ob sie an das, was sie tun, glauben oder nicht.

Um den Moment des Todes herum

Auf der körperlichen Ebene gibt es verschiedene Dinge, die für eine sterbende Person getan werden können, wie ihre Hand halten oder sie sanft berühren und massieren. Wenn jedoch der Moment des Todes näherrückt, ist es nach der buddhistischen Tradition am besten, sie nicht zu berühren oder den Körper zu bewegen, um den Prozess nicht zu stören. Es heißt, wenn die Aufmerksamkeit der sterbenden Person zu den unteren Teilen des Körpers gezogen wird, könne dies eine Verbindung schaffen, die sie in eine weniger günstige Wiedergeburt zieht. Offensichtlich ist das eine sehr mysteriöse Vorstellung, und ich kann hier keine weitere Erklärung geben. Es hängt mit einer Ansicht über Geist und Körper zusammen, die sich sehr von der uns vertrauten unterscheidet.

Wenn es die sterbende Person sehr beunruhigt, dass wir ihre Hand loslassen, ist es wichtiger, ihre Hand so lange zu halten, wie sie es möchte, da der Geist wichtiger ist als der Körper. Ist die sterbende Person nicht sonderlich davon beunruhigt, wenn wir ihre Hand loslassen, dann ist es das Beste, sie loszulassen, wenn der Augenblick des Todes kommt.

Zu diesem Zeitpunkt ist die Herzensverbindung das Wichtigste. Sie sollten sich ganz auf sie verlassen und ihr vertrauen. Da der Körper des Sterbenden verfällt und nutzlos für ihn wird, wollen wir ihn nicht dazu ermutigen, daran festzuhalten, sondern dazu, in seinem Herzen zu ruhen, soweit dies möglich ist.

Wenn sich die Aufmerksamkeit der sterbenden Person zu ihrem Kopf erhebt, dann kann das nach Ansicht der buddhistischen Tradition den Weg zu einer günstigen Wiedergeburt erleichtern. Daher sollten Sie, wenn es wirklich zu Ende geht, versuchen, sich hinter oder nahe bei dem Kopf zu platzieren, um ihre Aufmerksamkeit während des Sterbens nach oben zu lenken.

Ganz am Ende, wenn Sie sicher sind, dass der Sterbeprozess tatsächlich begonnen hat, flüstern Sie ihr leise zu, dass sie jetzt stirbt, dass sie sich entspannen und sich nicht fürchten soll. Es wird gesagt, dass ein Mensch an der Schwelle des Todes, selbst wenn er bereits das Bewusstsein verloren hat, noch hören kann und unter Umständen sogar noch geräuschempfindlicher als üblich ist. Deshalb ist es wichtig, wenn jemand stirbt, leise zu sprechen und laute Geräusche zu vermeiden.

Für jemanden, der stirbt, kann es sehr beunruhigend sein, wenn seine Freunde und Angehörigen jammern und ihn anbetteln, nicht zu sterben. Manchmal, wenn der Ausgang ungewiss ist, können Sterbende sogar durch die Verbindung mit den Menschen, die sie lieben, dem Tode entrinnen und nicht sterben.

Wir müssen für den schwierigen Moment des Übergangs bereit sein, wenn feststeht, dass es keine Hoffnung mehr gibt. Am Ende braucht der Sterbende die Zusicherung, dass es in Ordnung ist zu sterben. Es ist normal. Es bedeutet nicht, dass ihn jemand im Stich lässt. Sobald klar ist, dass die Person wirklich stirbt, ist es daher besser, alle Klagen verstummen zu lassen und alles Anhaften von Seiten der Betroffenen aufzugeben, so dass sie in Frieden sterben kann.

Zu den Toten sprechen

Wenn wir unseren Körper erst einmal verlassen haben und uns im Zwischenzustand vor der Wiedergeburt befinden, dann treiben wir nach der buddhistischen Lehre frei dahin und leiden nicht länger unter den körperlichen Beschränkungen, die verhindern, dass wir wissen, was andere denken. Wir sind fähig, an all die Orte zu gehen, die wir uns nur vorstellen können. Anders ausgedrückt: Wir gehen einfach an den Ort, an den wir denken, und wissen, was dort geschieht. Wenn Sie bedenken, wie schnell und leicht sich der Geist bewegt, können Sie sich gut vorstellen, wie instabil und aufreibend die Erfahrung des Zwischenzustands sein muss. Wenn der Verstorbene an uns denkt, wäre es daher sehr hilfreich für ihn, wenn wir über ihn auf eine beruhigende und förderliche Weise denken würden. Deswegen ist es wichtig, nach ihrem Tod positiv über sie zu denken.

Es wird auch gelehrt, dass die tote Person im Zwischenzustand häufig nicht erkennt, dass sie gestorben ist, und sich in der Umgebung ihres Heims aufhält und herumspukt, so als wäre sie noch lebendig. Wenn sie sieht, wie andere sich ihr Heim und ihre Besitztümer aneignen, kann sie unglücklich und sogar wütend darüber werden. Es ist daher hilfreich, weiterhin mit ihr zu reden und ihr zu sagen, dass sie gestorben ist und es nicht böse gemeint ist. Das ist vor allem dann hilfreich, wenn es sich um einen gewaltsamen oder plötzlichen Tod gehandelt hat. In diesem Fall sprechen wir zur verstorbenen Person möglichst an dem Ort, wo sie gestorben ist oder wo ihr Körper sich befindet.

Im Sinne von gutem Dharma können wir im Geist oder sogar laut mit ihr sprechen und ihr sagen, dass sie tot ist. Mit Worten, die unserer Meinung nach verstanden werden, können wir ihr raten, nicht ängstlich zu sein; alles, woran sie haftet, loszulassen, nicht wütend zu werden und ihrem tiefsten Wunsch nach Glück und Wahrheit zu vertrauen.

Wenn der Verstorbene vorher Buddhist war, erinnern Sie ihn an den Pfad des Erwachens, an Erwachte Wesen, an die Lehren oder Übungen, in die er Vertrauen hatte. War er kein Buddhist, aber ein sehr gütiger und mitfühlender Mensch, dann erinnern Sie ihn daran, dass ihn das beschützen wird und er weiterhin dieser Art zu sein vertrauen und sich davon leiten lassen soll.

Da geglaubt wird, dass das Wesen im Zwischenzustand die Gedanken anderer lesen kann, ist es sehr wichtig, besonders sorgsam mit den eigenen Gedanken und Gefühlen umzugehen, wenn der Tod der Person eintritt. Natürlich können wir es nicht verhindern, negative Gedanken und Emotionen zu haben, aber wir können eine hilfreiche Haltung gegenüber dem Verstorbenen einnehmen, unsere negativen Gedanken bereuen und die positiven nähren, ohne an einem von ihnen festzuhalten – Gedanken einfach als Gedanken erkennen. Das wird ihm helfen, das Gleiche zu tun.

Für das Wohl der Sterbenden oder Verstorbenen praktizieren

Die Zeit, wenn jemand stirbt oder gestorben ist, eignet sich besonders, um den Dharma zu praktizieren und dies dem Verstorbenen zu widmen. Ihre Praxis kann ihm zu dieser Zeit wirklich auf eine Weise helfen, die über die psychische Ebene, Ruhe im Sterben zu bewahren und eine hilfreiche Haltung einzunehmen, hinausgeht.

Jede Dharma-Praxis, die Sie ausüben, kann für die verstorbene Person im Zwischenzustand trostreich sein, selbst wenn es nur die Art ist, wie Sie über den Dharma denken, während Sie Ihren Alltagsbeschäftigungen nachgehen. Der Verstorbene geht wahrscheinlich durch eine Zeit großen Aufruhrs und der Verwirrung, ohne zu wissen, wo er ist, wohin er geht oder was als Nächstes geschehen wird. Ihre Ruhe und Klarheit, erfüllt von Liebe und

Anteilnahme, kann ihm einen stabilen Ort bieten, wo er Frieden und den Mut finden kann, dem, was geschieht, zu begegnen, egal was es ist. Es hilft ihm dabei, sein eigenes Herz und seinen eigenen Geist in Richtung Wahrheit und Erwachen zu wenden.

Wie ich bereits gesagt habe, ist das Bewusstsein im Zwischenzustand nach dem Tod sehr unbeständig und ansatzweise hellsichtig. Wenn Sie den Dharma praktizieren, kann sich die verstorbene Person daher stark damit verbinden – wahrscheinlich mehr als im Leben. Plötzlich könnte sie verstehen, warum Sie den Dharma praktizieren. Es könnte ihr sogar eine positive Verbindung verschaffen, durch die sie direkt zu einer günstigen Wiedergeburt gelangen kann. Natürlich hängt alles vom Einzelnen und seinem individuellen Karma ab, aber diese Möglichkeiten existieren wirklich. Wir können Menschen, die vor vielen Jahren gestorben sind, helfen, weil Zeit, so wie wir sie verstehen, letztendlich nicht wirklich existiert. Daher brauchen wir nie zu denken, es sei zu spät.

Unsere Dharma-Praxis stellt für den Verstorbenen aufgrund ihrer seiner Verbundenheit mit uns eine Verbindung mit dem Erwachen her. Das liegt daran, dass Herzensverbindungen wirklich sind und unser Herz von ihnen berührt worden ist. Diese Verbindung ist unentrinnbar. Durch sie wird die verstorbene Person in unsere Welt gezogen, und unsere Welt ist eng mit dem Erwachen verbunden. Je stärker unsere Verbindung mit ihr ist, desto kraftvoller kann das sein. Aber selbst wenn wir nur einmal ihren Namen vernommen haben oder lediglich Teil einer gemeinsamen Welt gewesen sind (wie wenn wir von einer Katastrophe hören), formt sich eine Verbindung mit uns und somit mit dem Erwachen, da wir mit dem Pfad des Erwachens verbunden sind. Wenn wir jenen, die gestorben sind, unsere Praxis widmen und währenddessen an sie denken, wird die Verbindung dadurch gestärkt. Es ist unwichtig, ob die Person an diese Verbindungen glaubt oder nicht; aus buddhistischer Sicht sind sie real und wie ein Kanal, durch den Hilfe erreichbar ist.

Am Einfachsten können wir den Verstorbenen helfen, indem wir ihnen unsere normale Dharma-Praxis widmen und dabei ihren Namen nennen. Ich führe eine Liste der Menschen, die vor kurzem gestorben sind oder in Schwierigkeiten stecken, und während einer Klausur lese ich am Ende des Tages zusammen mit meinen Schülern diese Liste laut vor. Wir widmen unsere Dharma-Praxis dem Erwachen aller Wesen, aber ganz besonders diesen Menschen.

Natürlich versuchen wir bei den Dharma-Übungen, die wir für die Verstorbenen durchführen, so gegenwärtig und so aufrichtig wie möglich zu sein. Trotzdem können uns alle möglichen Zweifel anfallen, und wir fragen uns, ob wir genug tun. Damit können wir auf zweierlei Weise umgehen. Entweder werden wir dadurch angeregt, mehr zu tun, oder wir beschließen, sie wie alle anderen Gedanken zu behandeln, die einfach kommen und gehen. Wichtig ist, dass Sie so entspannt, vertrauensvoll und einfach bleiben wie möglich. Verurteilen Sie sich nicht dafür, wenn Sie Zweifel hegen und starke Emotionen empfinden.

Weil wir aller Wahrscheinlichkeit nach äußerst durcheinander sind, wenn eine Person stirbt, und sehr deutlich wahrnehmen, wie verwirrt sie war oder ist, wie auch die Menschen um sie herum, hilft es, sich daran zu erinnern, dass die Dharma-Praxis eine Kraft aus sich heraus hat. Sie hilft dem Verstorbenen auf eine Art und Weise, die über die bloße psychische Ebene hinausgeht. Die Kraft der Praxis kommt aus der wahren Natur der Wirklichkeit und aus der Kraft unserer Herzensverbindung mit der wahren Natur der Wirklichkeit.

Das Wichtigste ist, im Herzen zu verweilen und sich keine Sorgen zu machen.

Traditionelle buddhistische Gebräuche

In buddhistischen Ländern werden oft zahlreiche Dinge im Namen der Toten getan. Es gibt viele Möglichkeiten, und es bleibt den einzelnen Individuen überlassen, was sie für den Verstorbenen tun. Viel hängt von ihrer Verbindung mit ihm ab und wozu sie sich in dieser Zeit hingezogen fühlen.

Verbreitet ist beispielsweise, dass die ganze Familie zu einem Schrein, heiligen Platz oder Kloster geht und im Namen des Verstorbenen dem Buddha, Dharma und Sangha Geschenke darbringt, wie Kerzen, Blumen, Räucherstäbchen oder sogar große Geldsummen. Manchmal werden Hunderte oder Tausende von Kerzen oder Butterlampen gespendet, oder auch eine Mahlzeit für das ganze Kloster oder für die Gemeinschaft der Praktizierenden; oder Geld für so viele Dharma-Praktizierende und Lehrer wie möglich. Das ist eine andere Möglichkeit, um für die Verstorbenen Verbindungen zu schaffen, die sie mit dem Pfad des Erwachens verknüpfen. Beim Darbringen der Geschenke bitten die Angehörigen die Lehrer und Praktizierenden, den Verstorbenen durch das Adhiṣṭhāna ihrer Weisheit und ihres Mitgefühls zu beschützen. Vielleicht bitten sie das ganze Kloster oder mehrere Klöster und hochrangige Lehrer wie den Dalai Lama, in ihrem Namen zu beten, und jedes Mal, wenn sie darum bitten, werden weitere Geschenke überreicht.

Andere Übungen können das Rezitieren von Gebeten oder Texten über mehrere Tage oder Wochen hinweg einschließen, oder es wird ein Gelübde der Enthaltsamkeit genommen, eine Pilgerschaft begonnen und so weiter. Dahinter steht die Vorstellung, Puṇya zu sammeln und so viele Bedingungen wie möglich zu schaffen, die dem Verstorbenen helfen, den Gefahren im Zwischenzustand zu begegnen und eine günstige Wiedergeburt zu finden, und die dazu beitragen, für die Person besondere Situationen und Verbindungen mit dem Erwachen in den vielen folgenden Leben zu schaffen.

Wie viel sollte ich praktizieren?

Oft wird gefragt wie viel und wie lange praktiziert werden soll. So eine Frage kann nicht leicht beantwortet werden. Offensichtlich ist es gut, so viel wie möglich zu tun, aber irgendwo muss es eine Grenze geben. Am besten können wir uns vielleicht daran orientieren, wie viel wir mit Freude tun können. An einem bestimmten Punkt werden wir spüren, dass die Zeit gekommen ist, uns wieder dem Rest unseres Lebens zuzuwenden. Ich finde es hilfreich, zwischen dem allgemeinen Wohl aller Wesen – worin das Wohl des Verstorbenen eingeschlossen ist – und dem ausdrücklichen Wohl des Verstorbenen ein ausgewogenes Verhältnis herzustellen. Manchmal führe ich einfach meine normale Praxis durch mit dem Gedanken, dass mein Herz, das Herz des Verstorbenen und das Herz aller Erwachten Wesen untrennbar sind, und widme anschließend meine Praxis mit einem Praṇidhāna dem Erwachen aller Wesen, wobei ich den Verstorbenen noch eigens erwähne. Manchmal fühle ich mich inspiriert, zusätzliche Gebete oder Praktiken für bestimmte Menschen hinzuzufügen, zu denen ich eine starke Verbindung spüre.

In der tibetisch-buddhistischen Tradition ist es Sitte, für die Verstorbenen eine besondere Praxis auszuführen, die sich über sieben Wochen (neunundvierzig Tage) nach ihrem Tod erstreckt. Im Allgemeinen ist jedoch die Zeitspanne wichtiger für die Lebenden als für die Toten, da die Toten sich sowieso in einer anderen Zeit als der unseren bewegen.

Die Beliebtheit des *Tibetischen Totenbuchs* hat dazu geführt, dass Menschen häufig meinen, sie sollten während der verschiedenen Stufen des Todesprozesses etwas Bestimmtes tun. Doch das gilt nur für diejenigen, die auf diese bestimmte Art praktizieren wollen. Außerdem wissen wir nicht, was der toten Person widerfährt oder welche Stufe des Todesprozesses und der Wiedergeburt sie erreicht hat. Selbst wenn wir es wüssten, besteht alles, was wir wirklich tun müssen, darin, unsere Praxis in der hier vorgeschlagenen Weise fortzuführen.

Dennoch sind neunundvierzig Tage eine angemessene Zeitspanne, um intensiv für jemanden zu praktizieren, der uns nahestand und gestorben ist, weil der Zeitraum lang genug ist, um den Gefühlen der Trauer und des Respekts gerecht zu werden. Das Ende der siebenwöchigen Periode signalisiert, dass es an der Zeit ist, die Fäden des eigenen Lebens wiederaufzunehmen.

Die neunundvierzig Tage können so gestaltet werden, dass man alle sieben Tage nach dem Tod der Person etwas Besonderes tut, und wieder etwas Besonderes am neunundvierzigsten Tag.

Dieses Besondere könnte aus einer zusätzlichen Meditationsperiode bestehen oder darin, Schriften oder Praṇidhānas zu rezitieren, zusätzliche Kerzen anzuzünden und so weiter. Da gibt es keine festen Regeln. Die Menschen folgen ihrer eigenen Intuition. Meinen Schülern rate ich hin und wieder zum Darbringen eines Festmahls, das bei besonderen Gelegenheiten durchgeführt wird. Wir können das allein tun oder zusammen mit anderen Praktizierenden, mit Freunden und Verwandten, und dann die Kraft des Guten, die daraus entsteht, denen widmen, die gestorben sind. Während der Darbringung des Festmahls könnten einige etwas vorlesen, von dem sie glauben, dass sich der Verstorbene darüber freuen würde, oder etwas, das ein hilfreicher Rat für ihn wäre.

Oft sorgen sich Menschen, ob sie »genug getan« haben. Dies kommt daher, dass sie sich fragen, was die gestorbene Person durchmachen mag, und dass sie sich nicht hilflos fühlen wollen. Sie würden gerne sehen können, wie das Getane ihr hilft, und dann wissen, dass es ihr gut geht. Aber das ist nicht möglich, und deswegen müssen wir einfach damit zufrieden sein, unser Bestes zu tun, und uns dann entspannen. Aus buddhistischer Sicht wird die Hilfe, welche auch immer wir geben, langfristig helfen, selbst wenn die unmittelbaren Auswirkungen unbekannt sind. Unsere Ruhe und unser Vertrauen helfen dem Verstorbenen wahrscheinlich mehr als viele Sorgen. So viel ist sicher.

Ruhe und Vertrauen führen zu Gleichmut, und der ist für den Verstorbenen hilfreich. Das mag ein wenig kalt und losgelöst klingen, aber ich meine ein liebevolles Nichtanhaften. Nichtanhaften bedeutet nicht, dass uns jemand egal ist. Wir kümmern uns um die Person, aber wir haben das Vertrauen, die Person auch gehen zu lassen, weil wir wissen, dass unsere tiefe Herzensverbindung, die nicht zerstört werden kann, wichtiger ist als all die vorübergehenden Verbindungen, die wir miteinander in diesem Leben hatten. Wenn wir darauf vertrauen, können wir ohne Ablenkung praktizieren, und auf diese Weise helfen wir dem Verstorbenen am besten.

Parinirvāṇa-Tag

Das ist ein Tag, an dem die Buddhisten in einigen Traditionen über ihren eigenen Tod reflektieren oder über den Tod von Freunden und Nahestehenden, die vor kurzem gestorben sind. Traditionellerweise werden Ausschnitte des *Parinirvāṇa Sūtra* gelesen, ein Text, der von den letzten Tagen des Buddha handelt. Ich habe ein ähnliches jährliches Treffen initiiert, an dem ich mit meinen Schülern zusammenkomme und wir uns gemeinsam auf den Tod besinnen, auch wenn es ein anderer Tag ist.

Viele Buddhisten meditieren oder zelebrieren spezielle Zeremonien am Parinirvāṇa-Tag, um des Todes des Buddha zu gedenken. In buddhistischen Ländern ist es oft ein besonderes Ereignis, für das Speisen zubereitet und zusammen mit anderen Gaben in den Klöstern dargebracht werden. Auf buddhistischen Kalendern ist der Tag, der gewöhnlich auf Mitte Februar fällt, eingetragen.

Das wäre ein guter Zeitpunkt, intensiv sowohl über die Vergänglichkeit des Lebens aller Wesen zu reflektieren als auch zusätzlich für die Leute zu praktizieren, die gestorben und mit denen Sie verbunden sind. Die Verbindung ist noch immer da, und unser Praktizieren kann ihnen noch immer auf eine Weise helfen, die wir uns nicht vorstellen können.

Tiere

Aus buddhistischer Sicht sind Tiere Persönlichkeiten, so wie Menschen, und alles, was in diesem Buch über Menschen und Tod geschrieben wurde, gilt gleichermaßen für Tiere. Tiere gehen durch den gleichen Prozess der Auflösung, des Klaren Lichts, des Zwischenzustands und der Wiedergeburt. Wie Natsok Rangdröl sagt: »Das Klare Licht erscheint selbst dem kleinsten Insekt.« Auch einem sterbenden oder toten Tier können wir genauso beistehen, indem wir für es auf die gleiche Art praktizieren, wie ich es beschrieben habe. Gleichermaßen gilt das, was ich im nächsten Kapitel über das Erlösen von Leiden, das Beenden von

Leben und das Entsorgen des Körpers sagen werde, ebenso für Tiere. Wie viele Tierbesitzer wissen, unterscheidet sich schließlich die Trauer über den Tod eines Tieres nicht von der über den Tod eines nahen Freundes.

Wichtig ist, das Tier nicht nur für ein Tier zu halten, sondern als ein Wesen mit einer Buddha-Natur zu sehen, die zeitweilig in einem Tierkörper logiert. Sobald es gestorben ist, ist ungewiss, in welcher Gestalt seine nächste Geburt sein wird. Kein Grund spricht dagegen, dass es als ein Gott, ein König oder ein großer Bodhisattva wiedergeboren werden kann. Aus der buddhistischen Sichtweise des Karma kann selbst ein großer Praktizierender zeitweilig in einem Tierkörper gefangen sein, bevor er auf seinem Pfad zum Erwachen voranschreitet. Es ist sogar möglich, dass große Bodhisattvas als Tier geboren werden (oder als eine andere Art von Wesen), um anderen zu helfen.

9
Praktisches Vorausschauen auf den eigenen Tod

Dieses Kapitel richtet sich vor allem an diejenigen, die sich entschlossen haben, dem Pfad des Erwachens zu folgen. Es ist eine Art Checkliste für all die praktischen Angelegenheiten, die bei der Vorbereitung unseres Todes als Buddhist bedacht werden müssen. Da einige dieser Angelegenheiten ziemlich komplex sind, werde ich sie nur kurz anschneiden können und ein paar Vorschläge machen. Eine ausführlichere Behandlung der Thematik findet sich in der Literatur, auf die am Ende des Buches hingewiesen wird.

Das regelmäßige Reflektieren über den Tod ist ein essenzieller Teil unserer buddhistischen Praxis. Trotzdem entdecken wir vielleicht, dass wir nicht darüber nachgedacht haben, welche Unordnung und Verwirrung wir unbeabsichtigt jenen hinterlassen, die zurückbleiben und dann alles in Ordnung bringen müssen. Es ist gegenüber unseren Hinterbliebenen rücksichtsvoll, wenn wir unsere Angelegenheiten vorher in Ordnung gebracht haben. Da wir nicht wissen, wann wir sterben werden, bedeutet das, sie gleich in Ordnung zu bringen.

Wenn wir das getan haben und die Zeit zu sterben gekommen ist, dann können wir und unsere Freunde unsere Aufmerksamkeit ganz auf die Verbindung mit dem Pfad des Erwachens richten, statt uns um Organisatorisches kümmern zu müssen, wie um unser Testament, was mit unserem Besitz geschehen soll, wie unser Begräbnis aussehen soll und so weiter.

Für den eigenen Tod vorsorgen

Für den Fall, dass es uns nicht länger möglich ist, anderen unsere Wünsche mitzuteilen, brauchen diejenigen, die für uns sorgen, wenn wir sterben, etwas, durch das sie unsere Wünsche erfahren können in Hinsicht auf Entscheidungen wie: Wann sollen lebenserhaltende Maschinen abgeschaltet werden? Welche Mengen an Schmerzmitteln sollen verabreicht werden? Wie lange soll unser Leichnam ungestört liegen gelassen werden? Wie sieht es mit Organspenden aus? Und so weiter. Das Dokument, das diese Dinge regelt, wird Patientenverfügung genannt.

Der Bedarf einer Patientenverfügung entstand aus den Fortschritten der modernen Medizin, die den natürlichen Sterbeprozess beeinflussen und ihn unnatürlich verlängern kann, manchmal sogar in die mehr oder weniger unendliche Zukunft. Sie hilft dem medizinischen Personal, den nahen Verwandten und Freunden, zu einer vernünftigen Entscheidung darüber zu gelangen, welche Behandlung und Unterstützung gegeben werden soll.

Gegen die Prinzipien des Dharma wäre die Bitte, getötet zu werden, um Leiden zu vermeiden. Aber es lässt sich darüber streiten, ob es sich immer um ein Töten handelt, wenn medizinische Intervention unterbleibt. Wenn es zu den Grauzonen kommt, muss aus buddhistischer Sicht jede Person ihre eigenen Entscheidungen auf der Grundlage der buddhistischen Prinzipien treffen. Wir können nicht immer im Voraus mit Sicherheit sagen, welche Handlungen größeren Nutzen oder Schaden verursachen werden, so dass wir einfach eine Wahl treffen und die Konsequenzen akzeptieren müssen.

Wenn sich das Motiv unserer Entscheidung auf vernünftige Prinzipien stützt und von unserem Herzen ausgeht, dann ist es das Beste, was wir tun können. Sollten sich negative karmische Konsequenzen aus unserer Entscheidung ergeben, werden wir sie ertragen müssen, aber was immer diese Konsequenzen sind, wenigstens können wir uns sicher sein, dass sie von der Tatsache, dass wir in guten Glauben und mit den besten Absichten gehandelt haben, abgeschwächt werden. Ich würde allen empfehlen, über diese Dinge nachzudenken und ihre Wünsche deutlich kundzutun.

Wenn wir in die Situation kommen, die Verantwortung für Entscheidungen übernehmen zu müssen, die andere betreffen, dann müssen wir uns, so gut es geht, ein Bild der Lage verschaffen. Alles, was wir tun können, ist, die Situation so ehrlich wie möglich betrachten, unsere eigene Motivation und den eigenen Wissensstand berücksichtigen und die bestmögliche Entscheidung treffen. Zu keiner anderen Zeit mögen wir so sehr um Führung beten wie in dieser. Oft ist es hilfreich, darüber nachzudenken, was Sie gerne hätten, wenn Sie in der Lage des anderen wären. Die Besitzer von Haustieren werden häufig mit derart schwierigen Fragen konfrontiert, und die allgemeinen Richtlinien, die ich hier darlege, gelten im Allgemeinen für Tiere wie für Menschen.

In Anbetracht all dessen ist eine Patientenverfügung offensichtlich sehr hilfreich. Auf diese Weise übernehmen wir selbst die Verantwortung dafür, welche Dinge für uns getan werden, wenn der Tod naht. Weitere Einzelheiten darüber, wie eine Patientenverfügung verfasst werden kann, finden sich in den Quellen am Ende des Buches.

Ähnlich hilfreich ist es, einen »letzten Willen und ein Testament« zu schreiben klar und ordentlich verfasst, um Streit und Unfrieden zu verringern, nachdem wir gegangen sind.

In einem Testament können wir solche Punkte klären wie die Bestimmung des Nachlassverwalters oder wie unsere persönlichen Besitztümer verteilt werden sollen, ob wir lieber keiner Obduktion unterzogen werden wollen, ob wir verbrannt oder begraben werden wollen, wie unsere Trauerfeier gestaltet werden soll, ob wir wünschen, dass ein Teil unseres Besitzes einem bestimmten Wohltätigkeitsverein als Spende zukommen soll oder ob etwas in unserem Namen einem bestimmten Lehrer oder einer Gemeinschaft dargebracht werden soll und so weiter.

Für praktizierende Buddhisten ist es sehr hilfreich, wenn unsere Dharma-Freunde und Dharma-Familie von unseren spirituellen Wünschen im Falle des Todes informiert sind. Wir können diese Dinge mit denen diskutieren, die uns nahestehen. Für diejenigen, die die Wünsche umsetzen, kann es auch sehr beruhigend sein zu wissen, dass sie die genauen Wünsche der Verstorbenen erfüllen, aber wir sollten in unseren Bitten auch berücksichtigen, wozu sie sich wahrscheinlich inspiriert fühlen. Ich persönlich würde mir wünschen, dass die Leute das tun, wovon sie am meisten überzeugt sind, und dies dann mir und der Erfüllung meiner Wünsche widmen.

Hier sind einige Beispiele, welche Art von Anweisungen Sie denen geben können, die sich in ihrer Nähe befinden und sich während Ihrer letzten Tage um sie kümmern werden.

- Bitte verständige meine Dharma-Lehrer [...] so bald wie möglich, und folge jedem Rat, den er oder sie gibt, selbst wenn er dem, was ich weiter unten geschrieben habe, widerspricht.
- Ich möchte nicht an einer lebenserhaltenden Maschine angeschlossen bleiben, wenn es aus medizinischer Sicht einigermaßen sicher erscheint, dass ich nie wieder das Bewusstsein erlangen werde.
- Ich möchte Schmerzmittel erhalten, um die Schmerzen zu lindern, aber nicht in dem Ausmaß, dass ich das Bewusstsein verliere, wenn ich sterbe.
- Ich möchte lieber dort sterben, wo meine Dharma-Lehrer und/oder Dharma-Freunde mir nahe sein können, statt in einem Krankenhaus.
- Ich möchte meine Organe spenden, so dass sie anderen nützen können, und mein Körper kann für Zwecke verwendet werden, die dem Fortschritt der Medizin oder Wissenschaft dienen. Davon abgesehen wünsche ich, dass mein Körper mindestens vierzig Minuten lang nach meinem Tod ungestört gelassen wird.
- Ich möchte, dass meine sterblichen Überreste verbrannt wer-

den und meine Asche an heiligen buddhistischen Orten verteilt wird.

- Ich möchte ein buddhistisches Begräbnis, das von meinem eigenen Dharma-Lehrer oder Dharma-Freunden geleitet wird. Ich möchte, dass meine Verwandten und Freunde etwas nach ihrer eigenen Wahl für mich lesen.
- Ich möchte am Begräbnis nur ein bescheidenes Blumenarrangement. Der Rest des Geldes, den Freunde und Verwandte für Blumen ausgegeben hätten, soll für die Praxis des Dharma und karitative Zwecke […] verwendet werden.
- Ich möchte, dass meine Dharma-Freunde meinen Namen auf ihrem Schrein haben und neunundvierzig Tage lang meinen Namen erwähnen, wenn sie ihre übliche Praxis widmen.
- Ich möchte, dass meine Dharma-Freunde folgende Übungen […] oder die Praxis, die sie am meisten inspiriert, ausführen und sie mir widmen.
- Ich möchte, dass sie folgende Praxis […] am Ende der neunundvierzig Tage und am ersten Jahrestag meines Todes durchführen.

Organspende und Obduktion

Verschiedene Aspekte müssen bei der Entscheidung bedacht werden, ob man einen Spenderausweis mit sich führen will, in dem man einer Organentnahme zustimmt, um die Organe anderen, die sie brauchen, nach dem Tod zu überlassen. Viele tibetisch-buddhistische Lehrer ermutigen die Leute dazu zu spenden, und es ist sicher eine Form der Großzügigkeit, die mit dem Bodhisattva-Gelübde, sich für das Wohl anderer zu opfern, übereinstimmt.

Dennoch gibt es aus buddhistischer Sicht bestimmte Überlegungen, die andeuten, dass manchmal ein Risiko mit im Spiel ist. Das Problem liegt darin, dass der Chirurg spätestens wenige Minuten nach dem Aussetzen des Herzschlags mit der Arbeit beginnt, oder im Falle eines »hirntoten« Patienten sogar noch während es schlägt und von einer lebenserhaltenden Maschine in

Gang gehalten wird. Wie ich später noch genauer erklären werde, findet aus buddhistischer Sicht der tatsächliche Moment des Todes erst einige Zeit nach dem Herzstillstand statt, gewöhnlich nur wenige Augenblicke danach, aber manchmal erst später, vielleicht nach Stunden oder Tagen. Daher stellt sich die Frage, ob es der Person Schmerzen oder Leiden bereiten kann, wenn ihre Organe transplantiert werden und sie noch nicht tot ist oder noch nicht verstanden hat, dass sie tot ist.

Die meisten Menschen haften an ihrem Körper, und es besteht die Gefahr, dass sie sich in dem Moment, wenn sie merken, wie sie aufgeschnitten werden, nicht daran erinnern, dass dies ihr Wunsch war, und sich ärgern oder darunter leiden. Nachdem ich mehrere tibetische Meister um eine Klärung dieses Sachverhalts gebeten und verschiedene buddhistische Handbücher zu diesem Thema studiert habe, bin ich zu dem Schluss gekommen, dass es keine Sicherheit darüber gibt, dass die Organentnahme nicht mit Schmerz oder Leid verbunden ist, obwohl es wahrscheinlich eher nicht der Fall sein wird. Der Grund dafür liegt darin, dass der Auflösungsprozess bei den meisten Menschen sehr schnell vonstatten geht.

Es ist bemerkenswert, dass nicht alle tibetisch-buddhistischen Lehrer ihre Schüler dazu ermutigen, die eigenen Organe zu verschenken, und es auch selbst nicht tun, wenn sie sterben. Die Zeit nach dem Tod ist für einen sehr weit fortgeschrittenen Praktizierenden sehr wichtig, um anderen durch die eigene Meditation zu helfen. Ich konnte allerdings nicht genau herausfinden, welche Probleme sich für einen Meditierenden daraus ergeben würden, wenn der Auflösungsprozess durch den Chirurgen, der die Organe entfernt, gestört wird, bevor der Prozess ganz abgeschlossen ist.

Ich weise auf dieses mögliche Leiden hin, weil wir schockier sein könnten und evtl. unser Vertrauen verlieren, wenn wir glauben, gemäß den buddhistischen Lehren entstünde durch eine Organentnahme kein weiteres Leiden, dann aber das Gegenteil erfahren. Wurden wir wenigstens gewarnt, werden wir an dieser wichtigen Weggabelung nicht unseren Glauben in die buddhistische Lehre verlieren.

Davon abgesehen bekräftigen jedoch alle Aussagen, dass wir durch das Weggeben unserer Organe gutes Karma schaffen, wenn wir eine positive Haltung annehmen und glücklich darüber sind, unsere Organe wegzugeben, um anderen zu helfen, und wenn uns das Leiden, dass dadurch verursacht wird, nicht stört. Dadurch entsteht ein langfristiger Nutzen für uns und andere.

Meiner Meinung nach ist es immer das Beste, darauf vorbereitet zu sein, im Tod Leiden zu erfahren, da niemand von uns weiß, wie er sterben wird. So zudringlich das Entfernen unserer Organe sein mag, es kann keinesfalls so schlimm sein wie all die anderen Arten eines gewaltsamen Todes, die Menschen widerfahren. Unabhängig von den Umständen unseres eigenen Todes ist alles, was wir tun können, ihm mit Vertrauen und Mut zu begegnen. Wenn wir uns entscheiden, Organe zu spenden, wissen wir wenigstens, dass es für das Wohl eines anderen und mit unserer Zustimmung geschieht.

Diejenigen, die sich in unserer Nähe befinden, können uns daran erinnern, so dass wir zufrieden sind und uns über das Geschehen nicht ärgern. Wie immer, wird uns ihre Haltung und Ruhe helfen, damit umzugehen, und sie könnten Tonglen für uns praktizieren.

Wenn Sie vor der Entscheidung stehen, ob Sie Organe spenden wollen oder nicht, dann müssen Sie sich zwei grundlegende Fragen stellen. Erstens: Sind Sie eine der seltenen Personen, die viel meditiert, lange Klausuren durchgeführt und ihre wahre Natur realisiert hat, die sie im Moment des Todes wiedererkennen könnte? Wenn ja, dann mag es wirklich besser sein, von einer Organspende abzusehen, um das Risiko zu vermeiden, bei dieser wichtigen Chance gestört zu werden, die für Sie selbst wie für andere so ungeheuer wertvoll ist. Auf der anderen Seite sind Sie vielleicht aber auch überzeugt davon, dass eine Organentnahme ihre Praxis im Tode nicht stören würde und entscheiden sich aus einem tieferem Verständnis als das meinige dafür.

Zweitens – wenn Sie nicht zu jenen Meditierenden zählen: Sind Sie von der Idee inspiriert und begeistert, Ihre Organe zum Nutzen anderer wegzugeben, selbst wenn Ihnen dies Leiden zufügt? Eine solche Bodhisattva-Motivation ist für Sie selbst und andere unglaublich wertvoll. Oder vertrauen Sie mehr darauf, geistigen Frieden zu bewahren, so dass Sie das Risiko nicht eingehen wollen, in Ihrer Dharma-Praxis gestört zu werden, weil Sie sich über das Entfernen Ihrer Organe aufregen? Es gibt ein Risiko – wenn auch ein geringes –, dass solch eine Unterbrechung in einem derartigen Moment die Art unserer nächsten Geburt beeinflussen könnte. Diese Fragen müssen wir alle selbst entscheiden und unserem eigenen Gespür folgen, unserer größten Zuversicht hinsichtlich dessen, wie wir dem Pfad weiter folgen und anderen nützen können.

Wenn Sie sich entscheiden, dass Sie das Risiko einer Organspende nicht eingehen wollen, brauchen Sie nicht zu glauben, dass dies ein Problem darstellt. Für Praktizierende ist es spirituell gefährlich, die eigenen Kräfte zu überschätzen und am Ende eine gute Tat zu bereuen. Es ist besser, jene Praktizierenden zu bewundern, die größere Taten vollbringen können, und ihnen nachzueifern, als unsere guten Taten zu bereuen und das Vertrauen in den Dharma zu verlieren.

Eine Obduktion hingegen scheint nicht mehr Schaden anrichten zu können als jeder andere Umgang mit dem Leichnam, nachdem das Bewusstsein ihn verlassen hat. In Großbritannien haben wir das Recht, jegliche Obduktionen zu verweigern, außer im Falle einer kriminologischen Untersuchung. Aber da eine Obduktion der weiteren medizinischen Forschung dienen kann und es unwahrscheinlich ist, dass uns das stört, scheint es aus buddhistischer Sicht kein besonderes Problem darzustellen. Es ist positiv, wenn wir die Erlaubnis aus dem Wunsch heraus erteilen, anderen zu helfen.

Schmerzmittel und lebenserhaltende Maschinen

Die moderne medizinische Technologie bietet viele Möglichkeiten, Leiden zu verringern und Leben zu verlängern, woraus manchmal die schwierige Frage entsteht, ob eine solche Behandlung angewendet werden soll oder nicht. Ist es zum Beispiel gut oder schlecht, eine lebenserhaltende Maschine abzuschalten, wenn jemand keine Chance auf Genesung hat? Ist es gut oder schlecht, schmerzstillende Medikamente zu nehmen, selbst wenn sie den Tod schneller herbeiführen?

Ein wichtiger Punkt ist hier, dass in der buddhistischen Tradition klar gesagt wird, dass es sehr ernsthafte negative Konsequenzen hat, wenn wir jemanden töten – auch uns selbst. Daher ist es wichtig, sicher zu sein, dass keine solche Absicht dahintersteht, was immer wir zu tun beschließen. Offensichtlich ist das ein gefährliches Terrain, da eine suizidale Person sagen könnte, dass es ihr Leiden und nicht ihr Leben ist, das sie beenden möchte. Alles, was ich unten sage, gilt für die Fälle, in denen das Leben sowieso bald zu Ende geht und keine Chance für ein Weiterleben besteht. Wir sprechen hier davon, das Ende so schmerzlos wie möglich zu gestalten, und nicht darüber, ein Leben zu beenden, um das Leiden zu beenden.

Moderne Technologien und insbesondere lebenserhaltende Maschinen haben die Unterschiede bei der Frage verwischt, ob man jemandem das Leben nimmt oder ihm das Sterben erlaubt. Aber die tibetisch-buddhistischen Lehrer, die ich danach gefragt habe, haben sich alle dahingehend geäußert, dass sich keine negativen Konsequenzen daraus ergeben, die lebenserhaltenden Maschinen abzuschalten und den Sterbenden seinen Weg gehen zu lassen, wenn es sicher ist, dass jemand sowieso stirbt, und die Maschinen nur dazu dienen, ihn in einem Zustand der Bewusstlosigkeit zwischen Leben und Tod zu halten.

An einem gewissen Punkt mag es die Möglichkeit geben, entweder mehr Medikamente zu nehmen, um Schmerzen zu lindern, mit dem sicheren Wissen, dass dadurch das Leben verkürzt wird, oder der Natur ihren Lauf zu lassen und vor dem unausweichlichen Tod länger Schmerz zu ertragen. Wenn es unter diesen Umständen sicher ist, dass der Tod innerhalb der nächsten Stunden eintritt, würde das Nehmen der Medizin kein negatives Karma schaffen, vorausgesetzt, die Absicht dahinter ist, Leiden zu verringern, und nicht, das Leben zu beenden.

Manchmal glauben Buddhisten, dass sie keine schmerzstillenden Medikamente nehmen sollten, die den Geist verklären. Dies ist eine Möglichkeit, wie die fünfte Richtlinie der fünf traditionellen buddhistischen Richtlinien über das grundlegende ethische Verhalten interpretiert werden kann, das sich wortwörtlich gegen den Konsum von Alkohol wendet. Die Praktizierenden denken, dass sie versuchen sollten, so bewusst wie möglich zu bleiben, so dass sie im Moment des Todes meditieren können.

Natürlich ist es gut zu versuchen, im Sterben so klar wie möglich zu sein, weil man dann darauf achten kann, positive Gedanken zu haben, dem Herzen zu vertrauen und mit einer guten Haltung zu sterben. Doch wenn das Leiden sehr stark ist, kann es unmöglich sein, positive Gedanken – welcher Art auch immer – zu haben. Die Gedanken können sich stattdessen sogar sehr zum Negativen wenden, in welchem Fall es genauso gut ist, Schmerzmittel zu nehmen, selbst wenn Sie dadurch bewusstlos werden.

Ganz allgemein gesagt, versuchen wir alles uns Mögliche, um Schmerzen und Unbehagen für uns und andere zu vermeiden, aber manchmal kann nichts getan werden, und alles, was wir tun können, besteht darin, eine positive Haltung einzunehmen und alles einfach so gut es geht zu ertragen. Man könnte einwerfen, es sei für Dharma-Praktizierende gut zu versuchen, mit so viel Schmerz wie möglich zu arbeiten, um unsere Praxis der Geduld und des Gleichmuts zu vertiefen. Dadurch üben wir uns darin, allen Erfahrungen mit Mut und Zuversicht zu begegnen, selbst wenn Medikamente nicht zur Verfügung stehen oder uns nicht helfen können. Wenn wir mit Schmerzen arbeiten, so bedeutet das, uns darin zu üben, nicht vor ihnen zurückzuweichen, sondern uns ihnen auf eine entspannte Art zu öffnen und uns auf die aktuelle Erfahrung zu besinnen, während wir all unsere Gedanken darüber loslassen. Wenn Sie das tun können, ist es eine sehr wirkungsvolle Art zu meditieren.

Aber heutzutage kann die Einnahme schmerzstillender Medikamente es häufig erleichtern, klar, entspannt und vertrauensvoll zu bleiben, während der Tod naht. Wenn Sie nicht darin geübt sind und sich nicht zutrauen, mit Schmerzen zu meditieren, oder nicht davon inspiriert sind, dies im Tode zu tun, empfehle ich Ihnen daher, dass Sie, wann immer es möglich ist, im Sterben ebenso Medikamente nehmen, wie Sie es im Leben getan hätten, um Schmerzen und Unbehagen zu lindern.

Den Körper ungestört lassen

Wie ich im vorherigen Kapitel erklärt habe, ist man in der tibetischen Tradition des Buddhismus der Ansicht, dass es das Beste ist, den Körper in der Zeit, in der das Bewusstsein seine Verbindung mit dem Körper verliert, in den Stadien der äußeren Auflösung, der inneren Auflösung und des Klaren Lichts, ungestört zu lassen. Dies hat offensichtlich eine praktische Bedeutung für die Personen im Umfeld eines Sterbenden, so dass ich versuchen möchte, der Frage, wie lange ein Körper ungestört bleiben sollte, weiter nachzugehen.

Meine grundsätzliche Antwort lautet, dass wir uns in der Praxis nicht übermäßig viel Gedanken machen müssen, weil all diese Prozesse so schnell ablaufen. Außerdem kann nicht immer verhindert werden, dass eine Person gleich nach ihrem Tod bewegt wird. Wenn der Patient sich zum Beispiel im Bett befindet, müssen die Pflegekräfte ihn für sein eigenes Wohlbefinden regelmäßig drehen, und das könnte leicht mit dem Moment des Todes zusammenfallen.

Während der äußeren Auflösung atmet die Person noch, und ihr Herz schlägt noch. Der Punkt, an dem das Herz aufhört zu schlagen, ist aus buddhistischer Sicht nicht der Moment des Todes. Er ist der Beginn der inneren Auflösung. Es ist besser, wenn der Körper während dieser Zeit und während des darauffolgenden Heraufdämmerns des Klaren Lichts ungestört bleibt.

Daher stellt sich in der Praxis die Frage, wie wir wissen können, wann die innere Auflösung und das Klare Licht vorüber sind. Nur ein sehr erfahrener und verwirklichter Praktizierender könnte das direkt feststellen. Aber Natsok Rangdröl erklärt in *The Mirror of Mindfulness*, dass beide, die innere Auflösung und das Klare Licht, für die meisten Menschen gewöhnlich nur wenige Momente dauern. Bei einigen, sagt er, dauert es etwas länger, vielleicht zwischen fünf und zwanzig Minuten. Er legt nahe, dass das Bewusstsein selten darüber hinaus im Körper bleibt, mit Ausnahme jener Menschen, die sehr stark mit ihrem Körper verbunden sind, und erfahrener Meditierender, die im Klaren Licht ziemlich lange beständig bleiben können. Daher scheint es normalerweise verhältnismäßig gefahrlos zu sein, den Körper schon wenige Minuten nach dem Herzstillstand zu bewegen, und nahezu mit Sicherheit ist es nach vierzig Minuten nicht mehr mit Gefahren verbunden.

Gemäß ihrer Tradition versuchen Tibeter den Körper drei bis dreieinhalb Tage lang nicht zu bewegen. Meinem Lehrer Khenpo Tsultrim Gyamtso Rinpoche zufolge ist es jedoch in Ordnung, einen Körper schon viel früher zu berühren, ihn sogar zu verbrennen. Obwohl Texte wie das *Tibetische Totenbuch* manchmal davon sprechen, dass das Klare Licht drei Tage lang andauert, betont Natsok Rangdröl, dass es sich hierbei nicht um gewöhnliche Erdentage handelt. Ihre Länge hängt vom Geist der Person ab, und sie vergehen in der Tat sehr schnell. Natsok Rangdröl erklärt:[10]

> »Es scheint aufgrund der gebrauchten Worte und der Zwischenzeiten und der Dauer all dessen, was geschieht, dass diese Bardo-Stadien lange Zeit andauern, wohingegen sie tatsächlich nicht sehr lange Bestand haben.«

Die traditionelle Vorstellung, dass wir den Körper drei Tage lang ungestört lassen sollten, scheint daher zum Teil auf einem Missverständnis zu beruhen und zum Teil eine Vorsichtsmaßnahme zu sein, da wir nie wissen, wann wir es mit dem seltenen Fall zu tun haben, in dem jemand besonders stark mit seinem Körper verhaftet ist oder jemand (vielleicht im Geheimen) ein großer Meditierender war. Einfach, um sicherzugehen, können Sie es drei Tage lang vermeiden, irgendetwas Einschneidendes mit dem Körper zu tun, wie ihn zu verbrennen oder zu begraben.

Wenn erfahrene Praktizierende wie Khenpo Tsultrim Gyamtso und Natsok Rangdröl behaupten, dass die meisten Menschen ihren Körper schon wenige Augenblicke nach dem Herzstillstand verlassen und dass es daher nahezu ungefährlich ist, einen Körper schon nach vierzig Minuten zu handhaben, so ist das besonders deshalb von Bedeutung, weil es heutzutage selten möglich ist, einen Körper drei Tage lang ungestört zu lassen, außer jemand stirbt zu Hause. Und selbst wenn jemand zu Hause stirbt, wollen Freunde und Verwandte den Körper vielleicht nicht so lange dort lassen.

Was mit den sterblichen Überresten tun?

Abgesehen von den Hinterbliebenen, für die es möglicherweise eine Bedeutung hat, ist es aus buddhistischer Sicht gewöhnlich unwichtig, was mit der Leiche oder der Asche geschieht. Daher ist es nicht wichtig, wie wir die tote Person entsorgen, sofern sie nicht selbst diesbezüglich bestimmte Ansichten und Wünsche hatte.

Die buddhistischen Traditionen ziehen im Allgemeinen die Entsorgung des Körpers in die leichteren der vier Elemente (die vier Elemente sind Erde, Wasser, Feuer und Luft) der Entsorgung in die schwereren vor. Daher wird der Körper in der Regel draußen in der Natur gelassen, um von Vögeln gefressen und so in die Lüfte getragen zu werden, oder man verbrennt ihn und lässt die Asche vom Winde verwehen. Ihn in der Erde zu begraben oder im Wasser zu bestatten stößt dagegen auf Vorbehalte. Dahinter stehen Vorstellungen, die mit dem Schaffen glückverheißender Verbindungen zu tun haben. Die Leichtigkeit des Luft- und Feuerelements zum Beispiel stellt eine Verbindung mit der Klarheit und dem Raum des Erwachten Herzens her. Bokar

Rinpoche, ein hervorragender Praktizierender (und einer meiner Lehrer), sagte:

> »Die Art, wie wir eine Leiche entsorgen, hat an sich keine Bedeutung, da es keine Verbindung mit einer spirituellen Praxis gibt. Ob Sie eine Leiche in der Erde begraben, verbrennen oder ins Wasser werfen, da gibt es so gut wie keinen Unterschied. Wenn im Buddhismus eine Leiche verbrannt wird, wird ein Ritual durchgeführt, das den Namen trägt ›dem Feuer darbringen‹, da es hilft, die Irrtümer und die karmischen Schleier der Verstorbenen zu verbrennen. In diesem Fall ist die Verbrennung hilfreich – und nur in diesem Fall. Wird die Leiche ins Meer oder in einen Fluss geworfen, kann der Verstorbene in ähnlicher Weise Nutzen daraus ziehen, wenn es mit der Absicht geschieht, den Fischen oder Krebsen gewissermaßen etwas zugute kommen zu lassen, oder wenn er in Verbindung mit einer religiösen Praxis begraben wird. Diese Unterschiede beruhen auf den unterschiedlichen Sitten der Länder, und man sollte den lokalen Gebräuchen folgen.«[11]

Obwohl hier mehrere Hinweise auf unbekannte Praktiken zu finden sind, zeichnet sich die allgemeine Richtung der Aussagen klar ab: Wir brauchen uns keine Sorgen darum zu machen, dass wir den Körper auf eine bestimmte Weise entsorgen müssen. Wir können dem Verfahren folgen, das in unserer Gesellschaft üblich ist, und es in etwas Bedeutungsvolles und Nützliches für den Verstorbenen verwandeln, indem wir es auf eine Weise, zu der wir uns inspiriert fühlen, mit dem Dharma verbinden. Das könnte eine buddhistisch geprägte Zeremonie sein, an der jeder teilnehmen kann, oder es könnten einfach Gedanken sein, die wir still in unserem eigenen Geist formulieren, wenn die Umstände etwas Öffentlicheres nicht zulassen.

Andererseits stellen die sterblichen Überreste der Verstorbenen immer noch eine physische Verbindung mit ihnen dar, so dass wir diese Verbindung ehren, wenn wir sie respektvoll behandeln. Eine Möglichkeit besteht darin, die Asche und Überreste in einem *Stūpa* aufzubewahren. Ein Stūpa ist im Prinzip ein Grabhügel oder Reliquienbehälter, der benutzt wird, um die Kraft des Adhiṣṭhāna und die Verbindung zwischen den Lebenden und Toten aufrechtzuerhalten. Im Buddhismus enthält ein Stūpa die Reliquien Erwachter Wesen oder von Dharma-Lehrern und Praktizierenden. Oft wird ihnen die Asche derer beigefügt, die ihnen nahestehen, und das Ganze wird als ein heiliger Platz betrachtet, der die Gegenwart des Dharma in der Welt bezeugt. Ein Stūpa kann ziemlich klein sein, wie eine Figur, die Sie auf Ihren Schrein stellen können. Ähnlich können eine Fotografie, ein Kleidungsstück oder die Besitztümer gestorbener Praktizierender wirken.

Die Bestattung

In Perioden des Umbruchs sind Zeremonien sehr hilfreich. Sie vermitteln Sinn und Ausrichtung in Zeiten, in denen wir erregt sind und alles sehr verwirrend sein kann. Zeremonien helfen bei der Verarbeitung dessen, was geschieht, und stellen die Veränderung in einen unterstützenden spirituellen und sozialen Kontext.

Man kann eine Trauerfeier gestalten und dabei etwas vorlesen, das der Verstorbene und ihm nahestehende Personen inspirierend finden, mit so viel buddhistischem »Input«, wie es angemessen erscheint. Vielleicht möchte die Familie, dass ein buddhistischer Lehrer oder Praktizierender die Handlungen leitet, um ihnen eine tiefere Bedeutung zu verleihen und sie mit einer glaubwürdigen spirituellen Tradition zu verbinden.

Das Begräbnis oder die Gedenkveranstaltung kann die Form einer Feier annehmen, mit der das Leben des Verstorbenen gefeiert wird. Vom buddhistischen Standpunkt aus ist das eine gute Möglichkeit, dem Verstorbenen verständlich zu machen, dass er geliebt wird, aber gestorben und fortgegangen ist und sich in Frieden trennen sollte. Allerdings sind solche Ereignisse hauptsächlich für die Trauernden hilfreich und haben nicht viel damit zu tun, den Toten zu helfen.

Interessant finde ich, dass es heutzutage, da die Familien sehr zerstreut leben und sich selten sehen, eher Begräbnisse als andere Ereignisse sind, die sie immer wieder zusammenführen. Es ist fast so, als würden wir immer noch intuitiv spüren, dass die Herzensverbindungen im Tod wichtig sind, selbst wenn der zeitliche und räumliche Abstand das nicht unbedingt nahelegt.

Im Folgenden beschreibe ich den Ablauf einer Trauerfeier, wie ich sie mehrmals durchgeführt habe. Ursprünglich hatte ich sie für eine Person konzipiert, die ich nicht als Buddhistin sah, die sich aber stark zum Buddhismus hinzogen fühlte. Ihre Freunde wussten und respektierten das, ohne selbst viel über den Buddhismus zu wissen. Kurz vor ihrem Tod bat mich ihre Familie, sie zu besuchen, und ich sprach mit ihr und ihrer Tochter über die Bedeutung der Herzensverbindungen, die auch nach dem Tod des Körpers fortbestehen. Als sie schließlich starb, wurde ich gebeten, eine Trauerfeier abzuhalten, die draußen auf einem Feld stattfinden sollte, bevor der Sarg zum Krematorium gebracht wurde.

Dort hatten sich ungefähr hundert Freunde und Familienmitglieder versammelt, und ich war mir nicht sicher, was sie von der Zeremonie halten würden. Später jedoch kamen viele von ihnen zu mir, um sich zu bedanken und zu sagen, dass ihnen die Form der Zeremonie ein Gefühl der Tradition und der Verwurzelung vermittelt hatte und damit der Situation gerecht geworden sei, auch wenn sie selbst sich nicht dieser Tradition zugehörig fühlten. Ich war glücklich, dass alle die Möglichkeit hatten, eine starke Verbindung mit dem Dharma einzugehen und dass all das der Verstorbenen gewidmet wurde. Selbst als ich sagte, es sei nicht notwendig, dass sie alle mitsängen, fielen alle mit voller Kraft ein und machten es zu einem sehr bewegenden Ereignis.

Ablauf der Trauerfeier

Die Familie und Freunde sind eingeladen, sich im stillen Gedenken der Verstorbenen zu vereinen, sowohl um ihren eigenen Gefühlen der Verbundenheit, Achtung und Trauer Ausdruck zu verleihen, als auch, um der Verstorbenen spirituelle Unterstützung zu gewähren. Danach teilen verschiedene Anwesende mit uns ihre Erinnerungen in Liedern, Gedichten und Gedanken, die mit der Verstorbenen verbunden sind. Am Schluss wird das *Herz-Sūtra* gelesen, und alle, die sich dazu hingezogen fühlen, werden eingeladen, in das Mantra mit einzustimmen.

Das Herz-Sūtra lesen

Das *Herz-Sūtra* verbindet uns mit der lebendigen Tradition des Buddhismus und drückt die ganze Essenz von Buddhas Lehre über die letztendliche Natur der Wirklichkeit (hier Prajñāpāramitā genannt) aus, die jenseits begrifflichen Erfassens (hier Leerheit genannt) existiert. Diese Natur vereint uns alle in einer einzigen Wesenheit, und doch manifestieren wir uns individuell entsprechend unseren Verbindungen. Diese eine Wesenheit liegt im Herzen unseres Seins, und in dem Maße, in dem wir damit in echter Weise verbunden sein können, verbinden wir uns mit dem Herzgeist aller Wesen und bringen ihnen Unterstützung und Trost.

Hören Sie der Rezitation des Sūtra so zu, wie Sie einer inspirierenden Geschichte lauschen würden. Es spricht von einer Wirklichkeit, die jenseits von Geburt und Tod liegt. Während das Mantra rezitiert wird, lassen Sie Ihr Gefühl der Verbundenheit mit der verstorbenen Person sich ausdehnen in eine Verbundenheit mit allen im Gedenken Versammelten und mit allen Wesen. Das Mantra ist ein uraltes Gebet für das Ende von Leiden und Verwirrung und für den Beginn spirituellen Erwachens.

Das Herz-Sūtra

»So habe ich (es) gehört.

Einst weilte der Erhabene in Rājagṛha auf dem Geierspitzberg, zusammen mit einer großen Gemeinschaft von Mönchen und einer großen Gemeinschaft von Bodhisattvas. Zu dieser Zeit verweilte der Erhabene in der tiefen Erleuchtungsschau, die alle Dharmas durchdringt. Zur selben Zeit praktizierte der Edle Avalokiteśvara, der Bodhisattva-Mahāsattva, die tiefgründige Prajñāpāramitā und gewahrte, dass die fünf Skandhas leer von einer Eigennatur sind.

Durch die Kraft des Buddha wandte sich darauf der Ehrwürdige Śāriputra an den Edlen Avalokiteśvara, den Bodhisattva-Mahāsattva, und sprach: ›Wie sollten ein Sohn oder eine Tochter aus edler Familie üben, die die tiefe Prajñāpāramitā praktizieren wollen?‹ Auf diese Worte erwiderte der Edle Avalokiteśvara, der Bodhisattva-Mahāsattva, dem Ehrwürdigen Śāriputra: Oh, Śāriputra, ein Sohn oder eine Tochter aus edler Familie, die die tiefe Prajñāpāramitā praktizieren wollen, sollten die fünf Skandhas als leer von einer Eigennatur erkennen.

Form ist Leerheit; Leerheit ist Form. Leerheit ist nichts anderes als Form, Form ist nichts anderes als Leerheit. In gleicher Weise sind Gefühl, Wahrnehmung, geistige Gebilde und Bewusstsein Leerheit. In dieser Weise, oh Śāriputra, sind alle Dharmas leer und haben keine Merkmale. Es gibt kein Entstehen und kein Vergehen. Es gibt keine Unreinheit und keine Reinheit. Es gibt kein Abnehmen und kein Zunehmen.

Deshalb, Śāriputra, gibt es in der Leerheit keine Form, kein Gefühl, keine Wahrnehmung, keine geistigen Gebilde und kein Bewusstsein; es gibt kein Auge, kein Ohr, keine Nase, keine Zunge, keinen Körper, keinen Geist; es gibt keine Erscheinung, keinen Klang, keinen Geruch, keinen Geschmack, keine Berührung und keine Dharmas; es gibt keinen Bereich (*dhātu*) der Augen, keinen Bereich des Geistes, keinen Bereich der Dharmas und keinen Bereich des Bewusstseins.

In der Leerheit gibt es keine Unwissenheit und keine Überwindung der Unwissenheit, es gibt kein Alter und keinen Tod und keine Auslöschung von Alter und Tod; es gibt kein Leiden, keinen Ursprung des Leidens, kein Ende des Leidens und keinen Weg, der zum Ende des Leidens führt. In der Leerheit gibt es keine Weisheit und nichts, was zu erlangen wäre.

Da es nichts zu erlangen gibt, ist der Geist des Bodhisattva, der in der Prajñāpāramitā verweilt, ohne Behinderung und frei von Angst. Über alle Irrtümer und Verdunkelungen hinausgehend, erreicht er das endgültige Nirvāṇa. Alle Buddhas der drei Zeiten erwachen durch Prajñāpāramitā endgültig zur unübertrefflichen, wahren, vollständigen Erleuchtung.

Erkenne deshalb das große Mantra der Prajñāpāramitā, das Mantra höchster Einsicht, das unübertreffliche Mantra, das Mantra ohnegleichen, das Mantra, das alles Leiden stillt, als Wahrheit, in der es keine Täuschung gibt.

Daher, Śāriputra, sollte sich der Bodhisattva-Mahāsattva in der tiefgründigen Prajñāpāramitā üben. Darauf erhob sich der Erhabene aus dem Samādhi und lobte den Edlen Avalokiteśvara, den Bodhisattva-Mahāsattva, und sagte: ›Gut so, gut so, oh Sohn aus edler Familie, so ist es, oh Sohn aus edler Familie. Genau so ist es. Die tiefgründige Prajñāpāramitā sollte genauso praktiziert werden, wie du es gelehrt hast, und alle Tathāgatas werden sich daran erfreuen.‹

Nachdem der Erhabene so gesprochen hatte, erfreuten sich der Ehrwürdige Śāriputra und der Edle Avalokiteśvara, der Bodhisattva-Mahāsattva, die ganze Versammlung und die Welt mit ihren Göttern, Menschen, Asuras und Ghandharvas und priesen die Worte des Erhabenen.«[12]

Rezitation des Mantra

Oṃ gate gate pāragate pārasaṃgate bodhi svāhā
(*Oṃ*, gegangen, gegangen, hinübergegangen, ganz hinübergegangen, Erwachen, so sei es.)

Die Kraft der Wahrheit anrufen

In der buddhistischen Tradition wie in unserer eigenen Volkstradition wird daran geglaubt, dass Worte der Wahrheit, wenn sie aus dem Herzen gesprochen werden, die Kraft haben, in Erfüllung zu gehen. In diesem Sinne rezitieren wir Folgendes:

»Durch die Kraft der Wahrheit der wahren Natur unseres Seins,
Des unzerstörbaren Wesens unseres Herzens,
Durch die Kraft der Wahrheit der uns innewohnenden Qualitäten
Von Offenheit, Klarheit und Feinfühligkeit,
Durch die Kraft unserer unentrinnbaren Verbindung miteinander
Und mit der alles durchdringenden Wahrheit des Buddha,
Durch die Kraft all des Guten, das wir getan haben,
Tun oder je tun werden,
Mögest du und alle Wesen immer ihren Weg auf dem Pfad des Erwachens finden,
Ohne Furcht, Hindernisse oder Behinderungen.

Mögest du vor Angst beschützt werden – sei entspannt und furchtlos,
Mögest du vor Anhaftung und Festhalten geschützt sein – erinnere dich daran, dass alles vergeht,
Mögest du vor Ärger und Hass bewahrt werden – lass alles Gute und Schlechte los.

> Mit Gedanken voller Liebe und Freude,
> Daran denkend, dass wir alle uns immer wieder begegnen werden,
> Entschlossen, das Wohlwollen aller Wesen zu vergelten,
> Und allen Schaden, den wir je angerichtet haben und anrichten werden, wiedergutzumachen,
> Mögest du in Frieden aus diesem Leben scheiden und zum Nächsten gehen.«

Die Übergabe der sterblichen Überreste

Als Teil der Trauerfeier werden die sterblichen Überreste den Elementen übergeben (z. B. in das Feuer des Krematoriums gleiten oder in das Grab hinabgelassen). Bei einem christlichen Begräbnis sind die traditionellen Worte währenddessen: »Erde zu Erde, Staub zu Staub, Asche zu Asche«, und so weiter.

Den folgenden Text verwendete ich bei der Einäscherung eines nichtbuddhistischen Freundes, dessen Frau eine Buddhistin war:

> »Dieser Körper ist lediglich die Hülle des Geistes, der in ihr gelebt hat. Dieser Geist ist nun gegangen und erfährt eine andere Welt, ein anderes Leben, ein anderes magisches Schauspiel der Illusion. Doch das Wesen von …s Sein bleibt in unserem Herzen. In unserem Herzen, dem tiefgründigsten aller mysteriösen Dinge, wissen wir das.
>
> Unsere Verbindung mit … und mit jedem anderen stirbt nicht mit unserem Körper. Unsere Verbindung, die Verbindung, die wir in unserem Herzen spüren und wissen, ist von ihrer Natur her nicht etwas, das stirbt. Sie ist dauerhaft, und in diese Beständigkeit legen wir unser Vertrauen, wenn wir diesen Körper den Flammen übergeben. Wir nehmen die Inspiration, die uns dieses Lebens gegeben hat, mit in unser Leben und leben unser Leben zum Wohle anderer, so gut wir können und so, wie … es gerne gesehen hätte.

10
Trauer

In diesem Kapitel werde ich kurz über die Trauer und alle damit zusammenhängenden Fragen sprechen. Für eine gründlichere Abhandlung dieses wichtigen Themas empfehle ich, Bücher zu konsultieren, die sich speziell mit dem Thema Trauer auseinandersetzen. Einige davon führe ich in den Literaturempfehlungen auf.

Neben der Todeserfahrung selbst kommt ein Trauerfall der Erfahrung des Todes und dem damit verbundenen Gefühl der Bodenlosigkeit so nahe wie keine andere Erfahrung. Er kann uns in ein furchterregendes Niemandsland werfen, das dem Zwischenzustand zwischen dem Tod und der Wiedergeburt gleicht. Wir hängen zwischen Vergangenheit und Zukunft und müssen mit unserer alten Art des Lebens sterben; wir fühlen, dass wir unser Selbst und unsere Identität verloren haben und plötzlich von all den Verbindungen mit der oder dem Verstorbenen abgeschnitten sind.

Wenn es wahr ist, dass die Erfahrung der Trauer dem eigenen Sterben gleicht, dann kann sie ein schreckliches, doch gleichzeitig erstaunliches Geschenk sein, eine Erfahrung, die uns wachrüttelt – eine Dharma-Praxis. Viele haben diese tief spirituelle Dimension der Trauer bemerkt.

Natürlich gibt es verschiedene Ausmaße der Trauer, abhängig von dem Grad der Bindung und der Nähe zu der verstorbenen Person und je nachdem, wie wichtig er oder sie für unser Wohlempfinden und unser Gefühl, geliebt zu werden, war. Aber jede Trauer kann eine wichtige Dharma-Praxis sein, weil sie uns zumindest von Angesicht zu Angesicht mit unserer eigenen Sterblichkeit bringt. Das allein ist schon ein Schock, mit dem man möglicherweise schwer fertig wird, vor allem, wenn man sich damit niemals richtig auseinandergesetzt hat.

Der Schock des Todes

Ein großer Teil des Leidens oder Kummers vor oder nach dem Tod eines geliebten Menschen wird durch den Schock ausgelöst. In der tibetischen Kultur wird dieser Zustand anhand der Lebenskraft (*tsolung* im Tibetischen) beschrieben. Es wird gesagt, dass die Lebenskraft oder subtile Energie des Körpers, die gewöhnlich im Herzen aktiv und in Bewegung ist, durch den Schock ernsthaft blockiert wird. Ich denke, die in vielen Kulturen verbreitete Sitte, sich an die Brust zu schlagen, reflektiert deutlich eine ähnliche Auffassung, dass die Lebenskraft wieder zum Fließen gebracht werden muss. Während sie blockiert ist (wie es bei der Depression der Fall ist), geht der ganze Lebenswille verloren, alles erscheint den Betroffenen farblos und sinnlos. Selbst die Ausführung kleinster Handlungen erfordert ungeheure Anstrengung. Es nützt wenig, wenn wir mit jemandem über den Sinn des Lebens sprechen, der in dieser Verfassung ist. Es gibt weder Energie noch Inspiration im Denken dieser Person, und zu einer solchen Zeit ist es in der Tat wichtig, nicht allzu viel zu denken.

Für jemanden in diesem Zustand sind Dinge gut, die die Lebenskraft in Bewegung bringen: Körperübungen, Spazierengehen, Massage oder einfach Herumwerkeln, in der Tat alles, was ihn oder sie in Bewegung hält, aber nicht zu viel Denken oder Energie erfordert. Unbeschwerte, aber feinfühlige Gesellschaft ist eine unglaubliche Hilfe. Hier können Haustiere, Familienmitglieder, Freunde und vor allem die Unterstützung von Seiten der Praxisgefährten und spirituell Gleichgesinnten eine große Rolle spielen.

Hilfreich für Betroffene ist auch, sich eine Routine zu verordnen, die sie in Bewegung hält, ohne dass sie sich sehr mit allen möglichen Dingen beschäftigen. Wenn jemand stirbt, gibt es oft viel zu tun, und wahrscheinlich kommt es zu sehr viel Trubel und Geschäftigkeit in dieser Zeit. Dies kann für eine Weile ablenken und uns mit der benötigten Bewegung versorgen, aber sobald all die Betriebsamkeit nachlässt, sollte man sich nicht wundern, wenn man entdeckt, dass die Lebenskraft eine sehr lange Zeit zur Erholung braucht. Oft ist es so, dass alle während der Zeit des Begräbnisses und vielleicht im ersten Monat nach dem Tod des geliebten Menschen sehr aufmerksam sind. Nach ungefähr drei Monaten scheinen die Trauernden jedoch mehr Hilfe zu benötigen. Dann ist der Tod *wirklich* geworden, doch zu diesem Zeitpunkt haben sich dann schon die meisten Freunde und Familienmitglieder wieder zurückgezogen.

Es ist sehr hilfreich, wenn man in irgendeiner Weise die bestehende Herzensverbindung mit der verstorbenen Person spüren kann und lernt, ihr zu vertrauen. Hierdurch wird der Wert eines Menschen und unserer Verbundenheit zu einer Zeit wieder bestätigt, in der wir für die wahre Essenz dessen, was das bedeutet, sehr offen sind.

Wenn wir in dieser Phase etwas für den Verstorbenen tun, kann sich dadurch das Gefühl der Verbundenheit wieder stärken. Meditation, Darbringungen, Praṇidhānas, Mantras, Tonglen, »Festmahle« und dem Verstorbenen die Kraft unserer Praxis (Puṇya) widmen oder mit ihm sprechen – all das kann sowohl der Person, die diese Dinge tut, wie auch der verstorbenen Person helfen. Je stärker wir an all diese Übungen glauben, desto besser, aber allein für die Möglichkeit offen zu sein, dass sie sinnvoll sind, hilft dem Herzen. Es hilft uns zu spüren, dass es im Universum eine Kraft gibt, die nicht gleichgültig ist, und dass die alte spirituelle Tradition eine Wahrheit und Würde besitzt, die uns ein Gefühl der Unterstützung vermittelt und Vertrauen einflößt. Selbst wenn wir uns nicht sicher sind, ob wir allen damit verbundenen Glaubensvorstellungen zustimmen wollen, kann es so sein. Der Trost, den der Trauernde dadurch erfährt, wirkt dem überwältigenden Gefühl der Sinnlosigkeit entgegen, das ihn wahrscheinlich überfällt. Er vermittelt das Gefühl, Boden unter den Füßen zu haben. Ohne dieses Gefühl ist es schwierig, sich zu erholen.

Bis der ganze Erholungsprozess der Lebenskraft abgeschlossen ist, können mehrere Jahre vergehen. Aber sie wird sich erholen, selbst wenn es während des Prozesses mit ihr ständig auf und ab geht. Manchmal scheint die Energie zu wachsen, und ein andermal sinkt sie ohne ersichtlichen Grund wieder ab. Wenn wir das wissen, hilft es uns wahrscheinlich, nicht den Mut zu verlieren. Es ist sehr wichtig, dass wir uns dem, was geschieht, zuwenden, es akzeptieren und sein lassen, wie es ist. Wir sollten die Dinge nicht dadurch komplizieren, dass wir meinen, es besser machen zu müssen.

Durch Trauer spirituelle Weisheit entwickeln

Nach einem Trauerfall suchen die Menschen oft bei tibetisch-buddhistischen Lehrenden Unterstützung. Ich muss Sie warnen, dass Ihnen vielleicht einfach geraten wird, Sie sollten nicht trauern. Meiner Meinung nach meinen die Tibeter damit, dass wir nicht an unseren Gedanken über die Vergangenheit festhalten sollen, die uns bedrücken. Mit Sicherheit denken sie so wie wir, dass ein freundlicher Umgang mit uns selbst wichtig ist und wir Zeit aufbringen und uns um die Lebenskraft kümmern müssen, um ihr dabei zu helfen, sich wieder zu erholen.

Vielleicht ist die Frage, was wir unter trauern verstehen. Wir können meinen, es bedeute einfach, dass wir uns selbst leid tun. Trauer kann sich aber auch auf den gesamten Prozess beziehen, in dessen Verlauf wir uns von dem Schock und Schmerz über den erlittenen Verlust erholen. Das bedeutet nicht, dass wir uns gehen lassen und nur um uns selbst drehen. Es ist ein sehr wichtiger Abschnitt in unserem Leben, und egal, wie lange er dauert und welche Form er annimmt: Wir müssen die Zeit der Trauer als einen Weg nutzen, um unserem Verständnis zu neuen Tiefen zu verhelfen und eine innere Stärke zu finden, von der wir kaum ahnten, dass sie möglich sei. Dafür müssen wir die verschiedenen Stadien des Trauerprozesses anerkennen und uns erlauben, sie vollständig zu erleben. Die Anweisung, nicht zu trauern, sollte daher nicht so verstanden werden, dass wir unsere Gefühle unterdrücken und so tun sollten, als sei nichts geschehen.

Tibeter haben oft einen sehr starken Glauben, was einen enormen Unterschied ausmacht. Weil sie ein solches Vertrauen in den Pfad des Erwachens haben, ist es manchmal schwierig für sie zu verstehen, wie beraubt sich jemand fühlen kann, der relativ neu in der Dharma-Praxis ist. Für viele von uns ist unser Vertrauen in den Dharma wie ein zerbrechlicher junger Vogel, der kaum Fliegen gelernt hat. Es ist wichtig, dass wir uns nicht weiter herunterziehen, indem wir uns Vorwürfe machen, auf dem Pfad nicht weiter fortgeschritten zu sein, als wir es sind. Diese Art von Vertrauen wächst langsam und benötigt seine eigene Zeit. Seien Sie daher nachsichtig mit sich selbst.

Wenn eine geliebte Person stirbt und wir um sie trauern, werden unsere Fragen nach dem Sinn von Leben und Tod meistens dringlicher. Vielleicht werden wir dadurch sogar inspiriert, tiefer in unser Sein zu schauen und die wahre Natur unseres Seins zu entdecken. Auf jeden Fall verstärkt sich unser Gefühl der Sinnlosigkeit des Saṃsāra. Dadurch wird es möglich, dass wir langsam aufhören, an den samsarischen Teilen unserer Erfahrung festzuhalten. Wir lernen, dem Erwachten Herzen zu vertrauen, dem Erwachten Herzen in uns und in den Verstorbenen, die wir so sehr lieben.

Wir müssen uns erlauben, uns dem Aufruhr des Trauerns zuzuwenden, einschließlich aller Gefühle von Ärger, Verrat, Schuld, Bedauern, Furcht, Überwältigtsein, Isoliertsein, Trostlosigkeit und so weiter. Von all diesen Erfahrungen lernen wir, wenn wir uns ihnen zuwenden. Wenn wir einfach nur versuchen, all die negativen Gefühle loszuwerden, und weitermachen, als sei nichts geschehen, dann können wir daraus keine spirituelle Kraft und Einsicht gewinnen. Wenn wir uns hingegen den Emotionen zuwenden, dann erfahren wir etwas über unser Herz und über unsere Herzensverbindung mit dem Verstorbenen. Wir gelangen zu einer echten Wertschätzung unserer Verbindung mit dem Verstorbenen. Der beste Weg, um unsere Verbindung mit einer verstorbenen Person zu stärken, besteht aus buddhistischer Sicht darin, eine von Herzen kommende Offenheit zu entwickeln. Dann begegnen wir uns in zukünftigen Leben immer wieder auf eine Weise, die uns beiden nützt.

Allerdings kann es einen Dharma-Praktizierenden erschüttern, wenn er feststellt, dass er nach dem Tod eines nahestehenden Menschen kaum in der Lage ist, zu sitzen und zu meditieren – gerade wenn er meint, dass er mehr als üblich praktizieren sollte. Es ist wichtig, sich dann nicht dafür zu verurteilen. Wenn die Lebenskraft blockiert ist, ist es wichtig, dass man sich bewegt. Vielleicht ist es instinktiv richtig, einen Widerwillen gegen das Sitzen zu haben. Wenn man sitzen kann und daraus immer noch Inspiration schöpft, ist es natürlich wunderbar, aber wenn Sie entdecken, dass dem einfach nicht so ist, dann zerbrechen Sie sich darüber nicht den Kopf. Stattdessen ist es gut, Gehmeditation zu üben, oder etwas, was ich »Herumwerkel-Meditation« nenne. Darunter verstehe ich, dass Sie sich kleine Aufgaben rund um das Haus oder den Garten suchen, die Sie auf eine entspannte und meditative Art verrichten können. Ein Mantra zu rezitieren mag Ihnen leichter fallen als zu meditieren, einfach weil Mantras eine gewisse Bewegung beinhalten und Ihnen ein wenig Energie geben, um einen positiven Geist zu bewahren. Noch besser ist es, wenn Sie das Mantra mit tiefem Vertrauen in das Herz rezitieren können und die Präsenz der unterstützenden Kraft Erwachter Wesen fühlen.

In Zeiten der Trauer sind wir fähig, das grundlegende Leiden der samsarischen Existenz besonders intensiv zu spüren, das uns sehr eng mit der ganzen Menschheit verbindet. Wenn wir das erkennen und vielleicht die Tonglen-Praxis für alle Menschen, die überall unter Trauer leiden, praktizieren, dann kann uns dies helfen, unsere Ich-Bezogenheit loszulassen und uns weniger einsam zu fühlen. Alle, die jetzt nicht trauern, werden dieses Leiden noch erfahren. Alle, die mit Menschen zusammen sind, die sie lieben, werden auf diese Weise leiden, wenn der Tod kommt, wenn nicht schon vorher – und für jene, die niemanden haben, den sie lieben und verlieren können, ist es an sich schon traurig. Saṃsāra lässt sich nicht so einrichten, dass am Ende das Glück steht. Der Buddha lehrte diese Wahrheit, als er auf den Pfad hinwies, der als einziger Weg über Geburt und Tod hinausführt.

Gehen Sie in diesen Umständen sanft mit sich um, und geben Sie sich selbst so viel Zeit, wie Sie brauchen, um in Ruhe zu reflektieren. Setzen Sie sich nicht dadurch unter Druck, dass Sie denken, Sie sollten »darüber hinweg« sein oder den Trauerprozess besser bewältigen. Es geht darum, einfach zu bemerken, was geschieht, zu reflektieren und Absichten und Wünsche im Namen der Ihnen nahestehenden Person, in Ihrem eigenen Namen und im Namen anderer zu äußern.

Auf der anderen Seite lädt der Trauerprozess zu Demut ein. In Verzweiflung und Hoffnungslosigkeit werden Stolz und Ich-Verhaftung zerschmettert und das weiche Herz offengelegt. Dieses Gefühl, ungeschützt und bloßgelegt da zu sein, kann nicht umgangen werden; es ist die Essenz unseres Seins – offen, bewusst und quälend feinfühlig. Es ist so stark, dass wir es abdämpfen und nicht fühlen wollen. Aber wir fühlen es. Daher stellt intensive Trauer wirklich eine wunderbare Gelegenheit dar, uns spirituell weiterzuentwickeln, so schmerzhaft es manchmal auch sein mag. Es ist das Erwachte Herz selbst, das schmerzt und das die Essenz unseres Lebens, unseres Seins, unseres Mitgefühls, unserer Liebe und unserer Freude ist.

Schließlich müssen wir lernen, dass wir unser Anhaften und egozentrisches Festhalten loslassen können und mit einem offenen und schmerzenden Herzen einfach überleben. Manchmal mag es so scheinen, als sei das Loslassen des Anhaftens mit dem Loslassen der Liebe verbunden. Aber dem ist nicht so. Die Liebe bleibt, vertieft sich und dehnt sich aus. Unser Herz öffnet sich noch mehr, und wir erkennen, dass es größer ist als das kleine

Ich, das sich so sehr gefürchtet hat. Das kleine Ich dachte, es könne die Trauer nicht ertragen, doch unser Herz kann sie ertragen. Es ist tatsächlich unzerstörbar, und selbst der Schmerz ist nur Ausdruck seiner unzerstörbaren Natur. Er ist ein Teil der Feinfühligkeit unserer wahren Natur, und indem wir uns ihm zuwenden – und ich wage zu sagen, ihn gewissermaßen willkommen heißen –, kann entdeckt werden, dass er wirklich die Essenz von Mitgefühl ist. Wenn wir ihm genug Zeit lassen, steigt aus ihm spontan eine angemessene Antwort auf. Das Leben geht weiter.

Wir können feststellen, dass sich unser spiritueller Pfad durch die Erfahrung des Leidens und der Trauer über den Verlust in einer Weise vertiefen kann, die vorher unvorstellbar war, und dass wir uns mit größerem Vertrauen mit unserer grundlegenden Offenheit, Klarheit und Feinfühligkeit verbinden können. Unsere Beziehung zu anderen und zum Leben kann sich grundlegend verändern. Im Grunde unseres Herzens wünschen wir alle, dass unser Leben diese Art von Wirkung auf diejenigen hat, die wir lieben. Wenn wir zulassen, dass ihr Tod uns spirituell stärkt und tiefer empfinden lässt, ist das die beste Art, die Verstorbenen zu ehren, ihrer Bedeutung für uns Ausdruck zu verleihen, ihnen zu helfen und unsere Verbindung mit ihnen zu festigen.

Die Trauernden unterstützen

Wie ich bereits erwähnt habe, ist der Umgang mit manchen Trauerfällen schwieriger als mit anderen. Jemand, der nur einen Todesfall, bei dem sich der Tod schon lange vorher abgezeichnet hat, oder den Tod eines Verwandten in recht hohem Alter erlebt hat, kann nicht automatisch davon ausgehen, jemanden verstehen zu können, der aufgrund eines plötzlichen Todes trauert – sei es um einen Lebenspartner, aufgrund eines Selbstmordes oder den Tod eines Kindes. Er oder sie drängt eine solche Person daher leicht dazu, »weiterzugehen«, lange bevor es möglich oder wünschenswert ist.

Es ist unsensibel zu versuchen, einen Trauernden auf eine Weise dazu zu bewegen »weiterzugehen« oder »loszulassen«, die sich kränkend und herzlos anfühlt. Wenn jemand das tut, spricht er womöglich aus seinen eigenen Ängsten, Unzulänglichkeiten und der eigenen Ungeduld heraus. Jemand, der durch das gleiche Leiden gegangen ist, reagiert wahrscheinlich feinfühliger als andere, wobei das jedoch von der Person abhängt. War sie sich selbst gegenüber unsensibel, wird sie wahrscheinlich auch anderen gegenüber unsensibel sein.

Hilfreich kann sein, mit den Trauernden darüber zu sprechen, was andere in ähnlichen Situationen erfahren und wie lange sie brauchen, um sich davon zu erholen. Ich meine dies nicht in dem Sinne, »das ist es, was Sie tun sollten«, sondern ich denke, dass dies den Trauernden gewissermaßen erlaubt, sich normal zu fühlen und von der Erfahrung anderer bestätigt zu werden.

Die Trauernden müssen viel Geduld mit denen aufbringen, die um sie herum sind, wie auch die Personen, die mit der trauernden Person in Kontakt sind, oft viel Geduld mit ihr haben müssen. Jeder hat seine eigenen Schwierigkeiten, die mit dem Tod einer geliebten Person verbunden sind. Trotz allem, was geschehen ist, versuchen einige vielleicht tatsächlich, alles, was mit dem Tod zusammenhängt, aus ihrem Geist zu verbannen, und verdrängen jede Erinnerung an ihn so bald wie möglich. Für solche Personen ist der Schmerz einer trauernden Person unbequem und peinlich.

Das Wichtigste, was wir beachten sollten, wenn wir mit einer trauernden Person konfrontiert werden (oder mit Personen, die in irgendeiner Weise leiden), besteht darin, sie zu unterstützen, indem wir sie dazu ermutigen, ihre innere Stärke und ihren eigenen Umgang mit der Situation zu finden. Das bedeutet, der Situation nicht mit einer vorgefassten Meinung darüber zu begegnen, was die Person erfährt, und einem gesamten von uns entworfenen Programm, wie sie damit umgehen sollte. Es bedeutet, offen und unterstützend zu sein, ohne zu meinen, Sie müssten das, was geschieht, befürworten oder missbilligen. Sie brauchen Ihr persönliches Urteil nicht mitteilen. Die trauernde Person muss spüren, dass sie den Raum hat, ihre Erfahrung zu erforschen, und das erfordert von Ihnen nur sehr wenig. Sie brauchen nur da zu sein, zuzuhören und aus Liebe und Verständnis heraus zu antworten.

Häufig wollen Trauernde über die Krankheit oder den Unfall reden, der zum Tod ihrer geliebten Person geführt hat, und sogar über den Tod selbst. Sie liefern einen nahezu detaillierten Bericht mit allen Einzelheiten, als ob das laute Aussprechen der Worte dazu führen würde, dass es in ihrem Kopf aufhört, sich weiter zu drehen. Sie wollen oft einfach nur über die Person sprechen, die gestorben ist, und darüber, was sie ihnen bedeutet hat. Da andere tendenziell wahrscheinlich eher davor zurückschrecken, dem zuzuhören, kann es sehr hilfreich und unterstützend sein, einfach da zu sein und der trauernden Person die Möglichkeit zu geben, ihre Erfahrung mit Ihnen zu teilen. Wenn wir das tun, schaffen wir eine Art Raum, in der die Person, die sprechen muss, spürt, dass sie keine Angst haben muss, angegriffen zu werden oder anzuecken, so dass sie sich in diesen Raum ausdehnen und ihre eigene Antwort auf die Situation finden kann. Es mag uns schockieren, dass unser Rat nicht immer gebraucht wird, aber das Weiseste ist, keine Ratschläge zu erteilen, wenn Sie sich nicht absolut sicher sind, um Rat gebeten worden zu sein.

Obwohl viele sicherlich die Fähigkeit haben, mit der Hilfe und Unterstützung von Freunden ihren Weg durch den häufig langen und schwierigen Trauerprozess zu finden, könnte einigen auch die Hilfe einer Trauerselbsthilfegruppe oder eines professionellen Trauertherapeuten guttun, vor allem, wenn eine geliebte Person gestorben ist, deren Tod ihnen sehr nahe geht. Ein professioneller Therapeut kann hinzugezogen werden, wenn die trauernde Person von Selbstmord spricht, aufhört zu essen oder sich vollkommen isoliert, und auf jeden Fall dann, wenn sie aufhört, sich um sich selbst oder um ihre Familie zu kümmern. Am besten lässt sich ein Trauertherapeut durch ein Hospiz finden. Es gibt viele Therapeuten, die nicht für die Arbeit mit Trauernden ausgebildet sind, aber ein Hospiz wird diejenigen kennen, die Erfahrung im Umgang mit Sterbenden und Trauernden haben.

Einige wollen mit ihrer Trauer allein gelassen werden, und ich halte es für wichtig, dies zu respektieren und nicht darauf zu bestehen, dass sie darüber reden oder ihren Kummer in irgendeiner vorgeschriebenen Weise zeigen sollten. Manche halten zum Beispiel bestimmte Verhaltensweisen wie Weinen für heilsam. Aber einige Menschen weinen, andere nicht. Nichts ist falsch daran, wenn einem nicht nach Weinen zumute ist oder wenn man es vorzieht, nicht über die Situation zu sprechen. Alles hängt davon ab, wie es einem damit geht, und das zeigt sich wirklich erst mit der Zeit. Wieder ist es wichtig, keine vorgefasste Meinung davon zu haben, welche Art der Trauer richtig oder falsch ist.

Wir können andere einfach durch unser Dasein unterstützen, selbst wenn wir nicht ganz verstehen, was sie durchmachen, und den betroffenen Personen erlauben, uns zu sagen, was sie fühlen und wollen. Auf diese Weise gehen wir wahrscheinlich einfühlsamer und angemessener auf sie ein.

11
Schon zu Lebzeiten über den Tod reflektieren

Nachdem ich ein ganzes Buch für andere über das Thema Tod geschrieben habe, möchte ich nun die Gelegenheit nutzen, um zu erklären, wie ich selbst immer wieder über den Tod reflektiere. Obwohl, wie bereits zu Beginn erwähnt, das Thema Tod im Buddhismus eine zentrale Stellung einnimmt, fällt es überraschend schwer, es gut im Blick zu behalten.

Traditionell ist es üblich, dass ein buddhistischer Lehrer einem Schüler das Reflektieren über den Tod als Vorbereitung für eine andere Praxis wie die Meditation oder ein Studium gibt. Von diesem Moment an wird vom Schüler erwartet, dass er jeden Tag seines Lebens Zeit mit dem Reflektieren über den Tod verbringt. Wenn Sie die Lebensgeschichte der größten Praktizierenden studieren, derjenigen, die Erwachen verwirklicht haben, wird deutlich, dass sie tief über den Tod nachgedacht haben und daraus die Motivation und Fähigkeit schöpften, den Pfad zum Erwachen bis zum Ende zu gehen. Dieses Reflektieren bringt sowohl die Vision als auch den Antrieb hervor, durch die alle Schwierigkeiten überwunden werden können und jede Schwierigkeit auf dem Pfad unbedeutend erscheint im Vergleich zu dem Schmerz, im nichterwachten Zustand des Saṃsāra gefangen zu bleiben.

Ich schlage daher vor, dass Sie hin und wieder zwischen fünf Minuten und einer Stunde damit verbringen, über die Unausweichlichkeit des Todes nachzudenken. Sagen Sie nicht, dass Sie keine Zeit dafür haben! Sie können es auch tun, während Sie eine Straße entlanggehen. Es kann sogar sehr effektiv sein, wenn wir uns auf einer belebten Straße befinden und daran denken, dass jeder Einzelne, den wir sehen, sterben wird und – noch schlimmer – dass niemand von uns weiß, wann. Jeder dieser Menschen oder wir selbst könnten der Nächste sein, der geht.

Wenn wir von der Gefahr des Terrorismus hören, fühlen wir uns bedroht und denken vielleicht: »Oh, ich will nicht nach London oder New York reisen oder in einem Flugzeug fliegen. Vielleicht werde ich in die Luft gejagt.« Aber durch den Terrorismus steigt die Wahrscheinlichkeit, dass wir heute sterben, nur um einen Bruchteil. Vielleicht sterben wir heute sowieso. Es gibt absolut keine Sicherheit. Daher hat es etwas Absurdes, wenn sich alle über ein bestimmte Katastrophe irgendwo auf der Welt aufregen. Es ist, als würden wir die Tatsache ignorieren, dass das ganze Leben eine Katastrophe ist. Wir tun so, als sei nur dieser kleine Teil des Ganzen eine Katastrophe. Wie schrecklich das Leid dieser Leute auch sein mag, so sind wir doch alle in der Situation, dass wir nicht wissen, wer von uns als Nächstes leiden wird und wie das aussehen wird. Schreckliche und tödliche Krankheiten befallen Junge und Alte, Reiche und Arme, erfolgreiche Menschen und Ausgestoßene der Gesellschaft gleichermaßen unter Missachtung von Status oder Person.

Während wir versuchen, uns darauf zu besinnen, ist es interessant, wie stark wir uns dieser Denkweise widersetzen. Es ist nur dann sinnvoll, wenn wir irgendeine Art von Vertrauen haben, dass ein Pfad existiert, der zum Erwachen führt.

Wenn wir älter werden und junge Leute betrachten, die so glücklich und zuversichtlich aussehen, so zufrieden mit ihrem Äußeren und ihrer Attraktivität sind, dann erinnert uns dies an die Zeit, als wir selbst jung waren und uns wie die jungen Menschen von heute nicht vorstellen konnten, alt zu werden. Alle Anzeichen dafür waren vorhanden, aber wir haben sie ignoriert. Natürlich wissen wir alle vom Verstand her, dass wir alt werden und der Tod ständig näherrückt, aber wir handeln so, als wäre er weit weg. Sehr alte Menschen scheinen für uns eine andere Spezies zu sein. Selbst wenn wir älter werden, versuchen wir uns fortwährend zu sagen, dass wir nicht wirklich so alt sind. Es ist, als hätte uns jemand in einen Zug zum Schlachthof gesetzt, wir aber sagen zu uns: »Ach nein, ich bin nur auf einer Urlaubsreise«, und wir weigern uns, daran zu denken, wohin der Zug fährt.

Das gleicht dem Vater des werdenden Buddha, der versuchte, die wahren Begebenheiten des Lebens vor ihm zu verbergen. Die Geschichte besagt, dass er hoffte, sein Sohn würde sein weltliches Streben nicht aufgeben, wenn er nie daran denken würde, alt und krank zu werden oder zu sterben. Er wollte, dass sein Sohn weltlichen Erfolg suchte, wusste aber, dass Letzterer beim Anblick dessen, was wirklich auf jeden wartet, all solchen Ehrgeiz verlieren würde.

In uns allen steckt ein starker Anteil, der diesem Vater ähnelt und der versucht, uns davon zu überzeugen, dass die Dinge nicht wirklich so schlimm sind. Wenn wir vergessen, dass das Ziel unser Tod ist, kann es auf eine enge, begrenzte Art Vergnügen bereiten, auf diesem Zug zu sein, der unser Leben ist. Leicht können wir darüber unser Ziel vergessen und nur die Fahrt genießen oder wenigstens einfach versuchen, uns die Reise so angenehm wie möglich zu machen, statt ernsthaft darüber nachzudenken, ob wir vom Zug selbst abspringen. Wenn wir vom Zug selbst hinuntergelangen, würde das bedeuten, dass wir die Essenz purer Freude finden. Aber so sehen wir es nicht.

Darum ist es notwendig, immer wieder über die Tatsache zu reflektieren, dass alle weltliche Freude in Leid und Tod endet und dass der Buddha einen Weg zur Freude des Erwachens erschloss, der über alles Leiden, Geburt und Tod hinausführt. Nur indem wir immer wieder darüber reflektieren und die Aussagen verwirklichter Praktizierender studieren, werden wir erkennen, dass das, was hier gesagt wird, äußerst wichtig ist. Vielleicht kann es Sie in dieser Art des Nachdenkens unterstützen, wenn Sie diese Seiten immer wieder lesen.

Wenn wir über die Unausweichlichkeit und Unvorhersagbarkeit unseres Todes reflektieren, ist es wichtig, auch über das Leben des Buddha bis zu seinen heutigen Nachfolgern zu reflektieren, und über das, was sie entdeckt haben. Wir brauchen eine Ahnung von der Möglichkeit, dass uns ein alternativer Pfad zur Verfügung steht, sonst ist das Reflektieren über den Tod nur deprimierend oder könnte sogar eine Haltung von »nach mir die Sintflut« hervorrufen. Warum nicht so viel Schönes wie möglich erleben, solange es möglich ist, wenn wir sowieso alle bald tot sind?

Sehr verwirklichte Praktizierende wurden häufig in jungen Jahren von ihren Lebensumständen mit der Botschaft des Todes und Leidens konfrontiert. Aus buddhistischer Sicht ist das ein großer Segen. Es führte dazu, dass sie sehr früh erkannten, dass im Saṃsāra keine Hoffnung zu finden ist, und bereitete sie auf eine Dharma-Reise ohne Bedenken vor. Wir anderen müssen immer wieder darüber meditieren, um uns die Botschaft wirklich nahezubringen, dass der Tod tatsächlich jederzeit eintreten könnte und stets näherrückt. Sonst halten wir den Tod, selbst wenn wir die ganze Zeit sehen und hören, wie andere sterben, immer noch für etwas, das anderen zustößt, während unser eigener weiterhin weit entfernt zu sein scheint.

Die Notwendigkeit, über den Tod zu reflektieren

Der Pfad des Buddha bedeutet, alle Anhaftungen aufzugeben. Er bedeutet, unsere in Ehren gehaltenen Ansichten über uns selbst und die Welt aufzugeben. Das kann so furchterregend sein wie der Tod selbst. Um den Mut für diesen Sprung zu finden, müssen wir erkennen, wie gefährlich die Situation ist, in der wir uns befinden. Zum Beispiel mag man große Angst davor haben, mit einem Fallschirm aus einem Flugzeug zu springen. Aber wenn man weiß, dass das Flugzeug in Flammen steht und im nächsten Moment abstürzen wird, dann wird es viel leichter, den Mut aufzubringen und zu springen.

Ein Vorteil, den die tiefe Auseinandersetzung mit dem Tod bringt, besteht darin, dass wir uns für unseren eigenen wie den Tod anderer viel mehr öffnen können. Wir versuchen nicht, so zu tun, als würde bzw. könne nichts geschehen, und wir sehen die sterbende Person nicht in einer anderen, von uns getrennten Kategorie. Allein das ist für die Person, die stirbt, sehr hilfreich.

Des Weiteren ist beim Reflektieren über den Tod von Bedeutung, dass immer offensichtlicher wird: Wenn wir uns dem Tod gegenüber öffnen, könnte unsere ganze Welt jederzeit zusammenbrechen. Dies öffnet uns für die Erkenntnis der nichtgreifbaren Natur der Wirklichkeit, der Leerheit. Wenn wir dies in der Meditation plötzlich erfahren, kann es so furchterregend sein wie der Tod. Schnell wollen wir an unserem Leben und unserer Welt wieder festhalten und uns vielleicht eine Weile dem Pfad des Erwachens fernhalten.

Manche Menschen spüren, dass sie ihr Interesse verlieren und sich von ihren Freunden und ihrer Familie entfremden oder entfernen würden, wenn sie die Natur der Welt, an der sie haften, zu genau betrachten würden. Solche Ängste halten sie oft davon ab, dem Pfad des Erwachens mit ganzem Herzen zu folgen. Durch diese und andere tief sitzenden Gedankenmuster halten wir an dieser Welt fest und vernachlässigen unsere Entwicklung auf dem Pfad des Erwachens, selbst wenn wir vage davon inspiriert sind. Wir versuchen uns davon zu überzeugen, dass das Saṃsāra nicht wirklich so schlimm ist, dass das Leben in Ordnung ist, wir nicht wirklich das Anhaften aufgeben müssen oder zumindest nicht ganz, noch nicht jetzt. Aber wenn wir tief über den Tod reflektieren, erkennen wir, dass das nur eine Täuschung ist und wir den Mut aufbringen müssen, um diese Täuschung und die Angst, aus der sie entstand, zu konfrontieren; dass wir es wagen müssen, unsere Herzen zu öffnen und uns unserer wahren Natur zuzuwenden.

Leicht tauchen Zweifel auf, und wir denken, dass die gesamte Vorstellung von Erleuchtung oder Erwachen nichts als ein frommer Wunsch oder eine Fantasie ist. Aber das tiefe Reflektieren über den Tod kann uns helfen, diese Art von Zweifel zu zerstreuen. Mit dem Tod werden wir gewiss von allem, an dem wir in diesem Leben festhalten, abgeschnitten. Doch es gibt keinen Hinweis, der darauf hindeutet, dass das Gewahrsein selbst sterben wird. Je mehr wir die Natur des Gewahrseins betrachten, desto deutlicher erkennen wir, dass seine Natur nicht aus etwas besteht, das stirbt. Diese Realisation, verbunden mit der Erkenntnis, dass der Tod uns von allem, an dem wir im Leben festhalten, trennt, macht das Reflektieren über den Tod zu unserem engsten Freund. Es ist der Freund, der uns in die Arme unseres eigenen Heils treibt.

Die beste Vorbereitung auf den Tod

Dem Herzen zu vertrauen bedeutet, dem zu vertrauen, was wirklich ist. Rufen wir uns den Tod ins Bewusstsein, hält uns das davon ab, zu viel in Unwirkliches zu investieren, so dass wir im Moment des Todes alles loslassen können. Wenn wir die Einstellung haben, uns immer wieder bewusst zu machen, dass der Tod jederzeit zuschlagen kann, so verleiht uns das einen realistischen Blick auf unser Leben und seine Schwierigkeiten und inspiriert uns dazu, den Dharma zu praktizieren und aus den jetzigen Möglichkeiten das Beste zu machen. So sterben wir, ohne etwas zu bereuen.

Jeder, der über die Unausweichlichkeit des Todes nachgedacht und die Gewohnheit entwickelt hat, Dinge loszulassen, wird im Sterben weniger leiden. Wir können jedem dazu raten, eine solche Haltung gegenüber dem Leben und den Dingen dieses Lebens, an denen sie anhaften, anzunehmen.

Natsok Rangdröl zitiert folgenden maßgebenden Text:[13]

> »Alle Menschen haften an ihren Besitztümern –
> an Kindern, Vieh und Reichtum;
> ›Das habe ich getan, jetzt tue ich dies.
> Wenn dies getan ist, werde ich jenes tun.‹
> Während die Menschen so von ablenkenden Dingen
> getäuscht werden,
> scheiden sie hinweg, weggeschnappt vom Herrn des
> Todes.«

Auf tiefster Ebene ist die Erinnerung an den Tod und an die Vergänglichkeit das Tor zur Erkenntnis der Leerheit dessen, was wir für wirklich halten, und der unsterblichen Qualität dessen, was wahrhaftig wirklich ist. Indem wir uns immerfort an den Tod und die Vergänglichkeit erinnern, werden wir zunehmend der traumgleichen und illusorischen Natur unseres Lebens und unserer Erfahrung gewahr, so dass der Schock geringer sein wird, wenn wir mit dem Tod konfrontiert werden. Je tiefer wir diese Wahrheit erkennen, desto mehr sind wir auf den Tod vorbereitet und desto näher sind wir dem Erwachen.

Den Geist vom Saṃsāra abwenden

Der Tod kommt ohne Warnung!
Er mag heute kommen,
mich trennen von allem, was vertraut ist,
und von all denen, die ich liebe.
Jetzt ist die Zeit, darüber nachzudenken,
was Herzensverbindungen bedeuten.
Jetzt ist die Zeit, darüber nachzudenken,
was über Geburt und Tod hinausgeht.
Jetzt ist die Zeit,
die Offenheit, Klarheit und Feinfühligkeit
meines Seins,
den Unzerstörbaren Herzgeist aller Wesen,
zu entdecken
und Vertrauen in ihn zu entwickeln.
Heute muss ich mich vorbereiten.
Weltliche Verhaftungen sind nutzlos,
ebenso wie Ärger und Täuschung.
Jetzt ist die Zeit, sie loszulassen
und entspannt in meiner eigenen wahren Natur zu ruhen.
Wie kann ich anderen nutzen,
wenn ich mir nicht selbst helfen kann?
Wie kann ich andere befreien,
wenn ich mich nicht selbst befreien kann?
Mögen ich und alle Wesen glücklich sein,
und mögen wir die Ursachen von Glück erfahren.
Mögen ich und alle Wesen frei sein von Leid
und den Ursachen von Leid.

Mögen ich und alle Wesen das Glück vollständigen Erwachens erfahren,
das niemals abnimmt noch fehlgeht.
Mögen wir so in großem Gleichmut verweilen,
ungestört von Anhaften und Abneigung,
und allen Wesen mit gleicher Liebe begegnen.

Von Shenpen Hookham für die Schülerinnen und Schüler, die im Herbst 2002 an einer Meditationsklausur teilnahmen, verfasst.

Anmerkungen

1 Im Engl.: loss of heart. Wörtl.: Herzensverlust. (Anm. d. Übers.)

2 Rinpoche, Sogyal: *Das tibetische Buch vom Leben und vom Sterben*, S. 132. *The Tibetan Book of Living and Dying*. Rider 2002, p. 107.

3 *The Mirror of Mindfulness*, S. 1-2.

4 Und im Deutschen. (Anm. d. Übers.)

5 *The Mirror of Mindfulness*, S. 83.

6 A. a. O., S. 74.

7 A. a. O., S. 78-79.

8 A. a. O., S. 83.

9 Shantideva, *Die Lebensführung im Geiste der Erleuchtung*. Berlin: Theseus, 2004.

10 *The Mirror of Mindfulness*, S. 53.

11 Bokar Rinpoche, *Death and the Art of Dying in Tibetan Buddhism*, S. 114-115.

12 Lotsawa Bhikshu Rinchen De übersetzte diesen Text ins Tibetische zusammen mit dem indischen Pandit Vimalamitra. Er wurde von den großen Herausgeber-Lotsawas Gelo, Namkha und anderen redigiert. Dieser tibetische Text wurde von einem Fresko in Gegye Chemaling beim Samya Viharar kopiert. Die deutsche Übertragung orientierte sich an einer Übersetzung von Jürgen Manshardt.

13 *The Mirror of Mindfulness*, S. 34.

14 Tibetische Begriffe werden phonetisch wiedergegeben, wobei »ch« wie das deutsche »tsch« und »j« wie das deutsche »dsch« gesprochen wird.

15 Auch ihr Ehemann, Lama Rigdzin Shikpo, gehört seit den letzten fünfundzwanzig Jahren zu ihren Lehrern. Seine Belehrungen vermittelten ihr das Vertrauen, den Dharma eher auf der Grundlage ihrer Erfahrung in englischer Sprache zu vermitteln, als sich, wie traditionell üblich, auf Texte zu beziehen. Darin wurden sie und Lama Rigdzin Shikpo von ihrem Lehrer Khenpo Rinpoche bestärkt.

Glossar

Adhiṣṭhāna (Sanskrit; Tibetisch *chinlab*[14]): Wörtlich »Einfluss« oder »Besitz«, häufig übersetzt mit »Segen« oder »Gnade«. Es ist die Kraft, die von etwas ausgeht. Die kraftvollste und nützlichste Quelle des Adhiṣṭhāna ist der Buddha und die Wirklichkeit, die er verkörpert.

Bardo: siehe Zwischenzustand.

Bodhisattva (Sanskrit; Tibetisch *changchub sempa*): Jemand, der den Entschluss gefasst hat, zum Wohl aller Lebewesen zu vollständiger Buddhaschaft zu erwachen. Genau genommen bezieht der Begriff sich auf die Wesen, die Leerheit erkannt haben, den Buddhas von Angesicht zu Angesicht begegnet sind und in ihrer Gegenwart das Gelübde abgelegt haben, alle Wesen zum Erwachen zu führen. Weniger streng genommen ist jeder damit gemeint, der danach strebt, diesem Pfad zu folgen, und eine formale Verpflichtung eingegangen ist, dies zu tun.

Buddha (Sanskrit; Tibetisch *sanggye*): Jemand, der vollständig erwacht ist. Damit ist nicht nur der historische Buddha gemeint, der die buddhistische Tradition begründet hat, sondern unendlich viele andere Wesen aus anderen Welten und Zeiten, die ebenfalls erwacht sind.

Dharma (Sanskrit; Tibetisch *chö*): Mit Dharma wird die Wahrheit oder die Wirklichkeit bezeichnet, und zwar so aufgefasst, dass es sich um das handelt, was der Buddha durch sein Erwachen entdeckte und danach lehrte, offenbarte und vorlebte. Inzwischen wird der Begriff auch synonym für den Pfad des Erwachens verwendet, so dass wir, wenn wir davon sprechen, den Dharma zu praktizieren, damit meinen, dass wir dem Pfad zum Erwachen folgen. Aber da er auch für die im Erwachen offenbarte Wirklichkeit steht, für die lebendige Wahrheit des Universums, die uns zu sich zieht, sprechen wir auch vom Dharma als einer eigenen Kraft und nicht nur von einem Pfad, dem wir folgen.

Dzogchen (Sanskrit; Tibetisch *mahāsandhi* oder *atiyoga*): Wörtlich »Große Vollkommenheit« oder »Große Vollendung«. Ein Begriff aus der Nyingma- bzw. der Alten Schule des tibetischen Buddhismus, die in Tibet mit Guru Rinpoche auftauchte, wenn nicht schon zuvor. *Dzogchen* ist die höchstmögliche Verwirklichung noch jenseits der Vorstellung von Erwachen und Nichterwachen und ist eine andere Bezeichnung für die Wirklichkeit selbst. Das Wort wird oft gebraucht, als würde es eine Praxis bezeichnen, z. B. »Dzogchen praktizieren«. Hier handelt es sich um eine lockere Umschreibung der Übungen, die zur Verwirklichung von Dzogchen führen. Die Dzogchen-Tradition umfasst die Lehren all der Lehrer, die Dzogchen verwirklicht haben. Es hat seine eigenen Traditionen, Methoden, Übertragungen, seine eigene Terminologie und so weiter. Obwohl es prinzipiell als eine Tradition der Nyingma gelehrt wird, wird es auch von den Yogis anderer Schulen, vor allem den Kagyüpa, praktiziert und übertragen.

Erwachen (Sanskrit *bodhi*; Tibetisch *changchub*): Das Ziel des buddhistischen Pfades, Erleuchtung, Befreiung von Saṃsāra.

Erwachtes Herz (Sanskrit *bodhicitta*; Tibetisch *changchubsem*): Die innerste Natur aller Wesen, die all unserer Erfahrung zugrunde liegt. Dieser Begriff wird vor allem verwendet, wenn wir von unserer Fähigkeit sprechen, zu erwachen, und davon, wie diese Natur uns antreiben kann, einen Pfad zu suchen, der uns und alle Wesen aus dem Saṃsāra hinausführt.

Feinfühligkeit: Eine der drei untrennbaren Qualitäten der wahren Natur der Wirklichkeit (vor allem in den Traditionen des Dzogchen und Mahāmudrā). In diesem Sinne wird der Begriff synonym gebraucht mit Zuwendungsbereitschaft und bezieht sich auf die gleiche untrennbare Qualität, die im Tibetischen Glückseligkeit (*dewa*), Mitgefühl (*tukje*) oder ungehindertes Spiel (*ma gag*) genannt wird. Es bezieht sich auf die dem Gewahrsein inhärente lebendige Zuwendungsbereitschaft, wie ein Gefühl des Wohlseins im Herzen, das die Erfahrung mit Sinn erfüllt.

Ghandharva (Sanskrit): Ein Wesen, das sich im Zwischenzustand zwischen Tod und Wiedergeburt befindet.

Karma (Sanskrit; Tibetisch *lä*): Wörtlich »Handlung«. Obwohl es sich auf unsere willentlichen Handlungen bezieht, die eine unausweichliche Auswirkung auf uns in diesem und in zukünftigen Leben haben werden, wird der Begriff allgemein auf die Konsequenzen an sich angewendet, vor allem in der Art, wie sie sich als Glück und Leid in diesem Leben manifestieren. Die Konsequenzen der Handlungen, die in einem Leben verübt wurden, schlummern viele Leben lang und »reifen« mehr oder weniger wahllos. Das bedeutet, dass niemand von uns weiß, welche Handlungen als Nächstes reifen werden, so dass ohne Unterlass Glück und Leid einander folgen, bis wir der Falle des Saṃsāra entkommen.

Klares Licht (Sanskrit *prabhāsvara*; Tibetisch *ösel*): Eine andere Bezeichnung für die essenzielle Natur der Wirklichkeit. Dieser Begriff wird vor allem verwendet, wenn über die grundlegende Natur des Geistes, Gewahrsein oder Erfahrung gesprochen wird. Sie offenbart sich im Tod, wenn alles andere sich auflöst. »Klarheit« oder »Strahlen« sind möglicherweise bessere Übersetzungen.

Klarheit (Tibetisch *salwa*): Eine der drei untrennbaren Qualitäten der wahren Natur der Wirklichkeit (vor allem in den Traditionen des Dzogchen und Mahāmudrā). In diesem Sinne wird der Begriff synonym mit Gewahrsein gebraucht und bezieht sich auf die Helligkeit des Gewahrseins, das wie ein Spiegel die Kraft hat, die Welt unserer Erfahrung erscheinen zu lassen.

Lebenskraft (Tibetisch *tsolung*): Der Prāna, der in das Herz fließt und uns am Leben und unsere Lebensgeister aufrecht hält. Schock, Trauer, Angst und der Verlust von Vertrauen und Zuversicht können sie blockieren, was sich in verschiedenen Formen geistiger und körperlicher Not manifestiert.

Mahāmudrā (Sanskrit; Tibetisch *chagya chenpo*): Auf Tibetisch wörtlich »das Große Symbol oder Siegel«. Obwohl dieser Begriff in der Dzogchen-Tradition für eine Stufe der Verwirklichung kurz vor der des Dzogchen verwendet wird, wird er in der Kagyü-Tradition benutzt, um die Wirklichkeit oder das Erwachen selbst zu bezeichnen. Das hat zu endlosen Diskussionen darüber geführt, ob Dzogchen und Mahāmudrā das Gleiche sind oder nicht. Der dritte Karmapa (Rangjung Dorje, 14. Jh.) vereinigte die Kagyü-Mahāmudrā- und die Nyingma-Dzogchen-Traditionen zu einem System. Daher sind die Kagyüpa der Ansicht, Dzogchen und Mahāmudrā sei das Gleiche.

Mahāyāna (Sanskrit; Tibetisch *thegpa chenpo*): Wörtlich »Großes Fahrzeug«; die buddhistischen Lehren, die zu vollständiger und vollkommener Buddhaschaft führen. Die Sūtren des Mahāyāna bezeichnen sich selbst als Mahāyāna (»Großes Fahrzeug«) und stellen die eigene Lehre den Lehren gegenüber, die zu einem Ziel führen, das die vollständige und vollkommene Buddhaschaft nicht ganz erreicht. Der Kernpunkt besteht hier darin, dass es möglich ist, zu einer Art von Erleuchtung zu erwachen, die nicht die subtilste und tiefste Bedeutung des Erwachten Herzens verkörpert. Letztere ermöglicht es uns, die ganze Weisheit, Liebe und Kräfte der Bodhisattvas und der vollendeten und makellosen Buddhas zu entwickeln. Diese Kräfte sind unglaublich wertvoll für andere, weshalb der Bodhisattva gelobt, sie zu erlangen.

Mantra (Sanskrit; Tibetisch *ngag*): Ein buddhistisches Mantra ist eine Reihe von Lauten (Silben oder Worte in einer zauberspruchartigen Form), die die Essenz eines bestimmten Erwachten Wesens ausdrücken und deren Präsenz anrufen. Das Adhiṣṭhāna dieses Wesens wird durch wiederholte Rezitation des Mantra zum Fließen gebracht.

Nirvāṇa (Sanskrit; Tibetisch *Myangen lä dä*): Nirvāṇa ist das Gegenstück von Saṃsāra. Es ist das Ende von Leiden. Es ist die Wirklichkeit, zu der der Buddha erwachte, und daher die wahre Natur der Wirklichkeit, des Universums, von allem. Häufig wird es mit Frieden umschrieben und als die Befreiung des Herzens.

Offenheit: Eine der drei untrennbaren Qualitäten der wahren Natur der Wirklichkeit (vor allem in den Traditionen des Dzogchen und Mahāmudrā). Als solche steht sie synonym für Leerheit (Sanskrit *śūnyatā*; Tibetisch *Tongpanyi*). Sie weist auf das nicht greifbare Wesen des Gewahrseins hin, das, wie der Raum, unveränderlich und unzerstörbar ist.

Prāṇa (Sanskrit; Tibetisch *lung*): Wörtlich »Wind« oder Ströme lebendiger Energie innerhalb des Körpers, die vom Geist untrennbar sind.

Praṇidhāna (Sanskrit; Tibetisch *mönlam*): Häufig eher inadäquat mit »Wunschgebet« übersetzt. Es handelt sich um etwas viel Machtvolleres als nur um einen Wunsch, obschon es essenziell die Kraft unserer Absicht ist, die bekräftigt und wirkungsvoll gemacht wird. Es ist vielleicht nicht so sehr das, was wir unter einem Gebet verstehen würden, als das, was wir als einen klar formulierten Segen (oder Fluch) bezeichnen würden. Wenn jemand mit Kraft, einspitziger Konzentration und mit Überzeugung seine Worte der Wahrheit ausspricht, dann ist das ein Praṇidhāna und hat die Kraft, in Erfüllung zu gehen. Beispiele sind: »Möge es dir gut gehen«, »mögen die Götter dir beistehen«, »möge ich Erleuchtung zum Wohle aller Lebewesen erlangen«.

Puṇya (Sanskrit; Tibetisch *sönam*): Häufig mit »Verdienst« übersetzt, bezieht es sich auf eine Kraft, die von guten Handlungen ausgeht und die angehäuft und benutzt werden kann, um unsere Praṇidhānas zu vollenden.

Reines Land (Sanskrit *buddhakṣetra,* Tibetisch *shingkham*): Eine Welt, die von Puṇya, den Praṇidhānas und dem Saṃādhi eines Buddha für das Wohl aller Wesen geschaffen wurde, in der die Wesen nach dem Tod erscheinen und wo sie einen raschen Fortschritt auf dem Pfad machen können. Viele Buddhisten konzentrieren ihre Praxis mehr oder weniger ausschließlich auf den Entschluss, ein solches Reines Land zu betreten, widmen all ihr Puṇya und formulieren fortwährend Praṇidhānas, um dieses Ziel zu erreichen.

Saṃsāra (Sanskrit; Tibetisch *khorwa*): Wörtlich »das Drehen«. Es bezieht sich auf das Drehen oder endlose Umherwandern in einer unendlichen Folge von Leben, die von Leiden gekennzeichnet ist. Es ist die Existenz, wie sie von nichterleuchteten Wesen erfahren wird, ob es die Tretmühle des tagtäglichen Lebens ist, die nirgendwohin führt außer zum Greisenalter und Tod, oder das Leiden, ein Leben nach dem anderen in Täuschung gefangen zu sein.

Sangha (Sanskrit; Tibetisch *gendün*): Wörtlich »Versammlung« (das tibetische Äquivalent bedeutet wörtlich »Verlangen nach Tugend«); die Gemeinschaft der Anhänger des Buddha. In buddhistischen Ländern wird oft die Gemeinschaft der Mönche und Nonnen damit bezeichnet, aber genau genommen bezieht es sich in den Traditionen des Mahāyāna auf die Gemeinschaft der Erwachten Wesen, die andere zum Erwachen führen. Seit der Buddha aus dieser Welt entschwunden ist, ist der Sangha verantwortlich dafür, den Dharma von einer Generation zur nächsten weiterzugeben. Im Westen wird heutzutage manchmal jede Gruppe von buddhistisch Praktizierenden so bezeichnet, die das Gefühl einer spirituellen Gemeinschaft entwickeln.

Sūtra (Sanskrit; Tibetisch *do*): Texte, die als die Worte des Buddha gelten oder in seiner Gegenwart gesprochen und von ihm bejaht wurden.

Deshalb sind sie die wichtigsten, maßgebenden Quellen für die Lehren der buddhistischen Tradition. Es gibt verschiedene Sūtra-Sammlungen, einige in Pali (die von den Theravada-Buddhisten verwendet werden) und einige in Sanskrit und Chinesisch. Vor allem die Chinesen neigten dazu, wichtige Texte innerhalb ihrer Tradition »Sūtren« zu nennen, selbst wenn es keinen Hinweis darauf gibt, dass sie vom historischen Buddha oder in seiner Gegenwart geäußert wurden. Der springende Punkt ist, dass es sich um authentisches Dharma handelt und das Adhiṣṭhāna des Buddha, des Erwachten hat. Im Mahāyāna gilt das wahre Sūtra als eine spirituelle Offenbarung von etwas, das auf eine zeitlose Art immer existent ist, das wie eine Welt von Wesen von jenen, die auf irgendeiner Ebene Kontakt mit ihr haben, betreten werden kann. Daher werden Sūtren in vielen buddhistischen Traditionen wie heilige Objekte, fast wie Menschen behandelt.

Zuflucht: »Zuflucht nehmen« ist die Verpflichtung, dem Pfad und den Lehren, die Buddha enthüllte, zu folgen. Sie kann informell durch das Rezitieren einer Liturgie genommen werden oder einfach dadurch, dass man sich dem Dharma und dem Pfad zum Erwachen verschreibt. Wenn Zuflucht formal von einem Lehrer während einer Zeremonie genommen wird, kennzeichnet das einen klaren Entschluss und Zeitpunkt, zu dem wir in die Gemeinschaft der Anhänger des Buddha aufgenommen werden.

Zwischenzustand (Sanskrit *antarabhāva*; tibetisch *sipa bardo*): Ein instabiler Existenzzustand, der auf den Tod folgt und bis zum Beginn einer stabilen Wiedergeburt andauert. Er ist von unbeständigen Erfahrungen wie Träumen gekennzeichnet, ohne eine Verbindung zu einer stabilen Welt, zu der erwacht werden kann, wie es im Leben der Fall ist.

Literaturempfehlungen

Buddhismus und der Tod

• Lief, L. Judith: *Making Friends with Death.* Shambhala Publications, 2001.

Judith Lief ist eine buddhistische Lehrerin. In diesem Buch zeigt sie uns, dass wir durch eine ehrliche Kontemplation über den Tod und durch die Achtsamkeitspraxis die Art und Weise verändern können, wie wir zum Tod in Beziehung stehen. Wir lernen, wie wir unser alltägliches Leben mehr schätzen und uns anderen öffnen können.

• Longaker, Christine: *Dem Tod begegnen und Hoffnung finden.* München: Piper, 2001.

Christine Longaker ist eine Schülerin von Sogyal Rinpoche und hat ihr ganzes Leben damit verbracht zu lernen, wie wir mit Mitgefühl und Weisheit das Leiden derer lindern können, die mit Trauer oder Tod konfrontiert sind. In diesem Buch, in dem es um die emotionale und spirituelle Vorbereitung auf den Tod geht – für uns selbst wie für andere –, stützt sie sich auf tibetisch-buddhistische Lehren und zeigt, wie sich dadurch die Beziehung zum Leben transformieren lässt. Sie betont, dass diese spirituellen Prinzipien universal sind, so dass Leser anderer spiritueller Traditionen (oder keiner solchen Tradition) Übereinstimmungen mit ihrer eigenen inneren Weisheit finden.

• Rangdröl, Tsele Natsok: *The Mirror of Mindfulness: The Cycle of the Four Bardos.* Shambala Publications, 1989.

Ein Klassiker der tibetischen Literatur. Es werden Anweisungen für den Umgang mit dem Tod und dem Zwischenzustand gegeben, und es wird erläutert, wie Erleuchtung erlangt werden kann.

• Rinpoche, Sogyal: *Das Tibetische Buch vom Leben und vom Sterben.* München: O.W. Barth, 1997.

Dieses Buch behandelt das Thema Tod unter vielen Gesichtspunkten und verbindet es mit der Bedeutung, formlose Meditation zu üben. Er geht mehr als nötig auf die Details des Sterbeprozesses ein, was aber nicht den essenziellen Teil des Buches ausmacht. Sogyal Rinpoche geht mit einer Haltung großer Ergebenheit an die Lehre heran und betont, wie wichtig es ist, sich auf einen Meister zu verlassen. Es ist wichtig zu bemerken, dass er, wo immer er von seinem Meister spricht, über alle seine Lehrer im Allgemeinen spricht und uns ermutigt, sich auf das oder den zu verlassen, zu dem wir das größte Vertrauen haben, was oder wer auch immer das ist. Viele finden die einfache Powa-Praxis, die er auf S. 257 ff. vorschlägt, sehr hilfreich.

Allgemeine Bücher über Tod und Trauer

Folgende Bücher handeln von der Erfahrung von Tod und Trauer und vermitteln eine spirituelle, nicht unbedingt buddhistische Sichtweise. Sie werden von Buddhisten, die sich mit dem Tod tief auseinandergesetzt haben, wärmstens empfohlen.

- Kübler-Ross, Elisabeth: *Interviews mit Sterbenden.* Droemer/Knaur, 2001.
- Kübler-Ross, Elisabeth: *Reif werden zum Tode.* München: Knaur TB, 2005.
- Lewis, C. S.: *A Grief Observed.* Zondervan Publishing House, 2001.

Sehr empfehle ich dieses kleine Büchlein, in dem C. S. Lewis fast täglich seine Gefühle und Gedanken beschreibt, wie er sich mit dem Tod seiner geliebten Frau abfindet. Es handelt sich vor allem um eine Betrachtung dessen, was es bedeutet, eine Person zu sein. Eine Person ist keine Wolke aus Atomen zusammenhangloser, getrennter Ereignisse, die mit dem Tod enden. Sie ist ein Mysterium außerhalb von Zeit und Raum, vielleicht ein »superkosmisches ewiges Etwas«, und das, woran wir in einer Person anhaften, ist einfach ein Ort, wo die Sphären unserer Wesen sich momentan überlappen. Den Rest davon können wir nicht sehen und spüren. Dieses lebendige Gefühl der Kommunikation, die in dem flüchtigen Moment der Überlappung existiert, hinterlässt in uns die Sehnsucht nach mehr.

Ich denke, dass die Intuition und die Erkenntnisse von C. S. Lewis sich in die Richtung dessen bewegen, was ich mit den Worten »Erwachtes Herz« und »das Mysterium unseres Seins« beschrieben habe: persönliche und doch nicht greifbare Offenheit, Klarheit und Feinfühligkeit.

- Levine, Steven: *Sein lassen. Heilung im Leben und im Sterben.* Bielefeld: J. Kamphausen, 2004.

- Levine, Steven: *Wer stirbt? Wege durch den Tod.* Bielefeld: J. Kamphausen, 1999.
- Saunders, Cicely: *Living with Dying.* Oxford University Press, 1995.
- Tatlebaum, Judy: *The Courage to Grief.* William Heinemann, 1993.
- Wilber, Ken: *Mut und Gnade.* München: W. Goldmann, 1996.

Andere Quellen

Hilfreich, um aktuelle und umfassendere Informationen über Bücher und nützliche Webseiten zu finden, die das Thema Tod von einem buddhistischen Blickwinkel her betrachten, ist das Spiritual Care Program, das von Sogyal Rinpoche gegründet wurde. Die Adresse der Website lautet: www.spcare.org

Eine ausgezeichnete Website für alle möglichen praktischen Informationen über Themen wie Patientenverfügung, Schmerzbehandlung und Hospizversorgung findet sich unter www.growthhouse.org. Die Informationen sind zum größten Teil USA-orientiert.

Informationen

Buddhism Connect

Wenn Sie regelmäßig Inspiration von Lama Shenpen erhalten möchten, können Sie Buddhism Connect abonnieren. Das ist ein kostenloser Onlineservice, der alle paar Tage kurze Belehrungen von Lama Shenpen über Email verschickt.

Viele haben diese Emails als eine Art Rettungsanker in ihrem hektischen Leben beschrieben. Eine Email mit buddhistischen Betrachtungen und Empfehlungen kann Sie daran erinnern, was wirklich wichtig ist, Ihnen helfen, sich mit Ihrem Herzen zu verbinden, und Sie dazu inspirieren, Ihre Meditation nicht zu vernachlässigen. Die Belehrungen sind kurz und praktisch ausgelegt. Es handelt sich meist darum, wie Lama Shenpen die Frage eines Schülers über Meditation beantwortet und wie wir inmitten des Alltags oder in schwierigen Situationen praktizieren können.

- Es ist kostenlos (obwohl Spenden willkommen sind).
- Um sich auf der Email-Liste von Buddhism Connect einzutragen, gehen Sie einfach auf www.buddhism-connect.org
- Alle paar Tage werden Sie eine kurze Belehrung erhalten.
- Sie können sich leicht jederzeit wieder von der Liste nehmen, wenn Sie die Email-Belehrungen nicht länger erhalten wollen.

Ihre Daten sind geschützt – Ihre Email-Adresse wird niemand anderem mitgeteilt oder verkauft.

Der beste Weg, um herauszufinden, um was es sich handelt, ist, es auszuprobieren. Sie können sich problemlos abmelden, wenn Sie nach ein paar Tagen feststellen, dass Sie nicht interessiert daran sind.

Der Kurs: »Discovering the Heart of Buddhism« (Unterwegs ins Herz der Dinge)

Lama Shenpen konzipierte »Discovering the Heart of Buddhism« als ein Trainingsprogramm für Menschen, die die buddhistische Übung auf eine direkte, authentische und systematische Weise erforschen wollen. Es wendet sich sowohl an diejenigen, die schon seit geraumer Zeit den Buddhismus praktizieren, als auch an jene, die vollkommen neu sind. Strukturierte Kursbücher geben Einführungen in die zentralen Themen und Übungen und fordern die Leserinnen und Leser dazu auf, sie in Ihrem Leben anzuwenden.

- Nehmen Sie an einem umfassenden und strukturierten, auf Erfahrung beruhenden Training in buddhistischen Studien, Reflektionen und Meditation teil.
- Entdecken Sie die buddhistischen Wahrheiten durch Ihre eigene Erfahrung. Alles, was Sie brauchen, ist ein offener und interessierter Geist.
- Verbinden Sie sich mit dem Herzen der buddhistischen Lehren ohne die Verwirrung, die durch die »Fallen« der östlichen Kultur entstehen kann.
- Erhalten Sie regelmäßig Anleitungen von der Lehrerin und ihren langjährigen Schülern, die viele Jahre lang die Tradition des Mahāmudrā und Dzogchen des tibetischen Buddhismus studiert haben.

Sie können den Kurs **»Discovering the Heart of Buddhism«** auch in deutscher Sprache belegen. Unter dem Titel »Unterwegs ins Herz der Dinge«, ein begleitetes Selbststudium, erhalten Sie die Kursbücher, Audio-Vorträge und Übungen zu den einzelnen Themen. Die deutsche Version des Kurses wird von der buddhistischen Meditationslehrerin Agnes Pollner, einer langjährigen Schülerin von Lama Shenpen, und ihrem deutschen Team betreut.

Weitere Informationen und Kontaktadresse finden Sie auf der Webseite **www.Agnes-Pollner.de**

Über die Autorin

Die Engländerin Lama Shenpen Hookham praktiziert seit über fünfzig Jahren den Buddhismus. In den siebziger Jahren lebte sie sechs Jahre als Nonne in Indien und wurde von tibetischen Lehrern wie Karma Thinley Rinpoche, Kalu Rinpoche und Bokar Rinpoche ausgebildet. Sie verbrachte zwölf Jahre in Klausur und ist seit über dreißig Jahren eine vertraute Schülerin von Khenpo Tsultrim Gyamtso Rinpoche, einem der führenden Lehrer der Kagyü-Tradition des tibetischen Buddhismus. Unter seiner Anleitung schrieb Lama Shenpen eine Doktorarbeit, die unter dem Titel *The Buddha Within* veröffentlicht wurde. Er war von ihrem Verständnis der Lehren und ihrer Meditationserfahrung so beeindruckt, dass er sie ermutigte, als Lama Mahāmudrā zu lehren.[15]

Lama Shenpen Hookham hat die *Awakened Heart Sangha* gegründet und lehrt weltweit. Eines ihrer Anliegen ist es, Menschen aus dem Westen die Inhalte des Buddhismus auf solche Art zu vermitteln, dass sie ihnen besser zugänglich sind.